老科学家学术成长资料采集工程
中国科学院院士传记丛书

百年耕耘
金善宝传

杜振华　陈孝
吴景锋　金作怡 ◎ 著

1895年	1926年	1928年	1932年	1934年	1955年	1957年	1978年	1997年
出生于浙江诸暨	毕业于东南大学	发表中国第一部小麦分类文献"中国小麦分类之初步"	毕业于美国康奈尔大学研究生院	出版中国第一本小麦专著《实用小麦论》	当选中国科学院生物学部委员（院士）	被聘为全苏列宁农业科学院通讯院士	荣获全国科学大会先进工作者奖、两项重大科技成果奖	逝世于北京

老科学家学术成长资料采集工程
中国科学院院士传记丛书

百年耕耘

金善宝 传

杜振华 陈 孝
吴景锋 金作怡 ◎ 著

中国科学技术出版社
湖南科学技术出版社

图书在版编目（CIP）数据

百年耕耘：金善宝传/杜振华等著. — 北京：中国科学技术出版社，2022.6

（老科学家学术成长资料采集工程丛书. 中国科学院院士传记丛书）

ISBN 978-7-5046-9142-2

Ⅰ.①百… Ⅱ.①杜… Ⅲ.①金善宝-传记 Ⅳ.①K826.1

中国版本图书馆CIP数据核字（2021）第158356号

责任编辑	彭慧元
责任校对	焦　宁
责任印制	李晓霖
版式设计	中文天地

出　　版	中国科学技术出版社　湖南科学技术出版社
发　　行	中国科学技术出版社有限公司发行部
地　　址	北京市海淀区中关村南大街16号
邮　　编	100081
发行电话	010-62173865
传　　真	010-62173081
网　　址	http://www.cspbooks.com.cn

开　　本	787mm×1092mm　1/16
字　　数	364千字
印　　张	24
彩　　插	2
版　　次	2022年6月第1版
印　　次	2022年6月第1次印刷
印　　刷	北京顶佳世纪印刷有限公司
书　　号	ISBN 978-7-5046-9142-2 / K·303
定　　价	128.00元

（凡购买本社图书，如有缺页、倒页、脱页者，本社发行部负责调换）

老科学家学术成长资料采集工程
领导小组专家委员会

主　任：韩启德

委　员：（以姓氏拼音为序）

陈佳洱　方　新　傅志寰　李静海　刘　旭

齐　让　王礼恒　徐延豪　赵沁平

老科学家学术成长资料采集工程
丛书组织机构

特邀顾问（以姓氏拼音为序）

樊洪业　方　新　谢克昌

编 委 会

主　编：老科学家学术成长资料采集工程领导小组办公室

编　委：（以姓氏拼音为序）

定宜庄　董庆九　郭　哲　胡化凯　胡宗刚

刘晓堪　吕瑞花　潘晓山　秦德继　阮　草

申金升　王扬宗　熊卫民　姚　力　张大庆

张　剑　张　藜　周德进

编委会办公室

主　任：孟令耘　杨志宏　石　磊

副主任：许　慧　胡艳红

成　员：（以姓氏拼音为序）

高文静　韩　颖　李　梅　林澧波　刘如溪

罗兴波　马　丽　王传超　余　君　张佳静

老科学家学术成长资料采集工程简介

老科学家学术成长资料采集工程（以下简称"采集工程"）是根据国务院领导同志的指示精神，由国家科教领导小组于 2010 年正式启动，中国科协牵头，联合中组部、教育部、科技部、工信部、财政部、文化部、国资委、解放军总政治部、中国科学院、中国工程院、国家自然科学基金委员会等 11 部委共同实施的一项抢救性工程，旨在通过实物采集、口述访谈、录音录像等方法，把反映老科学家学术成长历程的关键事件、重要节点、师承关系等各方面的资料保存下来，为深入研究科技人才成长规律，宣传优秀科技人物提供第一手资料和原始素材。

采集工程是一项开创性工作。为确保采集工作规范科学，启动之初即成立了由中国科协主要领导任组长、12 个部委分管领导任成员的领导小组，负责采集工程的宏观指导和重要政策措施制定，同时成立领导小组专家委员会负责采集原则确定、采集名单审定和学术咨询，委托科学史学者承担学术指导与组织工作，建立专门的馆藏基地确保采集资料的永久性收藏和提供使用，并研究制定了《采集工作流程》《采集工作规范》等一系列基础文件，作为采集人员的工作指南。截至 2021 年 8 月，采集工程已启动 592 位科学家的学术成长资料采集项目，获得实物原件资料 132922 件、数字化资料 318092 件、视频资料 443783 分钟、音频资料 527093 分钟，具有重要的史料价值。

采集工程的成果目前主要有三种体现形式，一是建设"中国科学家博物馆网络版"，提供学术研究和弘扬科学精神、宣传科学家之用；二是编辑制作科学家专题资料片系列，以视频形式播出；三是研究撰写客观反映老科学家学术成长经历的研究报告，以学术传记的形式，与中国科学院、中国工程院联合出版。随着采集工程的不断拓展和深入，将有更多形式的采集成果问世，为社会公众了解老科学家的感人事迹，探索科技人才成长规律，研究中国科技事业的发展历程提供客观翔实的史料支撑。

总序一

中国科学技术协会主席 韩启德

  老科学家是共和国建设的重要参与者，也是新中国科技发展历史的亲历者和见证者，他们的学术成长历程生动反映了近现代中国科技事业与科技教育的进展，本身就是新中国科技发展历史的重要组成部分。针对近年来老科学家相继辞世、学术成长资料大量散失的突出问题，中国科协于2009年向国务院提出抢救老科学家学术成长资料的建议，受到国务院领导同志的高度重视和充分肯定，并明确责成中国科协牵头，联合相关部门共同组织实施。根据国务院批复的《老科学家学术成长资料采集工程实施方案》，中国科协联合中组部、教育部、科技部、工业和信息化部、财政部、文化部、国资委、解放军总政治部、中国科学院、中国工程院、国家自然科学基金委员会等11部委共同组成领导小组，从2010年开始组织实施老科学家学术成长资料采集工程。

  老科学家学术成长资料采集是一项系统工程，通过文献与口述资料的搜集和整理、录音录像、实物采集等形式，把反映老科学家求学历程、师承关系、科研活动、学术成就等学术成长中关键节点和重要事件的口述资料、实物资料和音像资料完整系统地保存下来，对于充实新中国科技发展的历史文献，理清我国科技界学术传承脉络，探索我国科技发展规律和科技人才成长规律，弘扬我国科技工作者求真务实、无私奉献的精神，在全社会营造爱科学、学科学、用科学的良好氛围，是一件很有意义的事情。采集工程把重点放在年龄在80岁以上、学术成长经历丰富的两院院士，以及虽然不是两院院士、但在我国科技事业发展中作出突出贡献的老科技工作者，充分体现了党和国家对老科学家的关心和爱护。

自2010年启动实施以来，采集工程以对历史负责、对国家负责、对科技事业负责的精神，开展了一系列工作，获得大量反映老科学家学术成长历程的文字资料、实物资料和音视频资料，其中有一些资料具有很高的史料价值和学术价值，弥足珍贵。

以传记丛书的形式把采集工程的成果展现给社会公众，是采集工程的目标之一，也是社会各界的共同期待。在我看来，这些传记丛书大都是在充分挖掘档案和书信等各种文献资料、与口述访谈相互印证校核、严密考证的基础之上形成的，内中还有许多很有价值的照片、手稿影印件等珍贵图片，基本做到了图文并茂，语言生动，既体现了历史的鲜活，又立体化地刻画了人物，较好地实现了真实性、专业性、可读性的有机统一。通过这套传记丛书，学者能够获得更加丰富扎实的文献依据，公众能够更加系统深入地了解老一辈科学家的成就、贡献、经历和品格，青少年可以更真实地了解科学家、了解科技活动，进而充分激发对科学家职业的浓厚兴趣。

借此机会，向所有接受采集的老科学家及其亲属朋友，向参与采集工程的工作人员和单位，表示衷心感谢。真诚希望这套丛书能够得到学术界的认可和读者的喜爱，希望采集工程能够得到更广泛的关注和支持。我期待并相信，随着时间的流逝，采集工程的成果将以更加丰富多样的形式呈现给社会公众，采集工程的意义也将越来越彰显于天下。

是为序。

总序二

中国科学院院长 白春礼

由国家科教领导小组直接启动，中国科学技术协会和中国科学院等12个部门和单位共同组织实施的老科学家学术成长资料采集工程，是国务院交办的一项重要任务，也是中国科技界的一件大事。值此采集工程传记丛书出版之际，我向采集工程的顺利实施表示热烈祝贺，向参与采集工程的老科学家和工作人员表示衷心感谢！

按照国务院批准实施的《老科学家学术成长资料采集工程实施方案》，开展这一工作的主要目的就是要通过录音录像、实物采集等多种方式，把反映老科学家学术成长历史的重要资料保存下来，丰富新中国科技发展的历史资料，推动形成新中国的学术传统，激发科技工作者的创新热情和创造活力，在全社会营造爱科学、学科学、用科学的良好氛围。通过实施采集工程，系统搜集、整理反映这些老科学家学术成长历程的关键事件、重要节点、学术传承关系等的各类文献、实物和音视频资料，并结合不同时期的社会发展和国际相关学科领域的发展背景加以梳理和研究，不仅有利于深入了解新中国科学发展的进程特别是老科学家所在学科的发展脉络，而且有利于发现老科学家成长成才中的关键人物、关键事件、关键因素，探索和把握高层次人才培养规律和创新人才成长规律，更有利于理清我国科技界学术传承脉络，深入了解我国科学传统的形成过程，在全社会范围内宣传弘扬老科学家的科学思想、卓越贡献和高尚品质，推动社会主义科学文化和创新文化建设。从这个意义上说，采集工程不仅是一项文化工程，更是一项严肃认真的学术建设工作。

中国科学院是科技事业的国家队，也是凝聚和团结广大院士的大家庭。早在1955年，中国科学院选举产生了第一批学部委员，1993年国务院决定中国科学院学部委员改称中国科学院院士。半个多世纪以来，从学部委员到院士，经历了一个艰难的制度化进程，在我国科学事业发展史上书写了浓墨重彩的一笔。在目前已接受采集的老科学家中，有很大一部分即是上个世纪80、90年代当选的中国科学院学部委员、院士，其中既有学科领域的奠基人和开拓者，也有作出过重大科学成就的著名科学家，更有毕生在专门学科领域默默耕耘的一流学者。作为声誉卓著的学术带头人，他们以发展科技、服务国家、造福人民为己任，求真务实、开拓创新，为我国经济建设、社会发展、科技进步和国家安全作出了重要贡献；作为杰出的科学教育家，他们着力培养、大力提携青年人才，在弘扬科学精神、倡树科学理念方面书写了可歌可泣的光辉篇章。他们的学术成就和成长经历既是新中国科技发展的一个缩影，也是国家和社会的宝贵财富。通过采集工程为老科学家树碑立传，不仅对老科学家们的成就和贡献是一份肯定和安慰，也使我们多年的夙愿得偿！

鲁迅说过，"跨过那站着的前人"。过去的辉煌历史是老一辈科学家铸就的，新的历史篇章需要我们来谱写。衷心希望广大科技工作者能够通过"采集工程"的这套老科学家传记丛书和院士丛书等类似著作，深入具体地了解和学习老一辈科学家学术成长历程中的感人事迹和优秀品质；继承和弘扬老一辈科学家求真务实、勇于创新的科学精神，不畏艰险、勇攀高峰的探索精神，团结协作、淡泊名利的团队精神，报效祖国、服务社会的奉献精神，在推动科技发展和创新型国家建设的广阔道路上取得更辉煌的成绩。

总序三

中国工程院院长　周　济

　　由中国科协联合相关部门共同组织实施的老科学家学术成长资料采集工程，是一项经国务院批准开展的弘扬老一辈科技专家崇高精神、加强科学道德建设的重要工作，也是我国科技界的共同责任。中国工程院作为采集工程领导小组的成员单位，能够直接参与此项工作，深感责任重大、意义非凡。

　　在新的历史时期，科学技术作为第一生产力，已经日益成为经济社会发展的主要驱动力。科技工作者作为先进生产力的开拓者和先进文化的传播者，在推动科学技术进步和科技事业发展方面发挥着关键的决定的作用。

　　新中国成立以来，特别是改革开放 30 多年来，我们国家的工程科技取得了伟大的历史性成就，为祖国的现代化事业作出了巨大的历史性贡献。两弹一星、三峡工程、高速铁路、载人航天、杂交水稻、载人深潜、超级计算机……一项项重大工程为社会主义事业的蓬勃发展和祖国富强书写了浓墨重彩的篇章。

　　这些伟大的重大工程成就，凝聚和倾注了以钱学森、朱光亚、周光召、侯祥麟、袁隆平等为代表的一代又一代科技专家们的心血和智慧。他们克服重重困难，攻克无数技术难关，潜心开展科技研究，致力推动创新发展，为实现我国工程科技水平大幅提升和国家综合实力显著增强作出了杰出贡献。他们热爱祖国，忠于人民，自觉把个人事业融入到国家建设大局之中，为实现国家富强而不断奋斗；他们求真务实，勇于创新，用科技为中华民族的伟大复兴铸就了辉煌；他们治学严谨，鞠躬尽瘁，具有崇高的科学精神和科学道德，是我们后代学习的楷模。科学家们的一生是一本珍贵的教科书，他们坚定的理想信念和淡泊名利的崇高品格是中华民族自强不息精神的宝贵财富，永远值得后人铭记和敬仰。

通过实施采集工程，把反映老科学家学术成长经历的重要文字资料、实物资料和音像资料保存下来，把他们卓越的技术成就和可贵的精神品质记录下来，并编辑出版他们的学术传记，对于进一步宣传他们为我国科技发展和民族进步作出的不朽功勋，引导青年科技工作者学习继承他们的可贵精神和优秀品质，不断攀登世界科技高峰，推动在全社会弘扬科学精神，营造爱科学、讲科学、学科学、用科学的良好氛围，无疑有着十分重要的意义。

中国工程院是我国工程科技界的最高荣誉性、咨询性学术机构，集中了一大批成就卓著、德高望重的老科技专家。以各种形式把他们的学术成长经历留存下来，为后人提供启迪，为社会提供借鉴，为共和国的科技发展留下一份珍贵资料。这是我们的愿望和责任，也是科技界和全社会的共同期待。

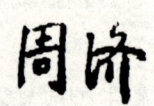

周济

代序一
我国"农业泰斗"金善宝
——一座科学和民主精神的丰碑

金善宝教授是我国著名的农学家、教育家,是我国用现代科学方法培育小麦良种的开创者之一。中华人民共和国成立前,他从全世界3000多份小麦材料中,选育出适合我国生长的优良品种,定名为"矮立多"和"南大2419"。中华人民共和国成立后,"南大2419"在长江流域13个省、市、地区大面积推广,获得了高产。他主持春小麦育种工作,先后育成了"京红"系列和"6082"等品种,为我国小麦育种事业打下了坚实的基础。他1934年出版的《实用小麦论》,成为我国农业史上第一部小麦专著。他1960年、1964年主编的《中国小麦栽培学》《中国小麦品种志》,成为我国两部农业科学研究的经典著作。他1983年主编的《中国小麦品种及其系谱》,系统、全面地总结了全国小麦品种半个世纪以来的演变历史,以及利用国内外品种资源、选配亲本方面的基本经验,填补了我国在小麦品种系谱分析研究方面的空白。

古稀之年,金老还亲自登上黄山,寻找小麦播种地,到井冈山、庐山播种小麦。八十高龄时,金老仍深入田间搞试验,指导科研活动。由于他在农业科学研究上开创性的杰出贡献,被人们尊称为"农业泰斗""东方神农"。

金老从事教育近三十年,桃李满天下,为我国培育了一代又一代农业科学家，不愧为一代宗师。

金老还是德高望重的社会活动家和民主战士。他少年时代就踏上了追求光明、追求民主的道路。抗战时期，他心系祖国安危，在中国共产党抗日民族统一战线影响下，旗帜鲜明，坚决反对内战，支持抗日，积极参加共产党领导的抗日进步活动。1945年8月底，金老和其他几位教授在重庆受到毛泽东主席的接见。抗战胜利后，他和进步学者一起，亲自参加了著名的"一·二五""五二〇"学生运动。

金老参与了九三学社发起的全过程，是九三学社成立时的重要成员，他长期担任九三学社中央的领导工作，为九三学社作出了不可磨灭的贡献。他衷心拥护党的十一届三中全会以来的路线、方针和政策，身体力行、以身作则，团结广大社员和科技工作者，为振兴中华和祖国统一大业，奉献了自己全部心血。

金老的一生，集中体现了一位知识分子，为了国家和人民的利益，随时代发展的潮流，不断超越自己、不断完善自己的过程。他的一生，始终对祖国热爱，以平凡而高尚的工作，真正实践了全心全意为人民服务的宗旨。

金老卓越的学术成就和高尚的人格魅力，永远为人民所铭记，永远给后人以启迪。金老的光辉业绩和道德风范，是一座激励我们永不停步、不断前进的精神丰碑。

吴阶平[1]

（原载1997年7月29日光明日报，本书有删减）

---

[1] 吴阶平：原九三学社中央名誉主席、中国科学院院士。

代序二
我国现代小麦科学研究的开拓者和奠基人

金善宝是我国农业科技教育界德高望重的老一辈科学家,是我国现代小麦科学研究的开拓者和奠基人。在20世纪50年代至60年代,当我国长江流域和淮河流域小麦生产受到条锈病等危害而减产时,金老培育的抗病、丰产小麦良种"南大2419"迅速推广,以后向北扩展到黄河以南的冬麦区,向南扩展到南方冬麦区,向西扩展春麦区,每年扩种面积最高年份达7000万亩,对我国小麦生产的稳定与发展起到了重要作用,作出了重大贡献!

除在小麦育种上的实际贡献外,金老富有远见卓识,非常重视长远的、带战略性的基础性研究工作,为了开展中国小麦的分类和品种资源科学的研究,金老组织了中国小麦分类研究组,对全国2000多个县的5544份小麦种质资源进行了分类研究,把我国的小麦划分为5个种126个变种,并在研究中首先发现了我国特有的小麦种——"云南小麦",对中国和世界小麦的起源、进化以及区域划分提供了重要的科学依据。

金老在重视育种与生产实践、长远性和基础研究工作的同时,还非常重视研究成果的总结和学术思想的提升,金老亲自撰写或与同事一起完成了百余部(篇)著作和论文。金老1934年撰写的《实用小麦论》,是我国小麦史上第一部专著。早在我上学的时候,读的第一本小麦专著就是金老的《实用小麦论》，这部专著对我们这一代搞小麦研究的人，起了启蒙作用。另外，金老主编的《中国小麦品种及其系谱》，系统地总结了我国小麦种质资源研究方面的基本经验，填补了我国小麦品种系谱分析研究的空白。为了研究生物多样性在作物育种中的应用，我又重读了这本书，在这本书中介绍，南京郊区一个古老的农家小麦品种叫"江东门"，全国有9个省利用这个品种及其衍生品种与其他品种杂交育成了50个小麦品种。由此使我更深刻地认识到搜集、保存、研究和利用生物资源，在发展农业生产中的重要意义。

金老作为中国农业科学的一代宗师，不仅自己在发展科学和生产上作出了巨大贡献，而且十分关心青年人的成长，鼓励青年人的创造精神，诲人不倦。我自己就是因为多次得到金老的教诲，明确了工作的方向、方法和坚定了工作的信心。在我从事小麦远缘杂交取得一些初步成果的时候，在"文化大革命"中受到批判的时候，在工作走向深入开始小麦染色体工程研究的时候，都得到过金老亲切的指导、鼓励和教育。我虽然不是金老的学生，也没有直接跟随金老从事过研究工作，但在我的心目中，金老是我最尊敬的恩师、学习的楷模。金老健在时，我每年春节拜年的第一家就是金老家，这是一种发自内心的崇敬和自觉行动。

金老的精神将继续指引我们农业科学界和小麦遗传育种学界的同事们，为发展我国农业科学、提高农业生产水平不断作出新贡献。

李振声[①]

（原载《金善宝》，中国农业科技出版社，2015年，第353-354页）

---

① 李振声：原中国科学院副院长、中国科协副主席，中国科学院院士。

金善宝（1983年摄于福建晋江）

采访庄巧生院士（左起：陈孝、杜振华、庄巧生、高俊）
（2017年4月25日）

在南京农业大学采访，摄于金善宝先生铜像前
（2016年11月7日）

采访原南京农学院副院长夏祖灼（右）
（2016年10月31日）

目 录

老科学家学术成长资料采集工程简介

总序一 ······ 韩启德

总序二 ······ 白春礼

总序三 ······ 周 济

代序一 ······ 吴阶平

代序二 ······ 李振声

导 言 ······ 1

| 第一章 | 会稽山麓走出来的农家子 ······ 13

 一个山村农家子 ······ 13
 不寻常的母亲 ······ 17
 风云变幻中成长 ······ 19

攻读"南高"农科 ⋯⋯⋯⋯⋯⋯⋯⋯⋯⋯⋯⋯⋯⋯⋯⋯⋯ 22
师从名师邹秉文 ⋯⋯⋯⋯⋯⋯⋯⋯⋯⋯⋯⋯⋯⋯⋯⋯ 26

第二章 | 农事试验场的技术员 ⋯⋯⋯⋯⋯⋯⋯⋯⋯⋯ 28

献身小麦 ⋯⋯⋯⋯⋯⋯⋯⋯⋯⋯⋯⋯⋯⋯⋯⋯⋯⋯⋯ 28
创办梓山小学 ⋯⋯⋯⋯⋯⋯⋯⋯⋯⋯⋯⋯⋯⋯⋯⋯⋯ 30
第一批小麦改良品种 ⋯⋯⋯⋯⋯⋯⋯⋯⋯⋯⋯⋯⋯⋯ 31
喜逢知音 ⋯⋯⋯⋯⋯⋯⋯⋯⋯⋯⋯⋯⋯⋯⋯⋯⋯⋯⋯ 34
第一篇中国小麦分类论文 ⋯⋯⋯⋯⋯⋯⋯⋯⋯⋯⋯⋯ 35
广泛的农业科学实践 ⋯⋯⋯⋯⋯⋯⋯⋯⋯⋯⋯⋯⋯⋯ 37
师生相处十年 ⋯⋯⋯⋯⋯⋯⋯⋯⋯⋯⋯⋯⋯⋯⋯⋯⋯ 37

第三章 | 执教浙大、赴美深造 ⋯⋯⋯⋯⋯⋯⋯⋯⋯⋯ 39

第一次走上大学讲台 ⋯⋯⋯⋯⋯⋯⋯⋯⋯⋯⋯⋯⋯⋯ 39
笕桥农场的试验 ⋯⋯⋯⋯⋯⋯⋯⋯⋯⋯⋯⋯⋯⋯⋯⋯ 41
完成《实用小麦论》书稿 ⋯⋯⋯⋯⋯⋯⋯⋯⋯⋯⋯⋯ 43
考入康奈尔大学研究生院 ⋯⋯⋯⋯⋯⋯⋯⋯⋯⋯⋯⋯ 44
身在异国他乡 心系祖国农业 ⋯⋯⋯⋯⋯⋯⋯⋯⋯⋯ 46
不图文凭 只求真知 ⋯⋯⋯⋯⋯⋯⋯⋯⋯⋯⋯⋯⋯⋯ 48
留学的三点体会 ⋯⋯⋯⋯⋯⋯⋯⋯⋯⋯⋯⋯⋯⋯⋯⋯ 49

第四章 | 应聘中央大学教授 ⋯⋯⋯⋯⋯⋯⋯⋯⋯⋯⋯ 53

讲课的特点 ⋯⋯⋯⋯⋯⋯⋯⋯⋯⋯⋯⋯⋯⋯⋯⋯⋯⋯ 53
中国第一本小麦专著——《实用小麦论》⋯⋯⋯⋯⋯ 55
多种农作物科学实验成果 ⋯⋯⋯⋯⋯⋯⋯⋯⋯⋯⋯⋯ 56
"中大2419""矮立多"的选育 ⋯⋯⋯⋯⋯⋯⋯⋯⋯⋯ 61
抗战全面爆发,迁徙八千里的"中大2419" ⋯⋯⋯⋯ 63
大轰炸下完成研究论著 ⋯⋯⋯⋯⋯⋯⋯⋯⋯⋯⋯⋯⋯ 65

贫病交困中发现云南小麦……70
抗战烽火中的教与学……73

第五章 雾都灯塔指引下……81

初识周恩来……81
如获至宝的《新华日报》……82
心向延安……83
组织自然科学座谈会……84
抗战胜利　毛主席接见……87
参加革命师生"反饥饿、反迫害、反内战"游行……89
农艺系办公室失火之谜……90
点燃"五二〇"的火焰……92
在江南大学迎接解放……94
五张任命书　任重而道远……97
千方百计抗灾救灾……98
投入新中国建设……102
十八年的愿望终实现……103

第六章 南京农学院首任院长……105

为教学奠定基础……106
以挚诚平息风波、团结奋斗办校……109
开创了农业科技推广的新形式……111
制定十二年科研规划……114
创建中国第一个农业历史研究机构……115
参加匈牙利玉米育种会议……117
入选中国科学院第一批学部委员……119
荣获苏联通讯院士称号……120
出席苏联10月革命40周年庆典……121

"中大 2419"改名"南大 2419",大面积推广 …………… 123
"矮立多"种植面积推广 ………………………………… 125
中国小麦的种类及其分布的研究 ……………………… 127
为南京农学院的发展开辟了广阔空间 ………………… 131
身体力行、为人师表 …………………………………… 136

第七章 奉调北京,创建小麦品种研究室 …………… 139

面向生产　服务农村 …………………………………… 139
青海高原考察 …………………………………………… 142
在冬麦区选育春小麦 …………………………………… 146
发起成立中国作物学会 ………………………………… 150
淮北平原的新石器时代小麦 …………………………… 151
访问朝鲜 ………………………………………………… 152
内蒙古、宁夏考察 ……………………………………… 153
对稻麦两熟地区的建议 ………………………………… 155
创建小麦品种研究室 …………………………………… 156

第八章 动乱中南繁北育创新路 ……………………… 163

一个大胆的设想:缩短小麦育种年限 ………………… 163
年逾古稀登高山寻找小麦夏繁基地 …………………… 164
接到电报立即返京 ……………………………………… 165
总理重托铭记心间 ……………………………………… 168
夏繁小麦获得成功 ……………………………………… 170
小麦秋播冬繁的设想和实施 …………………………… 172
一颗赤子心 ……………………………………………… 176
成立春麦室 ……………………………………………… 180
南繁北育结硕果 ………………………………………… 185
奔波在广阔的麦海献计献策 …………………………… 190

第九章 第八十二个春天 ······196

重建中国农业科学院科研队伍 ······197
迅速发展农业科学技术的建议 ······199
赤子之情报母校 ······202
为"六五"至"八五"攻关改善科研条件而奔波 ······207
为壮国威,实现了"建一栋新大楼"的夙愿 ······209
为河南小麦生产献良策 ······210
鼎力支持"太谷核不育"小麦研究 ······211
对"三江平原"考察的建议 ······214
福建农业有特色 ······217
一块试验地成为"北京市永久绿地" ······218

第十章 小麦品质育种的探索 ······221

关注小麦品质改良已久 ······221
中字号小麦的选育 ······226
面包小麦品种的展示和鉴定 ······230

第十一章 小麦科学理论的创新及相关著作 ······236

主编《中国小麦栽培学》······236
主编中国第一部农作物品种志《中国小麦品种志
（1—3辑）》······239
主编中国第一部作物品种及系谱分析《中国小麦品种
及其系谱》······241
主编《中国小麦学》······243
主持"小麦生态研究"重大课题编撰"中国小麦生态"
相关专著 ······245
组织编撰《中国农业百科全书·农作物卷》······249
《农业哲学基础》填补了我国哲学领域中农业哲学的空白···250

我国第一部"实用农业小百科全书"《现代农艺师手册》……251
《中国现代农学家传》……252

第十二章 百岁人生家国情……254

"小麦是我的宝" 踏遍山川人未老……254
关爱年轻一代　鼎力创新人才……259
朴实无华、平易近人……265
情牵海峡彼岸……269
难忘故土……271
以农为本的国际交往……273
九十三岁贺"九三"……275
喜见桃李满园……276
风雨六十年……280
中央领导的支持和关怀……281
精神永存……284

结语　凌霜傲雪一枝春……287

附录一　金善宝年表……305

附录二　金善宝主要论著目录……338

参考文献……343

后　记……346

图片目录

图 1-1	石峡口村全貌	14
图 1-2	余庆堂故居	15
图 1-3	少年金善宝上山打柴之路	19
图 1-4	金善宝与母亲合影	23
图 1-5	南京高等师范学校校门	24
图 1-6	1918 年南高任教时的邹秉文，时年 25 岁	26
图 1-7	1918 年暑假金善宝在杭州浙江省农事试验场实习	27
图 2-1	1920 年金善宝在南京大胜关小麦试验场	29
图 2-2	中大南京赤壳	32
图 2-3	中大改良武进无芒	32
图 2-4	1924 年金善宝与姚璧辉结婚	35
图 2-5	1926 年金善宝于东南大学农艺系毕业	36
图 3-1	金善宝夫妇在笕桥农场	42
图 3-2	1930 年金善宝夫妇携长子、长女于杭州	45
图 3-3	金善宝在康奈尔铜像前	46
图 3-4	1932 年中国作物改良学会发起人合影	47
图 3-5	1932 年 9 月，金善宝在明尼苏达大学	49
图 3-6	1935 年金善宝在中华作物改良学会第二届年会上	51
图 4-1	金善宝夫妇与邹树文夫妇同游南京燕子矶	54
图 4-2	"云南小麦"的穗形	72
图 4-3	抗战时期，中央大学松林坡校舍	73
图 4-4	1939 年金善宝在重庆	75
图 4-5	1940 年重庆中央大学农学院教职员工	76
图 4-6	1942 年学生毕业照	78

图 5-1	1939 年的《新华日报》	82
图 5-2	1939 年在重庆温泉	84
图 5-3	重庆化龙桥《新华日报》馆	86
图 5-4	1946 年 6 月毕业师生合影于沙坪坝	91
图 5-5	金善宝 1946 年 7 月摄于南京，抗战胜利纪念	93
图 5-6	1947 年 6 月金善宝与毕业生于南京	94
图 5-7	1949 年夏金善宝与江南大学教职工合影	96
图 5-8	1950 年 10 月 29 日，在南京市二届一次人民代表大会上，金善宝当选为南京市副市长	97
图 5-9	1951 年冬，金善宝与加拿大和平战士文幼章摄于南京市交际处	103
图 6-1	1957 年春，金善宝与南农师生一齐下农田	112
图 6-2	1955 年金善宝访问匈牙利	118
图 6-3	金善宝入选生物学部委员证书	120
图 6-4	金善宝的苏联通讯院士证书	120
图 6-5	1957 年访问苏联	122
图 6-6	"南大 2419"穗形	126
图 6-7	"矮立多"穗形	126
图 6-8	南京农学院丁家桥校园	132
图 6-9	南京农学院卫岗校园	135
图 7-1	1959 年金善宝在青海考察	143
图 7-2	1961 年 12 月金善宝参加在长沙召开的中国作物学会第一次全国代表大会	150
图 7-3	1963 年访问朝鲜	153
图 7-4	1964 年 7 月金善宝在宁夏考察小麦	155
图 7-5	1984 年原小麦品种室的部分人员在陕西武功	158
图 7-6	"南农大黑芒"的穗和籽粒	158
图 8-1	1968 年金善宝和杜振华在庐山考察夏繁小麦基地	164
图 8-2	春麦室全体成员	180
图 8-3	金善宝和春麦室 4 人在麦田	181
图 8-4	1973 年 1 月，金善宝在海南通什小麦地里	184

图 8-5	1976年1月，81岁的金善宝在云南元谋考察春小麦冬季繁殖情况 …………………………………………………………184
图 8-6	"京红8号""京红9号"穗形 ……………………………187
图 8-7	"京红号"小麦荣获1978年"全国科学大会奖"…………187
图 8-8	"宁麦3号"穗形 …………………………………………189
图 8-9	1983年"宁麦3号"获农牧渔业部技术改进奖一等奖 …189
图 8-10	1972年6月金善宝、杜振华在王太堡试验场考察春小麦 …191
图 9-1	金善宝在全国科学大会领奖台上 ………………………199
图 9-2	全国先进工作者奖 ………………………………………201
图 9-3	"南大2419"获奖 …………………………………………201
图 9-4	1988年10月28日在南京农业大学全体师生大会上金善宝向大家敬礼 ……………………………………………206
图 9-5	1985年7月2日，太谷核不育小麦专家邓景阳、黄泳沂夫妇贺金善宝九十大寿 …………………………………………214
图 9-6	1982年夏，金善宝与吴景锋在三江平原黑龙江友谊农场考察 …216
图 9-7	1983年金善宝在福建考察 ………………………………217
图 9-8	1986年夏金善宝在中国农科院东门外小麦试验田 ……219
图 10-1	1978年金善宝在中国农科院小麦试验地看小麦苗期长势 …225
图 10-2	1984年5月金善宝在河南新野南张营"中字麦"麦地 ……227
图 10-3	1984年5月金善宝在河南访问农家，征求对"中字麦"的意见 …………………………………………………228
图 10-4	"中791"和"中7606"面粉制作的面包 …………………233
图 10-5	1987年5月在南阳召开优质小麦鉴定会 ………………235
图 11-1	《中国小麦品种志》（1962—1982）定稿会议 ……………240
图 11-2	《中国小麦品种及其系谱》1983年获优秀科技图书一等奖 …242
图 11-3	1989年9月金善宝参加在北京召开的《中国小麦学》第一次编委会 …………………………………………243
图 11-4	《中国小麦学》获第十一届中国图书奖 …………………245
图 11-5	1993年获《中国大百科全书》编纂荣誉奖 ………………250
图 12-1	黄嘉等5人看望金善宝 …………………………………271
图 12-2	1989年，金善宝和乡亲们亲切交谈 ……………………272

图 12-3　1986年受美国农业服务基金会委托，时任农牧渔业部部长何康为金善宝颁发荣誉会员金牌 …………………………273
图 12-4　1983年金善宝当选九三学社第七届中央副主席 …………………275
图 12-5　向金老师献油画 ……………………………………………………277
图 12-6　1985年7月金善宝与他的学生、与会者全体合影 ………………279
图 12-7　1983年金善宝夫妇摄于中国农业科学院西门前 …………………280
图 12-8　金善宝在百岁华诞茶话会上 ………………………………………285
图 12-9　金善宝铜像——精神永存 …………………………………………286

导　言

金善宝（1895—1997年），浙江诸暨人。1920年毕业于南京高等师范学校农业专修科，1926年毕业于东南大学农艺系，1932年春毕业于美国康奈尔大学研究生院，之后到明尼苏达大学农学院研究作物育种和栽培，1933年1月回国。历任浙江大学副教授，国立中央大学教授，南京大学农学院院长，南京农学院院长，中国农业科学院副院长、院长、名誉院长等。曾是中国科学技术协会副主席，中国农学会副理事长、名誉会长，国务院学位委员会委员，中国作物学会理事长，农业部学术委员会主任委员。1955年被评为中国科学院学部委员（院士），1957年被选为全苏列宁农业科学院通讯院士。九三学社第六、第七届中央副主席，第八、第九届中央名誉主席，第一届至第六届全国人民代表大会代表。

金善宝毕生从事小麦科学研究，对中国小麦育种、小麦种质资源分类、小麦区划研究等方面作出了重要贡献。

在小麦育种方面，金善宝1924年改良了中国第一批农家小麦品种南京赤壳、武进无芒；1926年改良了早熟、丰产、抗病、优质的农家品种江东门；与此同时，引进意大利小麦"Ardito"，选育成矮立多。1934年，他在南京中央大学劝业农场种植了收集自国内各地的小麦品种2100余种，搜集了国外的小麦品种千余种，从这一大批原始材料中择优进行了混合选择，育成小麦"中大2419"，先后在南京、重庆、成都三地试验种植，表现甚佳。中华人民共和国成立后，"中大2419"改名"南大2419"，在长江中下游20多个省、市推广，年推广面积最高达7000余万亩，衍生品种110多个，种植年限长达41年，是迄今为止种植年限最长的小麦品种，为我国小麦生产作出了重大贡献。1966年，金善宝倡导小麦育种南繁北育、异地加代，缩短小麦育种年限，使小麦新品种育成时间从10年左右缩短为3—4年，在他主持下育成了"京红8号""京红9号"两个优质高产小麦新品种，获1978年全国科学大会奖。20世纪70年代，主持育成"中7606""中791"优质面包小麦品种，开启了国产面包小麦的先河。在小麦品种资源研究方面，早在1925年，金善宝就开始了我国小麦地方品种的搜集和研究，1928年发表了中国第一部小麦分类文献"中国小麦分类之初步"，1942年发现了我国独有的小麦品种云南小麦，同时进行了中国小麦区域的研究。从1954年开始，他在以往研究的基础上，主持"中国小麦的种类及其分布的研究"，为中国小麦的起源、进化和分布、小麦分类学和区划研究的深入开展，提供了科学依据。

金善宝1934年出版了中国第一部小麦专著《实用小麦论》，1942年与蔡旭合作完成了中国第一部小麦改进史料"中国近三十年小麦改进史"。金善宝主编《中国小麦栽培学》《中国小麦品种志（1—3辑）》《中国小麦品种及其系谱》《中国小麦学》《中国农业百科全书：农作物卷》《中国小麦生态》等专著。

金善宝献身农业教育近30年，为祖国培养了大批农业科技人才，其中不少学生成为国内外知名的专家学者，为支援抗日战争、建设繁荣富强的新中国、促进祖国农业现代化作出了重要贡献。

金善宝集小麦专家、农学家、农业教育家于一身，又曾任九三学社副主席、身兼数职，这就决定了采集工作的复杂性、多面性和艰巨性。而"金善宝学术成长资料采集工程"正式启动于2016年10月，距离金善宝教授102岁高寿辞世之年已达20年之久，了解他的亲友、同学都早已去世，甚至他当年亲自授业的学生也大多辞世，因而增加了采集工作的难度。为此采集小组决定分三步走。

第一步，为了抢救现存为数不多、鲜活的记忆，首先从采集口述资料开始，先后赴江南各地，采访了金善宝的学生、科研助手、学术秘书以及曾与金老共事的研究人员13人。

我们第一站来到南京农业大学，在采集金善宝和他母校的各种资料时，无论遇到何人，均被告曰："这件事你要去问沈丽娟，她最了解！"沈丽娟是金老40年代的学生，自从1958年金老调离南京农业大学以后，他和南京农业大学的联系大都是通过沈丽娟沟通完成的……但是，当我们来到沈丽娟教授家时，一个月前信件联系时还交谈顺畅的沈教授，由于突发疾病，对我们的采访只能作简单的回答了。

如我们问：您还记得金善宝老先生吗？

答：他是我的老师！

问：什么时候的老师？

答：抗战时期在重庆，有一次讲课时，他昏倒了！他很穷！

问：你们的师生关系怎么样？

答：我在他家里住了有半年呢！我和朱立宏结婚，他是我们的证婚人。

问：1956年他入党时的介绍人是谁？

答：他找我和顾民做他的入党介绍人……

这样简短、被动、一问一答的对话，虽然不能满足采集的要求，却也让我们感受到在那战火纷飞的年代，金善宝教学的艰辛和那难能可贵的师生情。幸好我们从沈丽娟家中找到了她之前写过的多篇回忆文章，如："金师对农业教育、小麦科学事业的无私奉献""卓越的农业教育家小麦专家金善宝教授""金善宝教授在农业教育思想和学术观点及在小麦研究上的贡献""金善宝教授和南京农学院"，这些文章从不同角度以十分详尽的资料弥补了她口述的不足，说明了金善宝在抗战烽火中教书育人，新中国成立后为把南京农学院发展成为现代化大学的迁校之争，1977年对南京农学院复校的支持等。

曾任南京农学院院长的夏祖灼和校长的盖钧镒，用大量的事实介绍了金善宝理论联系实际、教育与生产相结合的办学方针，对南农迁校、复校作出的贡献。

原小麦品种研究室的教授陈佩度、周朝飞，用自己的亲身经历，回顾了"文化大革命"期间，在金老的指导下，完成了艰难的南繁任务，育成了小麦良种的喜悦。

中国科学院院士，101岁高龄的庄巧生老先生回忆、讲述了几件与金老交往记忆深刻的往事；小麦专家、91岁的黄佩民和86岁的钱曼懋先生分别叙述了与金老一起主持编写《中国小麦栽培学》《中国小麦学》和三本《中国小麦品种志》的全过程。

跟随金老从事春小麦育种研究长达30年之久的助手、小麦专家杜振华深情回顾了金老关爱青年、提携年轻一代，"文化大革命"期间冲破重重阻力，倡导小麦南繁北育、异地加代的故事，以及金老对小麦育种研究和小麦品质研究的贡献；曾任金老秘书、作物所所长的吴景锋详细介绍了金老在"文化大革命"中捍卫农业科学，"文化大革命"后为作物所主持组织全国小麦育种"六五"—"八五"攻关、改善科研条件而奔波；曾任金老秘书和助手的尹福玉回忆了金老关爱青年和生活朴实无华的许多往事……

第二步，在访谈的基础上对金善宝生平的著作、传记、手稿、报道、档案、信件、照片等各项资料进行大规模的采集。两年多来，采集小组分赴国家图书馆、国家农业图书馆、北京大学图书馆、重庆图书馆、南京农业大学档案馆、南京大学档案馆、江苏省档案馆、浙江省档案馆、浙江大学档案馆、中国农业科学院综合处、中国农业科学院老干部处和中国农业科学院作物科学研究所档案室、中央档案馆等地，先后采集到传记26件、论著111篇、信件207件、手稿96件、报道117件、照片741张、档案42件、证书45件、其他资料48件、音视频32件。

第三步，将以上采集的资料和采访记录按时间顺序、分类整理。于是，少年金善宝艰难的求学之路，"立志兴农报国"的志愿，献身小麦的喜悦，身在异国他乡、心系祖国的爱国情怀，抗战烽火中的科研与教学，艰难困苦岁月中浓浓的师生情谊，实事求是、坚持真理、无私无畏捍卫农业科学的精神，金老的一生宛如一张张五彩缤纷的图片，越来越清晰地浮现在眼前……

譬如：

我们借去浙江大学档案馆采集档案资料之便，来到了金善宝的故乡诸暨石峡口村和到他的故居余庆堂门前，看到坐落在会稽山下群山环抱的石峡口村，确有青山奇峰、潺潺流水之美景，他的故居余庆堂却是既破旧又杂乱，里面住着众多的金氏族人，属于金善宝的仅仅一间祖屋，这间祖屋也于1994年被长期借住者占为己有；看到上山打柴的小道上，布满了乱石、荆棘杂草丛生，就会想到金善宝光着脚丫上山打柴的情景；看到堆放在余庆堂门前那架土制缫丝机，又会想到金善宝帮母亲缫蚕丝，被开水烫伤、终生不能伸直的左手食指……少年金善宝求学之艰难深深地刻印在我们的脑海里。

在绍兴一中的档案室，我们虽然只采集到1917年毕业学生的名单（金善宝也名列其中），却有幸参观了一百多年前原任绍郡中西学堂总理（校长）蔡元培所建的"养新书藏"（图书馆），馆内陈列的蔡元培为开阔学生视野、增设新课目，建立图书馆，引导学生关心国家大事等；参观了鲁迅任教务主任时，矢志教育、严谨治学、沥血桃李的工作室；徐锡麟烈士留下的革命诗篇和"光复汉族、还我山河、以身许国、功成身退"的豪言壮语。金善宝在这充满民主革命思想的校园里，生活学习了四年，原浙江省第五中学是少年金善宝产生"科学救国""教育救国"思想的摇篮，联想到金善宝朴实的故乡、艰难的农村生活，进一步理解了他立志兴农报国的志愿。

在采集金善宝1917—1947年的档案时，南京大学档案馆提供了大量资料，包括：1917年南京高等师范农业专修科入学新生名单、三年级毕业生名单及毕业论文题目；1920年皇城小麦试验场技术员证明；1921—1927年东南大学大胜关农事实验总场技术员金善宝及其工资条；1926年东南大学毕业获学士学位名单等，为金善宝这一段学术生涯提供了有力见证。在金善宝早年的手稿和有关著作中，我们看到1920年之后他在实验农场的七年里，改良了南京赤壳、武进无芒等小麦良种，搜集了全国790个县的小麦品种进行分类整理，对小麦育种与品种分类作了深入研究，1928年发表了中国小麦分类的第一篇文献《中国小麦分类之初步》，并将小麦试验场七年研究的经验、成果编成讲义，此讲稿得到了著名教育家蔡元培先生的好评。在这七年中他对玉米、大豆等作物也进行了广泛研究，2006年11月，我们采访南京农业大学大豆专家、中国科学院院士盖钧镒时，惊讶地发现在中国大豆先驱的榜上列有金善宝的照片。盖院士笑称：榜上所列的人物是我们大豆研究的"祖师爷"。原来，金善宝早年发表的有关玉米、大豆的论文，在时间上都是中国的先驱。为此，采集小组认为金善宝不仅是一位著名的小麦专家，也是一位知识渊博的农业科学家。

1917—1927年的10年，是金善宝从一个山村农家孩子，成长为中国著名农学家、农业教育家最为关键的10年。

1930—1933年金善宝去美国留学期间，我们从国家图书馆保存的《中华农学会报》上看到，每一期《中华农学会报》都有固定的栏目发表留美学生的译作，介绍国外最先进的农业科学技术与理论，金善宝担任了《中华农学会报》在美国的联系人，积极为该报投稿、组稿，成为国外留学生与祖国联系的桥梁。1932年8月，金善宝与马保之、卢守耕等6名留美学生联名发起成立"中华作物改良学会"在《中华农学会报》103期发表公报，金善宝担任在美国的联系人，成立中华作物改良学会的照片和1935年他们先后回国后聚于"中华作物改良学会第二届年会"上的合影，使我们深深体会到当年海外学子身在异国他乡、心系祖国农业的赤子之情。

金善宝留美期间是否获得学位，以往的传记说法不一，有的说获康奈尔大学硕士学位，有的说获明尼苏达大学硕士学位，有的避而不谈。曾任金老秘书的吴景锋说："我问过金老，在康奈尔大学有没有拿一个学位？"金老回答说："没有。我是公费出国，时间、经费都有限，拿一张学位文凭，要花很长时间查阅文献，划不来呀！"据此，采集小组一致认为"划不来"三个字，说明了传主"不图文凭、只求真知"的求学精神。在采集中我们发现，这种精神普遍存在于20世纪30年代海外留学的学子中，金善宝的老师邹秉文就是其中最突出的一位，邹秉文15岁出国留学，先读中学、后入康奈尔大学学习农学，毕业后仅在该校研究生院读了一年，并没有拿到任何学位便匆忙回国，为中国的农业教育、农业科学等各个方面作出了重要贡献。金善宝以老师为榜样，不拿文凭，利用这段做论文的时间，到明尼苏达大学研究小麦育种。1933年回国，1934年就培育出在中国小麦史上有突出贡献的小麦良种"中大2419"，同年又出版了中国第一本小麦专著《实用小麦论》。

对金善宝近三十年的教育生涯应该如何采集？小组认为，重点应放在抗战期间。这段时间仅有沈丽娟一位采访对象。幸好家属提供一本1985年农业出版社出版的《著名农学家、教育家金善宝》，这部传记内容虽少，却搜集了十几名专家学者对金善宝抗战期间教书育人的回忆。家属还提供了金善宝亲自撰写的"抗战时期在重庆"手稿一篇、《科技日报》发表的"抗战烽火中的教与学"，用毛笔工工整整写成的"作物学""麦作学"讲义；他身着破旧棉袍，年龄不到五十却白发苍苍、面容瘦削的照片。通过照片和资料，我们看到了一个贫病交困、冒着被敌机轰炸的危险，认真备课、昏倒在课堂上的穷教授画面，学生们勒紧裤腰带买了补养品送给老师、目睹老师生活的清苦，临别时阵阵心酸的动人情景……

1958—1997年是金善宝在中国农业科学院40年的经历，我们查阅了他大量手稿、照片、"文化大革命"期间的"交代材料"、1977年"文化大革命"结束后在中国科协座谈会上的发言、报刊报道等资料，加上小组成员有的是他的科研助手、有的曾任他的秘书，对这段历史大都是共同经历、感同身受。"大跃进"时期，他坚持真理反对浮夸，受到批判；"文化大革命"期间，他冲破重重阻力倡导小麦育种南繁北育、异地加代；面对权威，他无私无畏捍卫农业科学；1978年"文化大革命"结束，他为恢复中国农业科学院和南京农学院作出巨大努力；为作物所主持、组织全国小麦育种"六五"—"八五"攻关研究、修建实验室、办公大楼、购买昌平试验地、保留东门外的永久绿地所付出的辛劳，他所作的贡献，都呈现在眼前。他坚持真理、凌霜傲雪、刚正不阿、老骥伏枥的精神激励着我们，含着泪水和敬仰之情记录下了这一篇篇真实的历史。

我们翻阅了已出版的金善宝传记，发现他的传记虽多，主要的、最真实的传记是1985年湖南科学技术出版社出版的《中国现代农学家传》、1991年科学出版社出版的《中国现代科学家传记》、1993年中国科学技术出版社出版的《中国科学技术专家传略》、2003年科学出版社出版的《20

世纪中国知名科学家学术成就概览》之中的 4 篇。这 4 篇传记各有千秋，文字在 1 万字左右，因篇幅所限，不可能完整、深入地表述科学家漫长的一生。2008 年金城出版社出版的《金善宝》一书，第一次用 20 多万字的翔实资料介绍了这位百岁老人献身中国农业科学教育、风云变幻、丰富多彩的一生；8 年后遵照编委会的要求修改补充，于 2015 年中国农业科技出版社再次出版。但因作者写书初衷，只求通俗性、真实性和可读性，对于农业科学、小麦研究领域中的学术问题一带而过，更没有从科技史的角度深入分析他的成长道路，故而离"采集工程"的要求差距较大。

为此，我们对金善宝的学术人生重新进行了分析，他从 1920 年起，在大胜关农业实验场的研究，除小麦之外还包括玉米、大豆等其他作物，而小麦的研究之中又有小麦育种、小麦种质资源和小麦品质研究等多项内容，1928 年他又走上了农业教育的岗位，研究、工作都是在相互交替中进行的，这种学术生涯的多样性，给按时间顺序为纵线的传记体裁造成了很大难度。故而，我们考虑在研究报告的结构上以时间为主线、各类研究、教育、工作为章节，在相互交错安排下，重点突出了小麦研究部分，合计十二章。

第一章，会稽山麓走出来的农家子。着重叙述了"不寻常的母亲""师从名师邹秉文"两节，强调了母亲是他求学路上的坚强后盾、邹秉文是他学术成长的指路明灯。

第二章，农事实验场的技术员。反映了 1920—1927 年金善宝从南京高等师范学校毕业后，在实验农场长达 7 年广泛的农业科学实践，不仅改良了多个农家小麦品种，而且对玉米、大豆等多种作物的研究也打下了坚实的基础。他不仅育出了第一批小麦改良品种，也完成了补修一年的大学全部学业，于 1926 年东南大学农艺系本科毕业。

第三章，执教浙大，赴美深造。分为两部分：执教浙大劳农学院，叙述了他理论和实践相结合，第一次走上大学讲台就受到学生的欢迎，并得到著名教育家蔡元培的好评；同时在浙大笕桥农场作了小麦开花试验并引进了意大利小麦品种 Arito 进行种植试验。赴美深造，阐述了他在美国康奈尔大学研究生院毕业后，"不图文凭，只求真知"的留学生涯，以及 20

世纪 30 年代的留学生身在海外、心系祖国农业的一片赤子之情。

第四章，应聘中央大学。主要有三个方面：一是，归国后，1933 年 7 月，受中央大学农学院之邀，回到母校任教。金善宝理论与实践相结合的教学特点，受到学生们欢迎；他多年来对多种农作物的科学试验，获得了丰硕成果；他每天晚上提着马灯观察小麦开花情况、对科学孜孜以求的精神，令学生们十分钦佩；他火烧病麦，立志自主创新、培育小麦良种的爱国情怀，令同学们难以忘怀。二是，1937 年 7 月，中央大学内迁重庆。金善宝和蔡旭历尽艰辛，将培育的小麦良种"中大 2419"和"矮立多"带到重庆，种植在沙坪坝的松林坡上。后又与四川农业改进所合作试验，将这两个小麦良种迁到广阔的成都平原，1942 年在四川省推广种植。在战争的炮火中，金善宝与吴董成合作完成了《中国小麦区域》一文，和蔡旭合作完成了"中国近三十年来小麦改进史"手稿一篇。在贫病交困中，他独自一人走遍了澜沧江流域，登上了海拔 1700 米的高原，发现了我国独有的小麦——云南小麦。三是，用众多学生的亲身经历，回忆了金善宝在抗战的烽火中，贫病交困的日子里，教书育人的动人事例以及浓浓的师生情。

第五章，雾都灯塔指引下。讲述了抗战期间的金善宝，在《新华日报》的启发下，初识周恩来、心向延安、七七献金等事例；抗战胜利后金善宝受到毛主席接见，看到了新中国曙光；中华人民共和国成立后金善宝接到了五张任命书，以极大的热情投入新中国建设。让我们看到了一位爱国知识分子，历经沧桑成长为一名共产主义战士的历程。

第六章，南京农学院首任院长。这里特别强调了"首任"二字，因为万事开头难，刚刚成立的南京农学院面临着许多难题。文中叙述了他怎样正确对待中大、金大两校合并之后的"门户之见"，以挚诚平息了风波，团结奋斗办校；为教学奠定基础，培养师资队伍、改善教学环境、探寻农业院校的办学之路，开创了农业科技推广的新形式；建立中国第一个农业遗产研究机构——中国农业遗产研究室；为南京农学院的发展开辟了广阔的空间等。金善宝和蔡旭、吴兆苏等人精心培育的小麦"中大 2419"，已在全国大面积推广，最高年推广面积达到 7000 万亩；与此同时，他和吴兆苏、沈丽娟等开始了"中国小麦的种类及其分布的研究"……让我们看到了金善宝从一个辛勤耕耘的园丁、小麦试验场的技术员，成长为一个有高度战略远见的农业教育家、农业科学家的过程。

第七章，奉调北京创建小麦品种研究室。主要叙述了三方面内容。一是，面向生产服务农村。多年来，他连续深入青藏高原、柴达木盆地、通辽市、宁夏回族自治区等边远地区考察，分析了青藏高原小麦高产的奇迹，总结了小麦生产中存在的问题及其发展方向，并对稻麦两熟地区的小麦生产提出了合理的建议。二是，打破惯例，在冬麦区选育春麦，开展了"京红1号—5号"小麦的选育。三是，创建小麦品种研究室。叙述了小麦品种研究室创建的起源，全室职工艰苦奋斗、团结合作、开拓进取的创业精神和取得的科研成果，育成"南农大黑芒""钟山2号""钟山6号""宁丰小麦""宁麦3号""宁麦6号"。与此同时，还完成了"我国小麦地方品种资源的征集整理和研究"以及潘氏世界小麦的整理编目工作。

第八章，动乱中南繁北育创新路。"南繁北育"思想起于"文化大革命"之始，"创举"于"文化大革命"的全过程。这个历史背景给"创举"增加了一般人难以想象的难度！本章作者真实地记载了一位古稀老人怎样冲破重重阻力、历尽艰辛，带领小麦品种研究室和春麦组成员，坚持南繁北育，异地加代，终使春小麦一年繁殖三代获得成功。育成"京红8号""京红9号""宁麦3号"等小麦良种，分别荣获1978年全国科学大会奖和1983年农牧渔业部技术改进奖一等奖

第九章，第八十二个春天。从《人民日报》记者纪希晨以"第八十二个春天"为题，报道金善宝"要把八十二岁当作二十八岁来过"谈起，叙述了自1977年邓小平科教座谈会之后，金善宝为恢复"文化大革命"对农业科研发展的创伤，收回中国农业科学院下放所、重建科研队伍、为南京农学院复校、为"六五"至"八五"攻关，改善科研条件等付出的辛劳、收到的成效，记录了一位耄耋老人为捍卫、发展农业科学，无私无畏的奉献。

第十章，小麦品质育种的探索。文中列举了40多年来金善宝对小麦品质问题的探索和论述，在艰难的南繁北育历程中，不仅缩短了春小麦育种年限，在育成"京红8号""京红9号"小麦的同时，也育出了优质小

麦品种"中7606""中791",经北京、南阳两处专家组鉴定,提供鉴评的两个春小麦品种所烤制的面包,综合指标已接近或达到了用进口小麦所烤制的优质面包的水平,开启了国产面包小麦之门。

第十一章,小麦科学理论的创新及相关著作。系统论述了这批著作的编著过程,介绍了每一本著作的内容、章节,且详尽地论述了成书的前前后后,有矛盾、有冲突,有主编的关注、指导;更有众多编者付出的辛劳,还有著名专家的评价,上级单位颁发的各类奖状。以此证明,这些著作出版的意义和它们在农业科学研究中所起的作用。

第十二章,百岁人生家国情。从小麦是我的宝,踏遍山川人未老,关爱年轻一代,鼎力创新人才,朴实无华、平易近人,情牵海峡彼岸、难忘生身故土、国际往来、九十三岁贺"九三"、浓浓桃李情、风雨六十年、党的信任与关怀等方方面面,反映金善宝百岁人生的家国情怀,试图从金善宝学术成长的另一侧面,托出他爱国情怀的内涵。

结语从传主金善宝山村农家子的出身、崇尚名师邹秉文理论和实践相结合的教学方针谈起,从他历年来发表的文章、手稿、讲话,以及日常生活中的点点滴滴分析,总结出他近百年来学术成长的关键性影响因素和十个特点;以他众多的学生誉之为"凌霜傲雪一枝春"为题,概括了他为科教兴国、实事求是、追求科学真理、风云变幻的一生。

金作怡

2020年10月

第一章
会稽山麓走出来的农家子

一个山村农家子

浙江省杭嘉湖平原南端的会稽山苍翠秀丽，耸立于绍兴、诸暨边界。自会稽山蜿蜒曲折，分出无数犬牙交错的大小山岭，群山环抱之中一条支脉，风景秀丽，松柏成林，桑树、柿子树、茶树丛生其间，据《论语》中"智者乐水，仁者乐山"之句，得名乐山。乐山山中有一条狭长的峡谷，长约两公里，峡谷两边布满巨大的岩石，潺潺泉水汇聚成一条小溪，穿流于峡谷之间，溪水清澈见底，长年不断。峡谷的东西两端坐落着两个村庄，东端位于峡谷之内的村庄名为石峡里，西端位于峡谷之口的村庄名为石峡口。两村相距1.5公里，平均海拔600米以上，山区约占总面积90%，耕地只占5%，常年日照偏短，春秋两季雨量充沛，夏季气温凉爽，适宜竹林生长。1895年7月2日（光绪二十一年闰五月初十），我国著名的农业科学家、教育家金善宝就诞生在石峡口村一个普通农户家里。

石峡口村距离诸暨县城（今诸暨市）26.5公里，距离绍兴市约40公

图1-1 石峡口村全貌（金永辉供图）

里，全村300多户人家，聚族而居，全部姓金。村中流传着许多祖先以孝、友、和、睦、勤、奋治家的故事，这些故事教育了石峡口村的子孙们，邻里和睦相处，代代相传。时至今日，久居闹市的人们，走进这座峰回路转的山村，仍能感受到清新、淳朴、友好、和睦的氛围，面对青山奇峰，潺潺流水，有恍入仙境之感！

村里人一部分以种桑、养蚕、种植茶树、生产土茶叶维持生计；大多数以山上毛竹为原料，制造土纸。石峡口村人的祖先就是依靠本村丰富的毛竹资源，以做手工纸为生。手工纸的原料是嫩竹中的二黄篾。当春笋长成嫩竹时，当地农民就大量劈篾，将剩下的二黄，经过截断、浸水、入灰浆、蒸煮、清水洗涤、温火焖蒸、碌浆、烘纸等10多道工序，前后历时3个多月才能制成。人们把这种纸叫作"鹿鸣纸"。"鹿鸣纸"呈米黄色，质地薄而轻，松软、细腻。它是做折扇的原料，习字学画的理想用纸，又是东南亚各国做锡箔、抄写佛经的必需用纸。全村纸业兴盛时有80余家作坊。这些纸运到绍兴，转卖到沿海地区及东南亚，是当时村民的主要经济来源。

清道光末年，金善宝的曾祖父朝品公见石峡口村通往村外的小道上横贯一条小溪，给村民的生产、生活造成很大不便，为了方便村里交通，朝品公用经营造纸挣的钱在这条小溪上修建了一座桥，起名余庆桥。余庆桥建成后，乡亲们进出村落再也不用绕弯路了，特别是村内造纸作坊从山上砍下的毛竹和制成的鹿鸣纸，都可以从桥上运进运出，为促进石峡口村的造纸业、蚕桑、茶叶等山村经济的发展起了很大作用。时至今日，村民们走过这座余庆桥时，仍会想起出资建桥的朝品公。

朝品公还修建了一座余庆堂，供子孙们居住。朝品公有五子，长子启明公是金善宝的祖父，分得余庆堂正房两间。因此，金善宝出生时，居住在余庆堂的叔伯兄弟们有五六家之多。启明公仅生一子，即金

图1-2　余庆堂故居（金作美供图）

善宝之父安浦公（平波）。安浦公是清末一名秀才，在石峡口村一所私塾里教书，他为人正直，办事公道，深得村里人的敬重。附近几个村庄，每遇邻里纠纷、兄弟分家等事宜，都常请安浦公主持公道。全家生活主要依靠安浦公微薄的收入维持，金善宝之母何金莲以养蚕为副业，贴补家用。

金善宝出生时，他的父亲安浦公已经40多岁了，金善宝只有一个哥哥善同11岁。安浦公人到中年又得幼子，十分宝贝故而给这个小儿子起乳名九斤，学名按家谱"善"字排后面加上一个"宝"字，这个名字，深深渗透了安浦公夫妇对金善宝的珍爱之情。

童年的金善宝，常常和小朋友一起去"溪窄窄，水涓涓，泉清鱼尽现"的小溪里捉泥鳅、摸螃蟹，走过小溪攀登上对岸"驱石填江事不常，万峯飞舞向钱塘"[①]的山岭里，掘竹笋、挖番薯，采柿子、摘桑葚，留下了

---

① 石峡口教育文化史料，未刊稿。资料存于采集工程数据库。

第一章　会稽山麓走出来的农家子

许多美好的记忆。

金善宝从7岁开始在父亲的私塾里读书。父亲对学生管教十分严格，对他也不例外，金善宝常常因为淘气遭受父亲的戒尺之苦。有时，幼小的金善宝耐不住枯燥学习，偷偷和邻里几个孩子相伴去山上玩耍，一旦被父亲发现，免不了一顿痛打，他的两只小手常常被父亲的戒尺打得又红又肿，这时，金善宝的母亲就会心疼地抱着他，哭着说不读了！在父亲的严厉管教下，金善宝在私塾读了7年，第一年识字，读《百家姓》《千字文》；第二年开始读《诗经》《左传》，唐诗、四书。四书中，他对孟子的印象最深，孟子曰："鱼，我所欲也；熊掌，亦我所欲也；二者不可得兼，舍鱼而取熊掌者也。生，亦我所欲也；义，亦我所欲也；二者不可得兼，舍生而取义者也。"这些句子成为他一生为人处世的准则。

1907年（光绪三十三年），绍兴一带农业歉收。正月，绍兴、诸暨县城（今诸暨市）发生饥民抢米风潮。7月，秋瑾女士被清朝政府杀害，石峡口村村民有人在绍兴府轩亭口目睹这一情景，回村后绘声绘色地讲述给乡亲听，轰动了整个山村。几千年来，忠君顺民的思想禁锢着山村人民，男尊女卑被视为天经地义，女子敢于出来反对朝廷，提倡革命、民主，提倡男女平等，是闻所未闻的奇事。更奇的是，她竟然没有丝毫惧怕，在广大民众面前高呼口号，从容就义。这一切，对闭塞落后的山村农民来说是不可思议的，但是却深深震撼了金善宝年轻稚嫩的心灵，赋予他重要的人生启迪。这一年，金善宝12岁了，秋瑾女士英勇节烈的精神给他上了人生的第一课。当时，金善宝虽然并不理解秋瑾女士的革命思想，可是他从内心深处佩服秋瑾的英勇无畏，为正义和真理献身的精神。这件事，使他开始认识到，在石峡口山村之外还有一个广阔的世界，那个世界的人们在想着什么？干着什么？我们的国家发生了什么大事？都是这个山娃子迫切想知道的！所有这些，在私塾的四书五经里都找不到答案，而身任私塾教师的父亲也不可能做出任何解释。为此，他暗暗企盼着有朝一日能够走出山村，去了解社会、学习四书五经之外的科学文化知识，长大后为山村人民做一些有益的事情。

不幸的是，1908年（光绪三十四年）夏天，金善宝13岁的时候，父亲背上长了一个疔疮（俗称瘩背疮），在农村缺医少药的情况下没有得到及时治疗，年仅55岁就离开了人世。父亲临终前对金善宝说："我没有给你留下什么家私，只给你留下两句话，做人最重要的，一是要有气节，二是要有本事。"这两句话深深刻印在金善宝幼小的心灵里，伴随着他成长，在祖国多灾多难的岁月里，他进一步理解了父亲这两句遗言的哲理，从而奉之为自己毕生恪守的座右铭。

不寻常的母亲

父亲去世后，原本不富裕的家庭更加拮据了。今后的生活怎么办？特别是金善宝的升学问题，成为亲友们议论的焦点："像我们这样的家庭经济情况，能读得起书吗？"他们说得对，对于一个偏僻山村的孩子，能够读完私塾已经很幸运了，他的哥哥金善同也是在父亲的私塾里读了几年书，就务农了。就在这个决定金善宝命运的关键时刻，他的母亲毅然决定扩大家庭养蚕业，全力支持儿子继续升学！

金善宝母亲的养蚕技术在家乡是有名的。他母亲早在出嫁前，就是方圆几十里有名的养蚕能手。她培育蚕种有一套独到的方法，冬天的晚上把蚕种拿到屋外，清晨取回来，用白纸或棉花包好，放在自己的怀里用体温孵化，连续一个多月。这样经过低温锻炼后培育的茧种，抗病性能好，孵化出来的春蚕条条健壮，蚕种的成活率和成茧率都很高，周围的蚕农都喜欢买她的蚕种。

金善宝的母亲养蚕就像护理婴儿一样，每年饲桑时，他母亲每天晚上要起来好几遍，替蚕宝宝换桑叶、清理蚕具，有时甚至彻夜不眠，守护着蚕宝宝。就这样，金善宝的母亲依靠自己的勤劳和独特的养蚕技术，春茧年年丰收，以养蚕的微薄收入来贴补家用，支持金善宝继续上学。

在朴实山村里成长的金善宝，从小就养成了勤劳的生活习惯，他深谙母亲的辛劳，总想为母亲分担，母亲养蚕，他帮母亲采桑叶、洗桑叶、清理蚕具；蚕宝宝大了，要结茧了，他帮母亲捆扎结茧的稻草架子；缫蚕丝是一项技术活，从没有干过的他，也要笨手笨脚地来帮忙，母亲不让他干，他却背着母亲偷偷上了缫丝车，有一次，一不小心左手被开水烫伤了！母亲闻讯赶来，捧着他烫伤的手，心疼得眼泪直流，而金善宝却笑着安慰母亲。就是这次烫伤造成他的左手食指终身弯曲，不能伸直，留下了一个永久的纪念！

除了帮助母亲养蚕之外，每次放假回家，上山打柴割草成了金善宝的"必修课"。南方的天气雨季较多，必须趁天晴的时候把打下的柴火晒干，以备一年之用。因为上山砍柴是一项重体力劳动，要爬很高的山，要砍树上长出来没用的枝条，还要把它捆扎好背下山。山路坑坑洼洼、崎岖不平、杂草丛生，这样的山路对于缠着小脚的母亲来说，是不可能胜任的，他认为自己已经长大了，是个男子汉，这个家务重担，理应由自己来承担。为此，他每次放学回家，一有空隙，就戴着草帽，腰间系根绳子，光着脚丫，上山打柴。母亲担心山上的杂草荆棘会割破儿子的脚，叫他穿双布鞋上山，金善宝坚持不肯穿鞋。因为他知道上山砍柴很费鞋，刚做好的一双新鞋，上一两次山就会被磨破，而母亲做一双新鞋，一针一线要花很长时间，常常要做到半夜三更，甚至几个通宵，每一双布鞋上凝结着母亲多少辛劳、多少汗水啊？他怎么忍心穿着这样"贵重"的鞋上山呢？最初他的两只脚常常被杂草、荆棘刺割得血淋淋的，母亲心疼地为他擦洗，劝说他下次上山一定要穿鞋，金善宝虽然嘴里答应着，但第二天他又背着母亲光着脚丫上山了。久而久之，他练成了一双又黑又硬的铁脚板，杂草荆棘都对它无可奈何了！

金善宝在山上砍柴的时候发现，邻家的山坡上，毛竹、树木一片繁茂，自家的山坡上却因缺少劳力，杂草丛生，严重的草荒使树苗长不起来，这种状况让他产生了深深的愧疚和自责……从此，每次上山，他除了上山打柴割草，为母亲贮备一年的烧饭柴火之外，还逐棵、逐棵地为每棵树苗除草、松土。经过他几个假期的不懈努力，杂草丛生的山坡地，终于变成了一片郁郁葱葱的树林。

多年后，金善宝精心培育的树苗，长成了又粗又壮的大树，成为附近

图 1-3　少年金善宝上山打柴之路（金永辉供图）

几个山村独一无二、难得一见的大树林。直至 20 世纪 80 年代，石峡口村干部写信征得金善宝同意，才将这座山上的大树木砍伐下来，为村里的小学校做了一批桌椅板凳，而"金善宝打柴、育林"也成为石峡口村流传的一段佳话。①

风云变幻中成长

枫桥镇"大东乡学堂"原名大东乡小学，学校董事会以建造新校舍、造福子孙后代为号召，受到社会各方的拥护与支持，枫桥各姓宗祠、士绅富户及商贾、和尚等，纷纷自愿认捐，还募得学田 2000 余亩。1907 年，占地面积 5800 平方米、建筑面积 2915 平方米的新校舍落成。校舍有楼屋三进，均为九楹两弄，中隔天井，旁有侧厢，各进间复道相通。中厅为礼

---

① 石峡口教育文化史料，未刊稿。资料存于采集工程数据库。

堂，正屋与侧厢楼上为师生宿舍，楼下为教室和办公用房。新校舍坐北朝南，面临婺越通衢，颇具气势。这年更名"大东乡学堂"，何蒙孙出任校长。任教者周恕堂、朱逸人、楼亚亭、袁达夫、杨鉴吾等人都是饱学之士。大东乡学堂为高等小学，初时设4个班级，招收学生百余人。当时本地尚无初等小学，只能招收读过几年私塾的青少年，又未经考试，所招学生年龄参差、学习程度悬殊，给教学带来诸多困难。但由于学堂管理得法，风气纯良；教师循循善诱，加强个别辅导；学生自律自励，刻苦好学，因而办得比较出色，受到社会各界的肯定和欢迎。

1909年夏天，金善宝进入大东乡学堂学习。1910年，大东乡学堂参加全省成绩展览会被评为乙等（为诸暨县最高等级）。大东乡学堂培养的学生中，声望卓著者还有中国科学院院士毛汉礼、吴中伦、杨开渠、何荣汾、楼家法、骆凤标、赵仲敏、毛隆基、陈礼、郑鹤声、祝大年等教授；有革命烈士何景亮、何达人、陈创人、黄日初等人。①

1911年6月，诸暨、绍兴一带遭遇连日狂风暴雨，江河水势猛涨，田禾淹没，塘、堤溃决，房屋、人、畜漂失，而官绅、富商乘机囤积居奇，哄抬粮价，以致米价涨了4倍多，各县灾民聚众抢粮，抗捐、抗税斗争风起云涌，全国革命已经到了"山雨欲来风满楼"之势。10月，武昌起义成功的消息传到了枫桥小镇。11月，又传来了绍兴光复的消息。在这股革命洪流的影响下，一心向往革命的金善宝，私下里邀了周学棠等两位同学，剪去了辫子，瞒着家人和学校，悄悄去了革命形势蓬勃发展的绍兴城。他们原来是想去投考浙江省立第五师范学校的，因为那里不收学费、膳费，但是师范学校的考期已过，他们3人一起考进了由革命同盟会创办的陆军中学。

在陆军中学学习期间，金善宝生平第一次接触到孙中山先生民主共和的思想，孙中山颁布实施的一些有利于民主政治的法律和政令，令他振奋不已，如：临时约法规定，国内人民一律平等，无种族、阶级之区别，人民有人身、居住、言论、出版、集会等自由，有选举、被选举的权利；禁

---

① 石峡口教育文化史料，未刊稿。资料存于采集工程数据库。

止贩卖人口、废除奴婢卖身契、禁止鸦片、赌博、缠足、改革吏治、提倡普及教育、兴办实业、振兴农垦业，主张耕者有其田等。这一切，对几千年来受封建统治的百姓来说是翻天覆地的大事，对金善宝这样一个世世代代居住在闭塞山村里的山娃子，更像拨开云雾见了天日一般。为此，他满怀激情地期待着、憧憬着一个民主、美好的新中国，并准备为之付出自己的一切。

在陆军中学紧张的军事训练中，金善宝学会了射击和骑马。他的视力较好，又能勤学苦练，因此射击成绩都能达到优良水平；但学骑马就不这么顺利了，他曾从马背上摔下来好几次，摔下来又迅速爬起来跨上马背，如此反复，终于把马驯服了。有一次，他骑的马突然受惊，脱了缰似的一直往前狂奔，教练在旁边对他连连喊道："抓住缰绳，不要松手！"他紧紧抓住缰绳，受惊的马跑了好长一段路才慢慢缓和下来。当他跨下马背时全身的衣服都湿透了。

紧张炽热的陆军中学学习生活很快就结束了。1912年4月，孙中山先生受形势所迫，宣布辞去临时大总统的职务，把政权交给了袁世凯，一场轰轰烈烈的民主革命失败了。绍兴军政分府宣布撤销，开办陆军中学的王金发等革命党人被迫离去。时隔不久，袁世凯又爬上了皇帝宝座，被推翻的封建君主专制的"僵尸复活"了，在革命运动中被剪去的辫子，又重新盘到了人们的头上。这一切，使金善宝这个刚刚举步跨入纷乱社会的少年，感到无限怅惘、痛苦。陆军中学宣布停办之后，虽然学校通知书说，所有学生可以保送入杭州讲武堂肄业，可是对金善宝来说，杭州路远，缺少旅费，迫不得已，他只好和同学周学棠一起又回到了石峡口村。

1913年夏，金善宝去绍兴考入了浙江省立第五中学（现绍兴市一中）。1914年，金善宝奉母命与邻村楼氏姑娘结婚。

浙江省立第五中学是1897年3月（光绪二十三年春）由山阴徐仲凡先生捐资创办的，原名绍群中西学堂，1912年3月，浙江省教育司将全省11所中学都改为省立，绍兴府序列第五，故名浙江省立第五中学。著名教育家蔡元培、民主主义革命家徐锡麟和文学家鲁迅，都曾在这所学校当过校长或任过教，所以这所学校比较民主，学习气氛也非常浓厚。学习课程有国文、经学、史地、理化、英语、数学、博物、生理卫生、习字、图画、体育等。对实验课程，如人体、动植物标本和理化实验，均由教师示范表演，学生虽然不能亲自动手，所得知识也不少。[①] 同班同学有赵伯基、俞士城等人，著名卫生学家金宝善、园艺学家吴耕民是金善宝的学长。

学校十分重视体育运动。1916年，曾与省第一师范同获浙江省第一届中等学校运动会冠军。那时，金善宝最喜欢的是田径、象棋、足球，每天早晨起来都要沿着学校大操场跑上几圈；课余时间与同学对弈是他的一大爱好，他还曾经荣获浙江省象棋比赛第二名；在足球场上，他是一个优秀的前锋，也是年级的足球队队长。

在浙江省立第五中学的四年，对金善宝影响最深的是：

（1）原任绍郡中西学堂总理（校长）蔡元培所办三件大事：贯彻"因材施教"原则；为开阔学生视野、增设新课目，建立图书馆；引导学生关心国家大事。他的主张、办学方针、教育思想，在校园内处处留下了不可磨灭的印记，为众多的中学生指明了方向。

（2）鲁迅先生来校时，正值辛亥革命前夕，他矢志教育、沥血桃李的高尚品格在学校广为传颂，他严谨的治学精神激励着学生奋发上进。

（3）徐锡麟在校四年，努力向学生灌输科学民主思想，以拯救危亡的祖国，最后为革命慷慨就义。他留下的革命诗篇、豪言壮语，永远激励着年轻一代……

四年科学文化的学习、民主思想的熏陶，使青年金善宝萌发了科学救国、教育救国的爱国主义思想。

攻读"南高"农科

1917年夏，在浙江省立第五中学毕业前夕，同学们都在考虑继续升

[①] 浙江省绍兴市第一中学建校85周年校友录（1891—1982），第2—21页，内部资料。

学的问题。金善宝自然也十分向往升入大学，可是他心里明白以家里的经济条件，能够读到中学毕业就已经很不容易了，大学的校门是那么的可望而不可及。正当他十分苦恼的时候，有一天他忽然从报上看见南京高等师范学校（以下简称"南高"）农业专修科的招生简章，录取新生免收学费、膳费，这真是一个天大的喜讯。他从小生长在农村，亲身感受到中国农村的贫困落后，广大农民世世代代遭受的苦难，振兴中国农业、改变农村落后面貌是他最大的心愿，南京高等师范学校农业专修科，完全符合他的志愿和家庭经济条件。因此，他向亲戚借了旅费去南京投考，并幸运地被录取了。

图1-4 金善宝与母亲合影（金善宝家属供图）

金善宝的母亲并不理解儿子的决定，她一心盼望着儿子中学毕业后，能继承父业，在家乡的学堂内做一名教书先生。经金善宝再三解释，说明自己的志向，母亲又一次支持儿子继续深造。快要开学时，学校来了一个通知，学生的棉被、床单、蚊帐等一律由学校代购，所需费用由学生自己负担。为此，母亲卖掉了两年来辛苦积攒下来的蚕丝，为儿子筹足了费用，并添置了衣服和生活用品，但是去南京的路费还是没有着落。金善宝不得已到离石峡口村30里外的三姑婆家去借钱。三姑婆已经70多岁了，年轻时守寡，无儿无女，辛苦一生攒了一点钱准备给自己养老送终的，当她知道金善宝考上了南京的大学缺少路费时，毅然从木箱里拿出30块银圆送到他的手里，犹豫片刻之后，又用她那颤抖的手取回了1块。金善宝懂得这29块银圆在三姑婆心中的分量，每1块都浸透着她的血汗和辛酸，她给予自己的不仅仅是29块银圆，而是一个山村孤寡老人对一个青年的信任和期望。就这样，金善宝带着母亲和三姑婆的心愿，走出了生养他的山村，走进了南京高等师范学校农业专修科，成为石峡口村第一个跨进高等学府的大学生。

南京高等师范学校是由1902年的三江师范学堂、1906年的两江师范学堂演变而来。1915年，在两江师范的基础上，设立南京高等师范学校。1917年9月，首届农科学生入学。①

南京高等师范学校校址在四牌楼2号（现东南大学内），原为明朝国子监所在地，校舍中有一字房（南高原址）、口字房（1923年因漏电失火被烧毁）、教习房（1988年为留学生宿舍原址）等，当时农科主要设在口字房内②。进入大门后，向北直走500余米，有一排东西向长廊，长廊北首有许多行列的平房，就是学生宿舍。宿舍建筑类似军队的营房，砖木结构、青瓦白墙、排列整齐，每列自成院落，每院分隔10室，每室住10人。室内设备简单，每人一张床、一座椅、一书桌（上附书架）、一电灯，衣箱杂物均放置床下。

图1-5 南京高等师范学校校门［《南京农业大学史志（1914—1988）》扉页］

南高历史悠久，

---

① 费旭，周邦任：《南京农业大学史志（1914—1988）》，南京农业大学（内部发行），1994年，第113页、120页。

② 同①。

老校长江谦提倡"以诚为训,以诚修身,以诚修业"的诚朴、勤奋、求实的学风,并以"嚼得菜根做得大事"8个大字的匾悬挂正门,崇尚简朴、勉励学生、言传身教、师生效行、一脉相承,形成了历史传统。郭秉文校长认为,钟山的崇高、玄武的恬静、长江的雄伟,是南高校训的象征,明确提出要发扬民族精神,强调教师要有两种修养,既能精研教材教法,又能给学生器识抱负之培养,以造就学生完善的人格、宽大的胸怀、先天下之忧而忧的气概。学生生活清苦,学习勤奋,早起晨操健身,夜晚斗室攻读,每日8点号声一响,各奔教室上课,课后又纷纷进入科学馆、实验室做各种实验……

南高农业专修科第一届学生27人,有金善宝在浙江省立第五中学的同学赵伯基,和吴福祯、黄曝寰、邹钟琳、寿振黄等人。1917年入学的第一年,有邹秉文、原颂周两位教授,邹先生除负责全科行政工作外,还担任植物方面的课程,并负责指导学生实习工作,另有两名职员分管科内各项事务。到1920年教授增加到16人。[①]

正当金善宝满怀信心进入南京高等师范学校农业专修科学习之时,家里为此却引发了矛盾。原来为了凑足金善宝上学所需费用,母亲将两年来积攒的蚕丝卖得的钱全部给他拿走了,加之进入大学之后,仍然需要一些生活费用,他的哥哥已有家小,哥哥认为家里只能勉强糊口,没有钱再供弟弟上学。于是,这一年寒假回家,兄弟俩人就正式分家了。金善宝分得一块山地和两间祖屋,母亲和金善宝同住。从此,金善宝的母亲,一个目不识丁的山村妇女,默默地承担起支持儿子上学的全部重担,依靠她的勤劳和独特的养蚕技术,以养蚕获得的微薄收入贴补家用,支持儿子继续上学。有了母亲作为坚强后盾,金善宝排除了一切顾虑、困难,专心致志地投入学习之中。不幸的是,在南高学习的第二年,他接到家乡来信,妻子楼氏因难产去世了。但因学业、路途遥远,受经济条件限制,未能回家见妻子最后一面。

---

① 费旭,周邦任:《南京农业大学史志(1914—1988)》,南京农业大学(内部发行),1994年,第122页。

师从名师邹秉文[1]

当时，刚从美国留学回来的邹秉文先生担任农科主任。邹先生虽然年轻，但已经是一位有名的教授了。他不仅学识渊博，而且办事很有魄力，看问题目光敏锐，很有见地。譬如：在筹备南京高等师范学校农业专修科时，邹秉文就同老校长在办学指导思想和办学方针上有不同意见。老校长认为，师范大学农科目的是培养中等农业学校的师资，只要增加一些教育学方面的课程，业务方面的课程比甲种农校稍高一些就可以了。邹秉文却以为，既然是农科大学，就要有农科大学的规模和水平，农业科学的面很广，要分成若干系科，除教学外还要进行科学研究与推广，为东南各省发展农业服务，再推及全国。1919年老校长因病离职，邹秉文先生的主张得到了新校长郭秉文的支持。[2]

首先，邹秉文抓住了聘请优秀教师这个重要环节。先后聘请了一批国外的知名教授和在国外学成归来的年轻教师，如农学家过探先、钱崇澍、秉志，畜牧专家汪德章，美国加州大学昆虫专家吴伟士等，分别担任新成立的各科、系主任，教授。

其次，拟定了一套教学、研究、推广三结合的教学方针。邹秉文认为，过去的农业专门学校只重教学，每位教授每周要授课24小时，他们每天在授课、备课方面要花费大量精力，没有时间和精力再做专业研究与推广工作，这

图1-6 1918年南高任教时的邹秉文，时年25岁（《邹秉文纪念集》中国农业出版社，1993年，扉页）

---

[1] 邹秉文（1893—1985）出生广州，1915年美国康奈尔大学毕业后专攻植物病理，1916年回国，时任南京高等师范学校农业专修科主任。参见：《邹秉文纪念集》，北京：农业出版社，1993年，第181页。

[2] 周邦任：邹秉文——中国高等农业教育事业的重要奠基人。见：华恕主编，《邹秉文纪念集》。北京：农业出版社，1993年，第208页。

样做不但教师的教学水平、专业水平不能有所提高，学生们毕业之后也只有书本知识，缺乏实践经验，难以担负起改良农业的重任。因此邹秉文大胆改变了当时教育部门要求教师每周必须讲课24学时的硬性规定，要求农科教授每天早晨最迟8点以前到校，下午5点才能离校，每位教授只讲授专业课程，每周讲课时数视需要加以安排，不做硬性规定，为的是教授在讲课之外有时间对其专业做深入的研究与试验，取得成果要负责向有关单位联系，向农民推广。除此之外，要领导学生在两个暑假做田间实习，第一个暑假做一般农作物实习，第二个暑假做专业实习，使学生从书本上学习的理论知识进一步得到实践的验证。

图1-7 1918年暑假金善宝在杭州浙江省农事试验场实习
（后排左起：王宗祐、赵伯基、金善宝，前排左起：寿振黄、原颂周、邹钟琳）（邹钟琳家属供图）

1918年暑假，按照邹秉文先生的教学方针，金善宝和同班同学寿振黄、邹钟琳、赵伯基等人被分配到浙江省农事试验场实习，试验场有个技术员是从日本留学回来的，同学们都很羡慕他的"学识渊博"，可是他在给学生讲课时，连简单的"波尔多液"都配制不出来，还是在场的一位技术工人帮忙。究其原因，就是他平时只在办公室坐着，很少到田间、实践第一线去调查。

这次实习，给他留下了终生难忘的印象。

第二章
农事试验场的技术员

献 身 小 麦

金善宝 1920 年从南京高等师范学校农业专修科毕业，经农科主任邹秉文举荐，到南京高等师范学校农业专修科下属的皇城小麦试验场做技术员。这个举荐，让他感到十分惊喜，因为小麦试验场正是一个有志献身农业科学的青年，将理论与实践相结合，在实践中求取真知的最好阵地。因此，他满怀欣喜来到了皇城小麦试验场，和金善宝先后来做技术员的有同班同学黄曝褰、赵伯基、周拾禄等人。

皇城小麦试验场是上海面粉大王荣宗敬委托南京高等师范学校农业专修科改良小麦品种的科学试验场，由面粉公会资助 4 万元，在南京明故宫遗址辟地 106 亩筹建的，试验场的日常经费由荣宗敬每月资助 500 元维持，条件十分简陋，除了一台美国造的五行条播机外，场内绝大多数农活依靠人力和畜力完成。在这里，一切从零开始，小麦从种到收，从短工的安排到试验场经费预算，样样都要金善宝亲自动手，从早忙到晚，可是他的心里却充满了喜悦。从此，金善宝就把自己的一生和小麦事业联系在一起，虽历经坎坷，仍矢志不渝。①

在这里又发生一件令他终生难忘的事：

> 有一次，小麦播种时，一个新来的工人问他："一亩地需要播多少小麦种子？"由于当时的他也只有书本知识，以致答不出这个简单的问题。
>
> 两年前，在浙江省农事试验场实习时，那位日本留学生，因缺乏实践，连简单的"波尔多液"都配制不出来；现在是他自己缺乏实践，张口结舌答不出来了。

这两件事，让他记了一辈子，由此深深体会到邹秉文先生理论与实践相结合的教育方针的重要意义，从而奉之为终身从事农业科学教育的

图 2-1 1920 年金善宝在南京大胜关小麦试验场（金善宝家属供图）

---

① 金作怡：《金善宝》。北京：中国农业科学技术出版社，2015 年，第 20 页。

准则。

1921年南京高等师范学校改名为东南大学，农业专修科改为大学本科，因皇城试验场不能满足试验需要，学校又在江东门外的大胜关，从华侨办的福群公司租地1800亩（今南京市雨花区双闸乡），租期16年，成立东南大学农事试验总场，皇城小麦试验场随后也搬到大胜关。以水稻、小麦育种试验为主，玉米、大豆育种为辅。金善宝在大胜关农事试验总场，主要从事小麦、玉米和大豆的研究。

创办梓山小学

1920年夏，金善宝从南京高等师范学校农业专修科毕业，除把自己的青春和汗水献给了小麦试验场之外，他做的第一件事情就是在故乡石峡口村办一所山村小学。"科教兴国"是他少年时代的理想，改变家乡贫穷落后的心愿时时刻刻挂在他的心上。1917年，他虽然走出了山村，可是他的心一刻也没有离开过这块生他、养他的土地。他认为，要改变家乡贫穷落后的面貌，首先要提高家乡人民的文化、教育水平，把科学文化带到山村，"十年树木，百年树人"，如果每一个大学生都能在家乡办一所小学，几十年后，我们的国家何愁不会强盛起来呢？！

当时，石峡口村有一所私塾，校址设在老庙内，由于没有经费，每到年终，由校董出面向学童父兄洽谈收取1—2元作为教师薪金，教师一日三餐由学生家长轮流供给，学校既无教具，又无课桌凳，学生入学需自带大小不等的破旧桌凳[①]。

金善宝回乡后，找到村里有威望的长者，说明自己的想法，争取他们的支持，并拿出自己的积蓄作为办学的经费。学校仍设在老庙内。金善宝想到石峡口的山上种有许多桑树、梓树，《诗经》上又有"维桑与梓，必恭

---

① 石峡口教育文化史料，未刊稿。资料存于采集工程数据库。

敬止"之句，意思是说，家乡的桑树、梓树是父母种的，要表示敬意，后人用来喻作故乡。金善宝就给学校取名梓山小学。学校初步建立起来了，但村里人并没有认识到教育的重要性，大多数村民为生活所迫，忙于生计，不愿意送孩子到学校读书，他又挨家挨户到适龄儿童家里去劝说，并亲自授课讲解学习的意义。此后，金善宝每年暑假回家，除了探望老母亲之外，就是到乡亲们家里去动员他们送孩子上学，并把自己一年来的积蓄支援学校[1]。

据石峡口村的乡亲们回忆：

> 梓山小学由乡贤金善宝创办，历任校董为锡舟、潮水、长茂等。当时老庙上殿中间三间仍为菩萨，靠右侧一间为会堂，上挂孙中山像和青天白日旗，两侧摆放一些由金善宝带来的动植物标本，靠左侧的一间为图书室，其余五间为学生教室。梓山小学有自己的校徽和校服，校徽为三角形蓝底白字，校服为学校统一制作，遇有重大活动发给学生使用，活动结束后由学生家长洗净交回学校保管。梓山小学在当时的诸暨农村是不多见的！[2]

第一批小麦改良品种

据《中国近代农业科技史》记载："在南京高等师范与东大时代，由于邹秉文的积极倡导，开我国麦作改进之先声。技术方面由原颂周和金善宝两人负责主持。他们身体力行，为国人从事小麦育种工作之最早者。"[3]

---

[1] 金作怡：《金善宝》。北京：中国农业科学技术出版社，2015年，第31-32页。
[2] 石峡口教育文化史料，未刊稿。资料存于采集工程数据库。
[3] 郭文韬，曹隆恭：《中国近代农业科技史》。北京：中国农业科学技术出版社，1989年，第144页。

当时，原颂周是农科教授兼试验场主任，对小麦育种有十分丰富的经验；金善宝虽是个刚出学校大门、毫无实践经验的大学生，却有着投身小麦事业的满腔热忱和不怕苦不怕累的坚强意志，原颂周十分欣赏这位有志青年，在原颂周教授的精心指导下，两人合作关系良好，加之农科主任邹秉文的大力支持，他们克服了试验场设备差、经费不足、试验条件差等不利因素，分别用纯系选种法和混合选种法改良了不少农家品种，取得了良好的增产效果。

用纯系选种法改良的小麦品种主要有以下两种：

（1）中大南京赤壳（又名"改良南京赤壳"）。在原颂周教授的指导下，金善宝将1919年从学校成贤农场小麦品种观察圃中"南京赤壳"品种中选择的优良单穗，继续进行数年的穗行比较观察试验，确认其比未改良的原种每亩增产2.3斗，约增加16.9%；比农家种每亩增产2.2斗，约增加16.1%。遂予1924年取名为"中大南京赤壳"并推广应用，以应农家之急需。主要分布在南京附近的江浦、六合、高淳等县和沪宁线一带。此品种自1926年后即被用作该校小麦育种试验的标准对照品种。它在历年的试验中，平均亩产262.1斤（折合17斗）。1930年，前浙江省农林总场曾进行多品种比较试验，"中大南京赤壳"产量居首。从此，该品种亦在浙江省示范推广种植。该品种分蘖力强，矮秆，成熟时秆成紫色，不易倒伏，穗紧密，长芒、红壳、赭色麦粒、腹沟深、皮较厚、属粉质。含蛋白质12.6%，硬度6.87克，千粒重29.96克，每石重

图2-2 中大南京赤壳（原载《实用小麦论》，1934年，第86页）

图2-3 中大改良武进无芒（原载《实用小麦论》，1934年，第75页）

146斤。[1]

（2）中大武进无芒（又名"改良武进无芒"）。1919年南京高等师范学校向江苏省武进县征集武进无芒农家种，金善宝等人在大胜关农场穗选，经数年之选育后，1924年与"中大南京赤壳"同时推广。1924年、1925年两年在大胜关农场进行品种比较试验。"中大武进无芒"两年平均亩产15.4斗，较未改良原品种每亩增收1.4斗，较农家种每亩增收3斗，该品系白秆，高度适中，不易倒伏；穗橄榄形，码稀；无芒、白壳、红粒；皮薄、出粉率高，含蛋白质13.12%，千粒重27.88克，每石重150斤。成熟期较"中大南京赤壳"早三四日。无锡、镇江、戚墅堰等地种植最为普遍，南京附廓、江浦等县种植颇多。[2]

用混合选种法育成的品种"江东门"的情况如下：

中大江东门（又名"江东门"）。1923年东南大学大胜关农场主任原颂周在南京郊区江东门附近农田中看到一块麦田，生长整齐，成熟特早，至收获时购得种子数担，1924年在大胜关农场种植，其成熟期较该场任何品种为早。进行了几年去劣选优的混合选择，以其原产地江东门命名"中大江东门"，1928年作为早熟搭配品种推广应用。[3]

"中大江东门"的优点是成熟早，其熟期与大麦相仿。长江南北农民栽培作物素用两熟制，故本品种颇受该区域农家之欢迎。据武昌、南昌两地试种，当地标准品种成熟期在5月18—25日，而"中大江东门"的成熟期是5月8—16日，早熟9—10天，这大大有利于第二季作物的播种与生长，且比当地标准品种分别增产10.6%和25.5%。在长江中下游各省均有种植，是当时推广的一个早熟、丰产、抗病、优质的小麦良种。河南、湖北两省自1941年起用，为过渡时期之推广品种。"中大江东门"系红皮硬粒普通小麦，长芒，穗稀疏，成熟时穗稍下垂，呈赤褐色。每穗有结实小穗14—16个，外壳附着细毛，肩上升作锐状，嘴锐利，红粒，透明而

---

[1] 蔡旭：《中央大学五种小麦改良品种》，国立中央大学农学院专篇之16，见：《蔡旭纪念文集》，1937年，第179-191页，内部资料。

[2] 同[1]。

[3] 同[1]。

略具光泽，背部脊形较明显，含角质多，故硬度较高，含蛋白质 12.6%，容重 157 斤/石，千粒重 24.12 克。出粉率高，麦粒质地硬，面粉厂商愿加价收购。

由于该品种早熟性的遗传传递力强，杂交配合力好，是长江流域、东北春麦区和北部春麦区的优良"早源"。据 1983 年统计，其衍生品种 50 个，遍布苏、川、黔、闽、黑、辽、内蒙古、京、津等省（直辖市、自治区）。如长江流域的骊英 3 号、骊英 4 号、华东 6 号、华东 7 号、南大 3 号、南大 8 号、南大早熟 1 号等；东北春麦区的辽春 1 号、辽春 2 号、辽春 4 号、新曙光 3 号、龙麦 7 号等；北部春麦区的内麦 2 号、津春 4 号、津春 5 号等；华南麦区的闽晋 6 号、大穗黄、敌锈早、晋麦 52 和红芒 22 等[①]

喜 逢 知 音

1924 年初，金善宝在杭州有幸认识了杭州弘道女子师范学校毕业的姚璧辉女士，金善宝觉得她知书达理、性格开朗、生活简朴，正是自己理想的伴侣。姚璧辉看中金善宝是个读书人、农家子弟、为人忠厚、性情和顺，决心和他走到一起。璧辉告诉金善宝，弘道女子师范学校是个教会学校，她受学校教育影响，从小信奉基督，要求他不要干涉自己的信仰，并希望婚礼能在教堂举行。金善宝希望她婚后能去家乡的小学任教，为农村孩子贡献一分力量，同时照顾年迈的老母亲。可喜的是，两人对双方提出的意见都没有异议，这也许就是通常所说的缘分吧！

这一年夏天，金善宝和姚璧辉在杭州教堂按基督的仪式举行了婚礼，主婚人女方家长是姚璧辉的父亲、男方家长由金善宝的哥哥金善同代表，姚璧辉的两个妹妹姚璧瑛、姚璧如和表妹王雪珍做了傧相。出席婚礼的还有金善宝的同学赵伯基、寿振黄、王希成等人，姚璧辉的同学赵敏珍、齐

---

① 庄巧生：《中国小麦品种改良及系谱分析》。北京：中国农业出版社，2003 年，第 9 页、21 页、261 页。

梅贞、金碧贞等。值得一提的是，这次婚礼无意中成就了两对佳偶，一对是寿振黄和赵敏珍，另一对是王希成和齐梅贞，他们在金善宝夫妇的婚礼中相识、相知、相爱，成为百年好合的恩爱夫妻。几十年过去了，寿振黄成了全国知名的动物学家，任中国科学院动物研究所所长；王希成是全国闻名的生物学家，南京大学生物系教授。

图 2-4　1924 年金善宝与姚璧辉结婚（金善宝家属供图）

第一篇中国小麦分类论文

1924 年，金善宝和姚璧辉结婚后，姚璧辉到偏僻的石峡口村，做了一名梓山小学的义务教员，以实现金善宝教育救国、回报故乡人民的心愿，同时照顾金善宝年迈的老母亲，解除了他的后顾之忧，以便金善宝全身心地投入小麦研究中。就这样，新婚后的金善宝，独自一人回到了大胜关农场，在农场，他抛弃了一切杂念，一门心思、孜孜不倦地投入小麦科学研究和各种作物的研究之中。特别是在搜集小麦品种方面做了许多工作，为中国第一篇小麦分类论文的诞生，打下了基础。

关于我国小麦种类的报道，最早当推 Flakaberger 于 1911 年发表的论文，说我国小麦分属于普通小麦和密穗小麦两个种，前者 7 个变种，后者 4 个变种。瓦维洛夫（Vavilov, N.I.）1923 年发表文章说我国小麦品种分属普通小麦的 18 个变种和密穗小麦的 7 个变种。同年，Orlov 又发现了硬粒小麦变种。

1924 年，金善宝从全国 26 个省的 790 个县，搜集到 900 多个小麦品种在南京种植，就其形态特征、特性做多年之精细观察，采用前人的经典方法，把这些品种鉴定为 4 个种，24 个变种：普通小麦（*T. aestivum*）12 个变种，密穗小麦（*T. compactum*）6 个变种，圆锥小麦（*T. turgidum*）4 个变种和硬粒小麦（*T. durum*）2 个变种。其中普通小麦品种占 87%，遍及全国；密穗小麦之分布，几个省都有，但种植较少；硬粒小麦只新疆、云南、湖北有些许出产；圆锥小麦则四川、新疆、甘肃均有出产。

1925 年，他回东南大学补读了一年，1926 年完成大学本科全部学业。

1927 年，金善宝根据上述研究结果撰写的《中国小麦分类之初步》论文发表在 1928 年 5 月《国立第四中山大学农学院作物研究报告（第二册）》上。这是我国第一篇由中国人自己研究和撰写的有关小麦分类的科学论文，较之前人更准确地描述了当时我国栽培小麦种类的情况。

在此论文的绪言中，他写道：

吾国幅员辽阔，兼南北温带与半热带之气候，土质肥美，雨量充足，故小麦之栽培，遍及全国，特以山谷崇深、地势阻绝之

图 2-5　1926 年金善宝于东南大学农艺系毕业（金善宝家属供图）

故，小麦之性状随地而异，品种之多，不可胜计，据余所知现在全国栽培之小麦，可以分别成为独立之品种者，至少当在200以上，其中有仅能栽培于某区域者，亦有能适应较广之环境者；此种性状，关系麦产之丰歉，为品类之重要因子，搜集全国麦种，依其性状之异同，分类而整理之，俾成为有系统之记载，实为至重要之事，吾国小麦既乏系统之分类，农业学校关于麦作学之教授，殊多困难，然则此篇之作，虽曰草创，或亦有俾育种家、农艺家、暨有志麦作研究者之参考乎。①

广泛的农业科学实践

金善宝在农事试验场工作期间，除从事小麦研究之外，还涉猎玉米、大豆、水稻和马铃薯等作物，使他积累了多方面的农业科学知识和技术。在玉米研究上，他主要从事自交系的选育，初步得到了8代稳定的自交系材料；平日他喜欢搜罗各种玉米育种材料，并及时整理、汇集成篇，供国内玉米育种者参考；在大豆研究上，做了大豆、玉米间作试验，取得了初步试验结果。后因战争爆发，试验的玉米、大豆材料由丁振麟负责转移，寄存在安徽省某地，时间长久后，具体地址遗忘了，致使全体试验材料丢失殆尽。但是，七年之久对多种农作物的深入实践，为他以后广泛的农业科学研究奠定了坚实基础。

师生相处十年

南京高等师范学校农业专修科3年的大学学习生活和农事实验场7年

---

① 金善宝：中国小麦分类之初步，《国立第四中山大学农学院作物研究报告（第二册）》，1928年5月。

的农业科学实践，是金善宝和邹秉文最亲近的10年，也是金善宝从一个穷困山村的农家子，成长为一代农学家学术生涯中最为关键的10年。在这10年中，他进一步了解到邹秉文出身名门，17岁抱着为振兴中华贡献力量的愿望赴美留学。两年后，又抱着挽救中国农业的愿望考入以农著称的康奈尔大学，专修植物病理学。毕业后继续在研究生院攻读一年，1916年回国，立志献身中国农业教育。邹秉文为祖国农业献身的志愿，让他想到，这位只比自己大两岁的师长，从小生长在城市应该并不了解农民的疾苦，却能抱着"以农立国"的理想，选择了当时的"冷门"专业，坚定地立下了献身祖国农业的志愿，这个决心、这个抱负，令他肃然起敬。

在这10年，他亲眼看到邹先生为创办南京高等师范学校农业专修科、东南大学农艺系付出的辛劳，目睹了东南大学农艺系、农事试验总场在邹先生的办学方针指导下一步步发展壮大。邹先生热爱祖国，为发展祖国农业献身农业教育的忘我精神，令他赞佩。特别是当他知道邹先生为筹集学校教学、科研经费，东奔西跑、费尽周折，筹到40万元巨款。而邹先生离校之后，个人的银行账户上却只有400元余款。[①] 这一公一私相差千倍之遥，更令他又佩服、又感动。

1927年，邹先生离开了任教10年的东南大学。不久，东南大学改名为第四中山大学，金善宝因新来的领导无理刁难、扣发农事试验场短工工资，他代表工人向有关方面交涉，遭到拒绝后愤而辞职。师生两人于1917年来到南京高等师范学校农业专修科，又于1927年先后离开了改名以后的东南大学。邹秉文先生献身农业教育的精神，永远铭刻在他的记忆中。

---

① 恽宝润：邹秉文对谈录。见：华恕，《邹秉文纪念集》。北京：农业出版社，1993年，第145页。

第三章
执教浙大、赴美深造

第一次走上大学讲台

1927年8月，金善宝离开了东南大学，经同学赵才标介绍到浙江省第四中学讲授农业课。后因农业课在中学不受重视，同年12月，又到浙江大学劳农学院任副教授。

浙江大学劳农学院的首任院长为谭熙鸿，他早年追随孙中山先生参加革命同盟会，也是孙中山派出国的第一批留学生，曾任北京大学生物系教授、系主任等职。谭熙鸿聘请了国内许多有名望的学者和农业专家来校执教，如梁希[①]、蔡邦华、卢守耕、孙逢吉、吴耕民、许叔玑、赵才标、赵伯基、王希成等。在办学上采取了"兼容并蓄的方针，对一些学有所长的前辈如梁希、许叔玑都十分尊重，对青年教师也极为爱护、关怀，因而吸

[①] 梁希（1883—1958）：字叔五，笔名阿五、凡僧，浙江湖州人。早年参加中国同盟会。1916年东京帝大农学部林科毕业。时任浙江大学农学院教授。参见张楚生：《梁希先生纪念集》，第152页，北京：中国林业出版社，1983年。

引了一大批教师到校任教，金善宝也是其中之一。到校不久，金善宝看到学校环境优美，人才济济。唯一不足的是，从杭州去笕桥，只能循铁路前往，在笕桥车站下车后还要步行2公里，或乘坐农民的独轮车才能到达学校。谭熙鸿亲自率领全院师生，利用每日下午实习时间修路，连接沪杭公路，使汽车可以从杭州市直达学院。① 谭院长这种敬业精神和他朴实无华的作风，深得全院师生的敬重，也让金善宝从一个全新的角度认识了这位辛亥名将、学坛先驱。

这段时间，金善宝有幸结识了森林系主任梁希教授。梁希为人正直，学识渊博，早年留学日本、德国，在林产制造、森林利用、森林化学等方面颇有建树，当时已是我国一位很有名望的林业学家。他治学严谨、淡泊名利的高尚品德，在浙江大学（以下简称浙大）师生中广为传颂。金善宝敬佩他的学识，欣赏他的人品，很快成为至交。

在这里，他将七年的小麦科学试验加以总结，参考国外先进的农业科学知识和技术，理论结合实际，编成《实用麦作学》讲义，由于他的教材来源于实践，有许多生动的事例和体会，很受学生的欢迎。1931年1月，著名学者、教育家蔡元培先生为此讲稿作序。

> 麦为人类最好之食品，需要既繁，种植自广，用科学方法而生长之，效率亦闳。故麦虽为极普通之植物，而其分类、择种、交配，种种精细工作，占科学上重要位置也。金善宝先生专研农学，多有心得，近主浙江大学农学院讲座，其《实用麦作学》讲稿，专论小麦，言简意赅，精深渊美；兼注意于小麦在吾国之地位，如栽培之面积，产额之数量，消费之多寡，以及各种小麦之种类，气候之实录，以及与世界麦区气候之比较，盖别有调查搜罗之功，故能适合于国内教授之用，使学者灼知国内外种麦情形，得用新知识以改良旧种植；与专读外国教本者不同此其优点之彰明者。
>
> 吾国食麦者，起源甚早，如周颂之来牟，月令之麦秋，屡见记

---

① 浙江农业大学校史编写组：《浙江农业大学校史（1910—1984）》，第53页。1987年10月，内部资料。

载，足知当时流通已广，消费已繁。以数千年惯用为食物之种植品，不无相当经验，再佐以最新学理，切实施行，其丰收可达，可以预卜。改良农业，即所以维持国本，充实民生，善宝先生此书，关系固甚大也。[①]

笕桥农场的试验

金善宝在浙江大学执教的几年中，除课堂讲学之外，还坚持在该校笕桥农场继续他的小麦科学试验，以及其他作物的科学研究。

一是，利用课余时间，继 1925 年之后，第二次广泛搜集国内外的小麦品种，从全国 28 个省的 650 个县市征集到 1300 余种小麦样品，在浙江大学农场种植，进行观察鉴定和分类研究。

二是，1929 年，从一位意大利回国的留学生处得到意大利的小麦品种 Ardito，将该品种在笕桥农场种植数年，表现优良。

三是，将南京大胜关东南大学农事试验场曾作的"小麦开花期之观察"移至杭州笕桥浙大农学院第一农场继续观察。

四是，对小麦有芒、无芒之研究

金善宝早在江苏南京、徐州、寿州、淮阴一带考察农业时，当地农民对小麦品种有无芒的优劣，各有其特殊见解，均系多年经验之谈，国外学者对此研究报道者也很少，据金善宝所知，唯有 A. G. Grantam 研究较为详尽。A. G. Grantam 在美国 Delware 试验场历 12 年之久，研究小麦品种产量差异之原因时，注意到有芒与无芒之关系，其比较试验结果说明有芒种优于无芒种：有芒种的产量、分蘖数、籽粒品质和对 *Fusarium*、*Septeria* 病害的抗性均优于无芒种，但是耐瘠性弱于无芒种。美国 H. V. Harlan 与 S. Anthony 在 1915 年和 1916 年曾做了大麦剪芒试验，发现同一品种剪芒之

---

① 蔡元培："实用麦作学"序。见：高平叔，《蔡元培全集（第 6 卷）》。北京：中华书局，1988 年，第 7–8 页。

图 3-1 金善宝夫妇（前左 1，左 2）在笕桥农场（金善宝家属供图）

穗较不剪芒之穗粒小且轻，但籽实生长迟速并无区别。①

金善宝根据多年观察之结果，认为有芒小麦适应湿地之本能胜于无芒小麦。为探究有芒、无芒的各种关系，他从原南京大胜关农场的小麦品种中挑取种子纯净、性状一致的 23 个有芒品种和 12 个无芒品种，进行比较试验。分三种设计：有芒品种和无芒品种混合栽种，有芒品种的剪芒试验，有芒品种和无芒品种耐瘠性比较。结果说明：

（1）有芒品种和无芒品种混合栽培时，有芒品种的籽粒大小、植株高度和单株分蘖数均优于无芒品种；但混种的籽实产量，因生存竞争之故，会减产，混杂愈甚，减产愈甚。所以小麦之品种贵在纯净，不宜混杂。

（2）有芒品种剪与不剪芒，在其籽实生长和成熟期早晚无明显差异，但籽实大小，则剪芒者均逊于不剪芒者，可知麦芒有无确能影响籽粒大小。

（3）有芒品种小麦耐瘠性优于无芒品种。

以上研究结果，以"有芒小麦与无芒小麦之研究"为题，发表于 1929

---

① 金善宝：有芒小麦与无芒小麦之研究，中华农学会报，1929 年，第 68 期，第 52 页。

年《中华农学会报》第 68 期上。

1929 年，母亲的突然去世令金善宝十分悲痛。为了纪念母亲，他请了一名画师为母亲画了一张巨幅画像，珍藏在一个大箱子内，有空时就打开看看。年过耄耋之后，睡梦中仍然时时喊着"姆妈！姆妈！"由此可见，他对母亲的思念。

完成《实用小麦论》书稿

1930 年 8 月，金善宝在浙江大学劳农学院《实用麦作学》讲稿的基础上，参考了国外的有关资料，对讲稿进行了修改、补充，撰写成《实用小麦论》书稿。

他在该书的序言中写道：

> 近年以来，麦作学已成为农业教育中之重要学科，而小麦实占麦作学之最重要部分。研究麦作者，亦多注重小麦。欧美各国，著述甚丰，唯我国学术幼稚，尚无此项专书，而外国书籍又不尽适于国情，学者苦之。本书之作，窃欲应此需要也。本书之编制，先论小麦植物学的性状与其品种分布之状况，使学者于小麦之形态、生理、分类等，得到相当之认识。次论小麦重要性状之遗传及其各种族之间遗传之关系，俾学者明了小麦之遗传原理。庶于选种交配等适当之基础。论品系比较试验，采用美国康奈尔大学之麦类育种法。唯就地方情形，稍稍变通。栽培方法，与育种同一重要，故自整地以至收获、贮藏等各项手续，均依次详为论述。其他与栽培有关系之问题，如气候、土壤、病虫害等，亦分别论及焉。书中所引之材料，关于纯粹科学者，多参考外国书籍杂志，关于实际应用方面，则多取材本国试验所得之结果。例如论小麦之分类，多取法英国潘希维尔及美国克拉克等之制度。至各类小麦所属之品种，则多引用本国之材料。又如种植

小麦所用之外国农具，必在国内试验有良好成绩者，然后引用，以期适合国情，而切于实际。

此书稿曾用作浙江大学农学院讲义。故于每章之末，将章中重要各点，依次摘为温习问题，俾学者易于阅读。书末附有参考书目录，故颇适于教材及参考之用。

本书编竣，承友人冯君泽芳，孙君逢吉，详为校对，多所指正。赵君黎正，为之绘图。又书中所用之照片，系作者服务于前东南大学农事试验总场及浙江大学农学院时所摄。蒙邹主任秉文，谭院长仲达，准于采用。特致数语，以表谢忱。

本书仓促付印，谬误之处，知所不免。深望海内积学之士，进而教之，以便于再版时得以更正，则幸甚焉。

民国十九年八月
金善宝于浙江大学农学院

考入康奈尔大学研究生院

1930年，浙江省教育厅在全省范围内招考留美学生，条件是在浙江服务满3年，服务成绩好，由服务机关推荐，英文考试及格。金善宝正好符合条件，积极报名应试，荣获录取。这次录取的共有7人，其中学农的3人，除金善宝之外，还有赵才标和卢守耕，赵才标学习农业经济，中华人民共和国成立前夕去了台湾，后至香港；卢守耕攻读水稻专业，一直在台湾从事水稻研究。另外4人为赵廷炳（学化学）、王国松（学工）、何之泰（学水利）、王儆（学石油），都进入康奈尔大学研究生院学习。

这一年夏天，姚璧辉携长子送丈夫到上海乘船远渡重洋赴美留学。在喧闹的上海码头，6岁的儿子吃了一个肉包子后嚷嚷肚子疼，当时他们夫妇并没有在意。送别丈夫后，姚璧辉母子回到杭州，误听邻里之言，给孩子吃了一颗止泻药，没过两天孩子就夭折了。姚璧辉为此大病一场，而远

图 3-2　1930 年金善宝夫妇携长子、长女于杭州（金善宝家属供图）

在异国他乡的金善宝，得知这个噩耗后也悲痛欲绝。此后多少年，家里都不敢提起长子之生这个名字。

金善宝告别妻儿之后，轮船驶出了吴淞口，进入了浩瀚的东海，船过日本横滨，在太平洋上整整行驶了一个多月才到达美国的西海岸旧金山。从旧金山乘火车直达美国首都华盛顿，再坐汽车到康奈尔大学。

金善宝居住在中国学生聚居的地方，一人一个房间，设备齐全，供应充足，但收费也颇为可观，每月约 18 美元，所幸他是公费，食宿费用一般情况下是可以保证的。

康奈尔大学有 7 所学院，其中农业与生物学院在全国同类大学中是数一数二的，并以其独有的创新精神影响了整个美国高等教育，也为世界各国培养了不少有影响力的学者。我国的著名学者除金善宝外，还有胡适、邹秉文、茅以升、杨杏佛、曾成、谈镐生等都曾在康奈尔大学就读。

金善宝在康奈尔大学主修的课程有作物学、育种学、遗传学、土壤学、植物生理及细胞学、生物统计学等。研究生除上课外，还要参加各种讨论会，讨论会由各系组织，每周开一次，各系的教授、研究生参加。开会前，由教授选好最近完成之论文令各研究生阅读；开会时，由主讲研究生对该

第三章　执教浙大、赴美深造

论文进行评价，再由教授和其他研究生发表意见，开展辩论，以此培养提高研究生的分析能力。康奈尔大学除重视课堂教学外，也十分注重田间操作，金善宝经常随同教授、助教们一起参加田间操作，做小麦、玉米、大豆等实地育种工作，并随同教授出外调查，实地考察品种改良的情况。

在美国3年，金善宝始终保持着中国农民子弟的本色，是个"喝洋墨水"的"土包子"，只知道专心致志地学习，勤勤恳恳地工作。在民族歧视的重重阴影下，这批海外游子，互相支持、互相帮助，为了振兴祖国这一目标，共同去面对遇到的种种困难和挫折。

图 3-3　金善宝在康奈尔铜像前（金善宝家属供图）

身在异国他乡　心系祖国农业

海外游子们，虽然身在异国他乡，心里却十分关心祖国的农业。他们和国内的《中华农学会报》保持密切联系，从 1931 年 1 月至 1932 年 12 月，金善宝一直担任《中华农学会报》在美国联系的地方干事，[①]负责联系在美留学生，及时传递、交流国外有关农业科学研究的新信息。金善宝身体力

① 金作怡：《金善宝》。北京：中国农业科学技术出版社，2015 年，第 401 页。

图 3-4　1932 年中国作物改良学会发起人合影（右起：马保之、程世抚、金善宝、冯泽芳、卢守耕、管家骥）（金善宝家属供图）

行，从 1932—1934 年在《中华农学会报》连续发表了"麦穗密度之特别遗传""小麦性质之遗传""小麦之遗传""小麦与黑麦交配及其返配后之细胞学的研究""由两种间交配而成之小麦品系用细胞学与遗传学方法研究其变异""种子埋藏土中三十年生活力仍极健强""雏用高粱之染色体数目""用返配法研究小麦之遗传性"等多篇译文，对传递国外农业科学研究新信息起到了很好的作用。

　　1932 年 2 月，金善宝和留美学生马保之、卢守耕等 6 人发起成立"中华作物改良学会"。同年 7 月，又联合国内农业界知名人士沈宗瀚等 11 人在《中华农学会报》102 期正式发表"中华作物改良学会缘起及旨趣"公告，尽述学会发起之缘由、性质、宗旨、会员义务，称："本会现今正如种子之萌芽，根基微弱，甚望各地同志经审慎之考虑，抱牺牲合作之精神，加入本会、共同努力，使之不断繁荣滋长，冀于吾国作物改良之学术及事业上，稍尽绵力，不胜幸甚！"公告并附"作物改良学会章程"及其联系人马保之、金善宝的姓名地址。

第三章　执教浙大、赴美深造

不图文凭　只求真知

　　1932年春天，金善宝修完了康奈尔大学研究生院有关作物专业的全部课程，剩下不到一年时间就是作学位论文了。通过论文，可以拿到硕士或博士学位文凭，可是，他想到在康奈尔大学研究生院学习的这段时间，虽然也曾跟随教授到田间实习、去各地农村调查，但理论多于实践，而且作物学的种类繁多，对小麦的专业知识缺乏深入探讨，实践经验也不够丰富，而自己是浙江省公派留学生，在时间和经费上都受到限制，没有可能在拿到学位文凭之后再去补上这一课。在这短暂的时间内，是继续留在康奈尔大学完成这个非常有吸引力的学位论文，还是放弃论文，另去寻找一条深入实践求真知的道路呢？正在他犹豫不决的时候，忽然想起邹秉文，1916年在康奈尔大学毕业后，到研究生院学习了一年，并没有拿到任何硕博士文凭，就匆忙回国，投身中国的农业教育事业了。当年邹秉文只有22岁，天资聪慧、家境富裕，完全有条件拿个博士学位回国。可是，他没有拿学位是为什么？是挽救中华农业衰败的爱国热情催促他刻不容缓地赶回祖国，在金陵大学、南京高师、东南大学培养了一大批农业专门人才；特别是刻印在他头脑中邹秉文先生理论与实践相结合的教学方针……名师的榜样、名师的教导，指引金善宝选择了一条实践求真知的道路。于是，康奈尔大学毕业后，他放弃了学位论文，改到明尼苏达大学农学院专攻小麦育种。

　　明尼苏达大学建于1851年，是美国综合性的高等学府之一，许多世界顶尖的技术与发明都在这里诞生。它位于美国明尼苏达州的姊妹城明尼阿波利斯市和圣保罗市，明尼苏达州是美国农业产品生产的第七大州。辽阔、广袤的农田，丰富多样的农产品，为农业科学实践提供了广阔天地，明尼苏达大学拥有世界顶尖级的实验设备和名师指导，使金善宝在小麦科学理论和育种实践经验的道路上登上了一个新的台阶。

图 3-5　1932 年 9 月，金善宝（后排左 2）在明尼苏达大学（金善宝家属供图）

留学的三点体会

　　祖国的贫穷落后，使出国留学的游子处处受到歧视，美国的房东对中国留学生冷若冰霜，报上经常登着各种歧视华人的报道；学术上，中国学生虽有同等实力却总是低人一头；特别是"九一八"事变之后，丢掉东三省的耻辱，使中国留学生抬不起头来……一次，在学校的聚餐会上，一个美国学生当着众人的面，对金善宝大声叫喊道："金先生，把这些剩饭拿去给中国人吃吧，中国人正在饿着肚子呢！"金善宝听后感到莫大的污辱，面对洋洋得意的挑衅者，他毫不客气地回敬道："很遗憾，中国离这里太远了，请先生还是拿到芝加哥的公园去吧，那里不是有许多无家可归的流浪汉吗？他们正在等着这些面包填肚子呢！"那个挑衅者自觉没趣，只好灰溜溜地溜走了。

　　这件事使金善宝再次深刻体会到，美国虽好却不是久留之地，作为一个炎黄子孙,绝不能在屈辱中生活,作为一个学农的中国留学生,来美国的目的只有一个,那就是学成归国、报效祖国,振兴祖国农业,改变祖国贫穷落后的面貌。1933年1月,金善宝毅然踏上了归途,回到了祖国怀抱。他的留美同学也先后回国,充分反映了这批30年代的海外学子身在异国他乡、心系祖国农业的一片赤子之情。

在美国3年,金善宝学到了先进的农业科学技术,时间虽短但留给金善宝的印象却很深。他在浙江大学农学院农艺学会上,介绍"美国人研究科学之精神"的演讲中,讲了3点体会:

一是,美国人研究科学之精神令人钦佩。

美国人研究科学之精神非常勤恳,研究者每日早晨8点进办公室至下午5点才回家,甚至还有晚上去实验室研究的。他们平时都是衣冠整齐,但一到田间,穿上工作服就像农夫一样不息地工作,竟有连午餐也带往田间的。他们不但耐劳而且有恒心,凡研究一个问题,短则几年,长则十几年,虽遇到种种困难,仍不肯放弃,必至解决而后已。如康奈尔大学作物育种系主任兼研究院院长埃默森博士,为美国研究玉蜀黍之泰斗,孜孜于研究玉黍蜀植科色性遗传达12年之久,终于发现了ABPI的遗传因子定律,对遗传学方面作出了重大贡献。

二是,美国人科学研究中的合作精神尤令人叹服。

如明尼苏达大学作物育种系、植物病理系,彼此都是互相研究,一旦研究有得,就彼此双方合作发表研究成果,因此育成了不少抗病力极强的大小麦品种;再如,研究小麦制粉之品质与生物化学系合作,研究小麦之抗寒性则与植物生理系合作,结果获得品质优良、产额丰富之品种。这些不过是一个学校内部的合作,至于他们单位与单位之间也很有合作精神。美国是一个由48个州组成的国家,每个州都有一个农科大学或农学院,研究当地之农业。同时农部注意全国各地之农业问题,但农部对各州之农业并不另设试验场,乃由各州之农科大学中聘定一人或数人,由农部拨给相当的经费,彼此互相合作,

图 3-6　1935 年金善宝在中华作物改良学会第二届年会上（前左起：冯泽芳、马保之、卢守耕，中左起：郝钦铭、金善宝、孙逢吉、王绶、沈骊英，后左起：周承钥、管家骥、沈宗瀚）

（金善宝家属供图）

做种种详细的研究和调查。因此，经济、人才两得其便，可收事半功倍之效。

三是，推广于人民的方法值得我们参考和学习。

美国人研究得到的成果，必能推广应用于农家，因他们各系都设有推广部，一经研究得到结果，耕作方法或优良品种，就在农家田中试验，农民见了自然能采用或接受他们的方法或种子。况美国农家耕地在百亩以上很多，种子的优劣影响于收获极大，故一般农民很需要研究机构给予优良的种子。其他如畜养乳牛者，一旦乳中发生毒汁，或其变故，他们都自动向学校教授请教，有时还到学校去练习。所以他们的研究和实用都是有密切联系的。[①]

[①] 金善宝：美国人研究科学之精神。国立浙江大学校刊，第 132 期，1933 年 5 月 6 日。

这三点体会，贯穿于金善宝一生从事农业教育和科学研究的生涯。康奈尔大学作物育种系主任兼研究生院院长埃默森博士的事迹，使金善宝明白在科学的道路上，没有平坦的大道，只有不畏艰险、不怕失败、勇于探索、有恒心、有毅力的人才能达到光辉的顶点，埃默森博士成为他在科研工作中，要求自己、勉励年轻一代的榜样。明尼苏达大学科研工作中理论与实践相结合的合作精神、科研成果及时推广等做法，也成为他一生从事农业教育和科学研究的准则。

第四章
应聘中央大学教授

    1933 年 2 月，金善宝回到祖国，仍到浙江大学农学院任教。后来国民政府陈果夫无理干涉浙大内政，说金华火腿闻名世界，产地在浙江，浙江大学农学院应该设立一个火腿系。梁希教授与当时的农学院院长许璇都认为这是无稽之谈。陈果夫通过浙江大学校长郭任远向许璇院长施加压力，许院长愤而辞职。农学院许多教授都为之不平，纷纷辞职，以示抗议。1933 年 8 月，金善宝和梁希等人接到南京中央大学农学院院长邹树文的来函邀请聘作教授的聘书，也先后离开了浙江大学。

讲课的特点

    南京中央大学农学院的前身是南京高等师范农业专修科和东南大学。1927 年 2 月，东南大学改名国立第四中山大学，1928 年 2 月改称江苏大学，同年 5 月，改名为国立中央大学。不同的是，南京中央大学农学院院址已由 1927 年的四牌楼（现东南大学所在地）迁到三牌楼小门口（现察哈尔路南师附中校址）。当时，南京中央大学农学院院长邹树文，是南京高等

图 4-1　金善宝夫妇与邹树文夫妇同游南京燕子矶（左起：金善宝、邹树文、姚璧辉、姚璧瑛、邹树文夫人）（金善宝家属供图）

师范学校农业专修科创始人邹秉文的堂兄，而中央大学农学院的教授如邹钟琳等人，又都是金善宝的同学，阔别6年重返母校，昔日同窗重逢，同在母校执教，他的心情是十分愉悦的。

南京中央大学农艺系1937年毕业生、福建省农业科学院原植保所主任黄至溥教授在"美好的回忆、难忘的教育"一文中回忆金老师教书的几个特点。

（1）每次上课手拿卡片十数张，讲他认为最重要、最新颖的基础理论和操作技术，国内外该作物的新发展、新成就。这些内容都是他平时查阅文献、阅读最新研究论文、报刊后写在卡片上的心得，在指定的教科书上是没有的。

（2）要求课后一定要看指定的参考书。每次讲完课，就将应看哪本书、哪一页告知大家。

（3）重视实验室实验和田间实习，贯彻手、脑并重，学、做结合。每次都印发实习提纲，按提纲逐项完成，下次交实习报告，他亲自审阅，评定成绩，不及格者还须重做。实习时间都是结合各种作物的生长季节进行的。

（4）启发学生广开思路，钻研科学，讲究实效，并鼓励学生应用所学去解决各种作物的具体问题，积极培养学生认真严肃的科研态度和创新精神。他常说："宏观问题要从微观入门，大处着想，小处着手。要善于发现新苗头，精于观察其差异"。他边教书，边做研究，常常带我们去看他的研究工作，言传身教，引导我们为农业科研献身。

（5）对青年灌输爱国主义和热爱科学、热爱人民的思想。他每讲一种作物，就将国内外产销情况对比，指出我国受封建束缚、外强侵略导致农村破产、民不聊生，以及农民遭受压迫剥削，虽然全家老幼日夜操劳、精耕细作，还是天灾人祸频繁，生产无法增长，激发了我们爱祖国、爱人民、爱科学的热情。①

中国第一本小麦专著——《实用小麦论》

1930年8月，金善宝将完成的《实用小麦论》书稿提交商务印书馆之后，就远渡重洋去美国康奈尔大学研究生院留学了。商务印书馆编辑部审稿时，由于作者不在国内，与金善宝无法交流，只好延迟了出版日期，直到1934年才联系到金善宝，以致《实用小麦论》的出版时间推迟了整整4年之久。遗憾的是，当年著名教育家蔡元培先生为《实用麦作学》写的"序"，未能载入这本《实用小麦论》之中。

《实用小麦论》全书20余万字，分18章叙述。出版后，被列为大学丛书之一，很快被全国各大专院校农学院用作教材或学生的重点参考书。

中国科学院院士、著名小麦遗传育种学家、百岁老人庄巧生回忆：

---

① 黄至溥：美好的回忆，难忘的教育。见：史锁达，任志高，《著名农学家教育家金善宝》。北京：农业出版社，1985年，第129—130页。

1935年我入南京金陵大学农学院学习，入学后，读到金老编写的《实用小麦论》，这是一本实用性较强的大学丛书。由此知道他是国内两大小麦权威专家之一，另一位是金大教遗传学的沈宗瀚教授，他们两人年龄相仿，比我大20岁左右，都是美国康奈尔大学的研究生。①

中国科学院院士、著名小麦遗传育种学家李振声回忆：

金老写的《实用小麦论》，是我国小麦史上第一部专著，早在20世纪50年代我上学时，读的第一本小麦专著就是金老的《实用小麦论》，它对我们这一代搞小麦研究的人，起到了启蒙的作用。②

多种农作物科学实验成果

1920—1927年，金善宝在农事试验场工作期间，除从事小麦研究之外，还涉猎玉米、大豆、水稻、马铃薯等作物。长达7年的多种农作物科学实验，加之出国三年深造获得的理论，集中表现在他1933—1936年发表的各类论著之中。

近代玉米育种法③

1933年8月，金善宝和助教丁振麟一起，在大胜关试验农场，开展了玉米选系和杂交种的配制、杂种优势测定等一系列的研究工作。在以往研究的基础上，亲自进行了玉米自交系间杂交种的研究，验证了美国玉米育

---

① 庄巧生访谈：2017年4月25日，北京。资料存于采集工程数据库。
② 李振声：在金善宝教授百岁华诞茶话会上的发言，1994年7月2日，未刊稿。资料存于采集工程数据库。
③ 金善宝：近代玉米育种法。中华农学会报，1934年，第125期。

种家的某些理论方法的实际效果。选育出 40 余份遗传稳定的自交系，经测交种、单交种和双交种测评结果，产量均比最好的玉米地方品种"南京黄"增产，其中最高增产达 30%。1934 年，他在《中华农学会报》（125 期）发表了《近代玉米育种法》的论文。文章从玉米传粉的特点到自交系的选育，从杂交种的鉴评到聚合改良，都有翔实的介绍。全文有 5 个部分：引言、传粉情形、选种法、近代育种法和参考文献。时至今日，仍不失为玉米育种工作者学习的重要参考文献。

当时，国内只有杨允奎，1933 年在美国俄亥俄州立大学出版社发表一篇博士学位论文，题目是《甜玉米伪淀粉与玉米生长势之关系》，[①] 其内容并没直接涉及普通玉米自交系间杂交种的选育方法。

玉米在明朝万历年间传入我国，至 20 世纪 30 年代，品种无所改进。金善宝撰写此文时，我国玉米种植面积只有 613.3 万公顷，总产 740 亿公斤，平均合亩产 80.45 公斤。玉米居栽培作物的第七位。他见到欧美各国用近代玉米育种改良法，使其增产 10%—70%，急于向国人推荐，用心良苦。在这篇文章中，他引用了美国玉米育种专家从 1910 年到 1934 年发表的 48 篇实用性很强的研究论文。

为庆祝金善宝诞辰 100 周年，1994 年 5 月中国农业出版社出版的《金善宝文选》，收入他的《近代玉米育种法》。这篇 60 年前经典之作，不仅使农学界为其高瞻远瞩、广阔的学术远见而赞叹，而且使从事玉米育种的当代业内学者对其理论述说之精准，育种方法迄今尚可应用，深感阅读恨晚。

由于 20 世纪 70 年代以来，我国生产上全面推广自交系间优良单交种，到 2014 年玉米种植面积、总产和单产，已居我国各种栽培作物之首位。

大豆几种性状与油分蛋白质之关系

金善宝在南京中央大学农学院大胜关试验场和王兆澄一起做了"大豆

[①] 中国科学技术协会：《中国科学技术专家传略》。北京：中国科学技术出版社，1993 年，第 123 页。

几种性状与油分蛋白质之关系"研究，这是国人未曾进行过的研究。结果表明，黄、青、黑豆的油分与蛋白质含量均无显著差异；油分含量与蛋白质多少为负相关，表明在同一品种，欲同时增进油分与蛋白质之含量，不易实现。但也有同一品种中两者均高的测定结果，指出了欲选择油分与蛋白质并富的品种，似非绝对不可能。研究还分析了油分、蛋白质与大豆百粒重、生长期、粒形和籽粒的大小的相关关系，使生化分析与表型相关综合研究密切结合，为提高大豆品质育种奠定了良好的基础。20世纪30年代初期所用的生化研究法，到60年代还在采用。

1935年，金善宝和王兆澄在《中华农学会报》第142、第143期，联名发表"大豆几种性状与油分蛋白质之关系"一文，是我国有史以来最早发表的大豆研究论文之一。为了提高大豆产量，金善宝和丁振麟20世纪30年代初，还做了大豆混合选种和品种比较试验。在大豆种植方式上，做了大豆播种密度、大豆与玉米间种和混种试验。所获结果，与我国20世纪60年代相似试验基本相同。

2017年4月，南京农业大学教授、中国科学院院士、大豆专家盖钧镒在接受访谈时说："金院长是我们大豆研究中心的带头人。"为此，金善宝和另外几位专家的照片一起悬挂在南京农业大学作物遗传与种质创新国家重点实验室楼内，被列为中国大豆研究的先驱之一。

玉米、大豆试验成绩简报

为了提高玉米、大豆的产量，金善宝和丁振麟在南京中央大学农学院大胜关农事试验场，做了有关玉米、大豆产量的各种试验。在玉米试验方面，分别做了玉米自交试验，玉米自交系优劣检定测验，普通玉米品种杂交试验，玉米播种期试验，玉米去雄试验，玉米、大豆间作试验。在大豆试验方面，做了大豆混合选种和品种比较试验；在种植方式上，做了大豆播种密度、大豆与玉米间种和混种试验。所获结果，与我国60年代这方面试验基本相同。1935年，金善宝在国立中央大学《农学丛刊》3卷1期发表"中央大学农学院大胜关农事试验场最近玉米大豆试验简报"一文。两年重复试验结果说明，玉米和大豆间作，可以获得较高的产量和经济效益。

用统计方法研究籼粳糯米之胀性

1935年，金善宝和叶声钟联名在国立中央大学《农学丛刊》第2期上发表了"用统计方法研究籼粳糯米之胀性"一文。引言中，在述及研究籼粳糯米胀性之必要时，这样写道：

> 民间购米炊饭，多注意胀性之大小。但米之胀性与种类及品种间关系如何，尚无能切实言之者。东西各国关于此问题之研究寥若晨星，Stein-barger虽曾注意米煮饭之品质，但所用品种只有8种，冈村宝对于煮饭之方法，曾有详细报告，但于胀性之大小，尚未提及。至于应用变量分析法解释米之胀性结果者，本文尚属首创。

研究取材于上海、无锡和南京各大售米行：籼米62种、粳米90种、糯米20种，虽非纯系品种，可能尚含异名同种者，而市售各种精米已基本包括在内。因米种不同，吸水也不同，且因蒸煮时间长短不同吸水量也有差别。进行实验前做了测验，结果表明：米水以1∶2为最佳，蒸煮时间以1小时为宜。在此共同条件的基础上，各取米样200克放入直径6.1厘米量筒中，注400毫升水，均放入待加热的水浴箱中盖上盖，箱下用火炉加热烧煮1小时。启盖取出量筒即时分别记录，米成饭时各自增长之刻度以毫升表示。试验重复三次，试验结果，用变量分析法分析之结果证明：籼米胀性最大、粳米次之、糯米最小，其差异极为显著。籼米之中，胀性之大小有差异极显著者，粳米亦如之，但糯米各样品间胀性之差异极小，无一显著者。粳米中有若干样品，其胀性大于籼米中之若干样品且差异极显著，唯糯米各样品之胀性均小于粳米。

研究结果还表明：同种米样的含水百分率与胀性之相关系数为0.077，两者无相关；以不等之米量在不同直径的量筒内蒸煮，其米饭容积之变异，用变异系数表示也证明变异甚小。

作者依据试验结果，明确指出，米之胀性即有差异（相同重量的不同精米，出饭量的多少不同），则精米之分级标准应对胀性指标予以相应的注意。这是我国最早的稻米胀性的研究。

小麦开花之观察

为了观察小麦开花之习性，他在以往大胜关农场和笕桥农场试验的基础上，继续作了严密的设计：选用中国和日本的8个普通小麦品种，在开花之前，择定各品种5穗，系以白色小纸牌编定号码，以便记载。择定之穗，每日观察5次，随时记录其开花数目。观察时间为5个时段，分别为下午6时至8时，下午8时至次日上午4时，上午4时至7时，上午7时至12时，12时至下午6时。每次记录结果，在一时期末了10分钟前后行之。夜间记载，系借灯光之力，其光力足以便于记载为度。每期记录完毕之后，已开过的雄蕊即用试验钳去之，以期观察便利，免记录之错误。记录时须以极精细之手续从事，盖行将成熟之花蕊，如手触之，即足以激动其开放也。[①]"小麦开花之观察"论文于1936年在《南京农业周报》第5卷第1期发表。

南京中央大学农艺系1935年毕业生、福建省农业科学院原副院长周可涌在"老师的精神"一文中写道：

> 小麦只在白天开花，夜里不开花，这是从前普遍的说法。小麦真的夜里绝对不开花吗？金善宝老师提着马灯到麦田里，通夜观察，终于看到了小麦在夜里也有开花的，不过数量很少。这件事使当时还是学生的我，内心敬佩不已。金老师这种扎扎实实的钻研精神，

---

① 金善宝：小麦开花之观察。农业周报，1936年，第5卷。

敦厚正直、朴实无华的品质,不怕艰苦的工作方法和作风,都给了我很深刻的教育。①

"作物育种和作物栽培的进步概况"的演讲

由于教学和科研工作的需要,金善宝在回国 3 年左右的时间内,就对中国近年来作物育种和作物栽培的进步情况有了比较详细的了解,并于 1936 年 1 月 29—31 日,应教育部之聘,在中央广播无线电台演讲,同年发表于《农报》第 3 卷第 5 期。演讲分作物育种和作物栽培两大部分。作物育种又分水稻、小麦、棉作、大豆、玉米 5 类。分别叙述了这 5 种作物在全国各个地区、主要单位、专家培育的各类品种及其发展情况。作物栽培介绍了农民"高粱打叶"的经验,不同作物最佳播种期的选择,各种作物种植疏密试验,大豆玉米间作经验,早熟促成法,有关单位、专家对各种作物所需肥料数量的测试,棉麦两熟地区经济效益的测算等。②此文虽是概述,其中有关小麦部分却为 1943 年撰写《中国近三十年来小麦改进史》,打下了初步基础。

"中大 2419""矮立多"的选育

在小麦育种工作中,金善宝有过一个使他终生难忘的深刻教训。1934 年,国民党政府为救助长江水灾灾民,向美国政府借了一笔棉、麦贷款。金善宝从进口的小麦中,挑选了一部分籽粒整齐、饱满的小麦用作试验材料,精心地种在试验地里,希望从中选育出一些适应我国栽培的小麦品种。在小麦生长过程中,他和助手们天天下地观察记载。当小

---

① 周可涌:老师的精神。见:史锁达,任志高,《著名农学家教育家金善宝》。北京:农业出版社,1985 年,第 135 页。

② 金善宝:中国近年来作物育种和作物栽培的进步概况。农报,1936 年,第 5 期。

麦临近收割时，试验地里百余亩小麦全部感染了严重的腥黑穗病，小麦籽粒充满黑粉，散发出刺鼻的鱼腥味。原来，美国有关方面为了防止中国人利用这批麦子作麦种，在运出之前拌上了腥黑穗病菌，只能当年食用，如果作麦种，病菌就会侵染麦苗危害小麦籽粒。面对严重的病麦，金善宝一把火把百余亩染病的麦苗烧得干干净净。这一事件，使他痛切地感到：中华民族要崛起，要靠亿万有志的中华儿女；要振兴祖国农业，发展我国的小麦育种事业，必须靠我们自己培育我国自己的小麦新品种。

1932年，当时的中央农业实验所与中央大学、金陵大学两农学院合资购得英国小麦育种专家潘希维尔（John Percival）收集的一套世界小麦种质资源1700余份。这是我国小麦育种史上第一次有计划、大规模搜集国内外（主要是国外）小麦种质资源，为各地开展小麦育种工作打下了良好的材料基础。[1]

"中大2419"是1934年由金善宝教授和蔡旭、吴董成等在中央大学农学院进行选育的小麦品种。当年中央大学农学院在南京劝业农场种植了国内各地小麦品种2100余种，国外小麦品种及潘希维尔世界小麦品种千余种。从这一大批原始材料中择优进行了混合选择。"中大2419"的原始亲本就是从潘希维尔世界小麦品种中选出的。根据记载，它的原始亲本叫作"Mentana"，是意大利中部和北部闻名的早熟品种之一。1934年秋季加入十行试验，当时的编号为Ⅲ-23-2419（根据当时的编号制度："Ⅲ"表示引进的材料，"23"表示民国23年开始选种），到品种育成时，以这个编号略去前面的部分而冠以校名，称为"中大2419"。自1934年开始，通过了十行和高级等一系列的比较试验，表现甚佳。[2]

与此同时，他将浙江大学笕桥农场种植数年的Artito小麦，也加入南京劝业农场试验，其原始编号为Ⅲ-23-2509，故命名"中大2509"。因该

---

[1] 庄巧生：《中国小麦品种改良及系谱分析》。北京：中国农业出版社，2003年，第21页。
[2] 金善宝等：我国当前种植面积最广的小麦良种中大2419小麦。见：金善宝文选编委会，《金善宝文选》。北京：中国农业出版社，1994年，第172-173页。

品种抗病力强、成熟期较早、产量高，按 Artito 译音，并因其植株矮、穗粒多，音、意兼顾，又名"矮立多"。

抗战全面爆发，迁徙八千里的"中大 2419"

1937 年，日军发动了"七七"卢沟桥事变。8 月，在"国府"一片逃难声中，南京中央大学校长罗家伦向全校教职工宣布：学校决定迁往重庆，因战事紧急，条件所限，愿去的教职工不能带家属。金善宝决定先把家属送回浙江老家石峡口村。临行，托付助教蔡旭，一定把"中大 2419"的种子全部带到重庆；托付助教丁振麟把大豆、玉米等试验材料带到重庆。蔡旭不负所望，在兵荒马乱、交通阻塞的情况下，举家轻装来到四川，全部的试验麦种随身护送，无一丢失；遗憾的是那批玉米、大豆试验材料，在战乱中寄存在一个老乡家里，后因地址遗忘而永远丢失了。

金善宝把家眷送回浙江老家返回南京后，和森林系教授梁希、园艺系教授毛宗良各自花了 120 元买了民生公司的船票，沿长江上溯到达重庆。不久，在他主持下，蔡旭和同事们将带来的麦种，播种在沙坪坝中央大学松林坡的一块山地上。这块小小的山坡地，后来成为闻名全国的小麦"南大 2419（即中大 2419）"的发祥地。①

1939 年 6 月，金善宝和蔡旭赴川北考察农业，经绵阳、江油、剑阁、广元、茂县、松潘、灌县等地到达成都。沿途除了调查农作物分布、品种情况和栽培技术外，还注意搜集地方品种资源。每到一地便向当地政府索取地图和有关农业生产资料，连夜抄录整理和分析讨论。当他们两人到达平武县时，县长出去开会了，秘书接待了他们，由于工作过于紧张认真，竟招致地方当局的猜疑，在他们离开平武县后不久，临近天黑打算在一

---

① 杨坚：蔡旭．见：南京农业大学发展史编委会．《南京农业大学发展史·人物卷》．北京：中国农业出版社，2012 年，第 160-164 页．

个镇上住宿,刚下了滑竿,突然从路旁窜出来五六个人,举着手枪对准他俩,恶狠狠地喝令"打开行李、接受检查!"但是,这帮人翻来翻去也没有翻出什么结果,金善宝愤怒抗议:"你们无故搜查,是何道理?"但拦截者仍以"通匪"罪名对他们进行软禁,3天后才由重庆中央大学出面保释。①

此行,虽然经受不少艰难险阻,却使他们对四川北部地区的农作物生产与生态环境、民俗习惯的关系有了深入的认识,搜集了许多宝贵的农业资料。川北之行,他们从峰峦起伏的山区踏入一马平川的成都平原,滚滚麦浪蜂涌而来,无垠沃野令人心旷神怡、心潮澎湃,与重庆山城的山坡地相比,这是多么好的一块种植"中大2419"的试验地啊!

为此,他们来到成都四川农业改进所与食粮组主任李先闻商议,能否将"中大2419"和"矮立多"小麦移到该所试验种植,李先闻欣然应允。在交谈中金善宝了解到,这里小麦研究地理条件虽好,但小麦研究人才不敷需要,他立即推荐重庆中央大学农艺系应届毕业的优秀学生鲍文奎来此工作,在场的蔡旭也很喜欢这里,李先闻都表示欢迎。于是,双方商定蔡旭来改进所出任麦作股股长。他们回到重庆中央大学之后不久,蔡旭就准备好行装,再次带着"中大2419"的种子,告别了山城重庆,和刚刚毕业的鲍文奎一起来到了四川农业改进所,将全部麦种播种在广袤无垠的成都平原上。

从1939年开始,重庆中央大学农学院与四川农业改进所合作,把"中大2419"分发到该所合川、内江、泸县、岳池、武胜、渠县6个试验场的12个试验点进行区域适应性试验。据1939—1940两年试验结果,"中大2419"产量位居前列,比当地品种增产7.2—94.1斤,折合3.1%—37.6%,比当地的推广品种"金大2905"显著增产,1942年在四川省推广。1944年引入湖北,1945年引入江苏、浙江及安徽。

"矮立多"也于1939年与"中大2419"一起参加四川农业改进所的试验,表现抗病、高产,1942年与"中大2419"一起在四川省推广。该

---

① 杨坚:蔡旭。见:南京农业大学发展史编委会,《南京农业大学发展史·人物卷》。北京:中国农业出版社,2012年,第160-164页。

品种长芒、红壳、红粒,秆硬抗倒,抗病力强,成熟较早,在肥地种植增产更为显著。①

大轰炸下完成研究论著

1939年暑假川北调查回来后,他想回浙江老家把家眷接到重庆来,到了贵阳,才知道浙赣铁路已经不通了,只好中途返回重庆。

1940年,金善宝的夫人带着四个孩子,辗转七千余里,经历了敌机轰炸的危险,汽车掉下百米山崖的巨大车祸,历时一月之久的长途跋涉,来到了重庆。金善宝花了150元钱在嘉陵江边的中渡口买了一间简陋的土坯房,一家六口居住于此。

自南京中央大学迁到重庆之后,因为重庆是当时国民政府的"陪都",日本飞机经常来轰炸,空袭警报一响,学校马上停课,机关、商店立刻关门,大家扶老携幼去防空洞躲避。由于防空洞里又潮又黑(在山里凿的一条隧道),空气不好,躲空袭时,大家都在防空洞口,只有来紧急警报时,才进入防空洞内。但常常是,空袭警报响了两三个小时之后,敌机并没有来,空袭就解除了。躲空袭会占去很多时间,金善宝觉得躲空袭太浪费时间了,因而,他常常利用这段躲空袭警报的时间,在宿舍内编写讲课的讲义或有关文章。

家眷来重庆后,为了保证家人的安全,他要做的第一件事情,就是带领全家躲空袭,因而只好暂时放下了利用空袭警报写作的习惯。随着时间的推移,妻子和孩子们对于躲警报也渐渐熟悉了,金善宝想自己的家就在防空洞山下,仍然可以利用这段时间在家里做点事,待紧急警报来了之后再去防空洞不迟。这样试过一两次,他觉得效果很好,以后每次空袭时,他就让妻子带着孩子们先走,自己留在家里工作,久而久之,成了一种习

---

① 庄巧生:《中国小麦品种改良及系谱分析》。北京:中国农业出版社,2003年。

惯。1941年8月22日，空袭警报又来了，金善宝的妻子在防空洞口听说今天要来轰炸重庆中央大学的消息，急忙派大女儿下山去叫他，过了半小时左右，没有见他们来，又派二女儿下山去催，依然不见父女三人的踪影！这个时候，紧急警报已经一阵紧似一阵地鸣叫起来！金善宝放下手里的工作准备动身时，敌机已经在他家的屋顶上空盘旋了！在重庆中央大学丢了几个炸弹，炸弹爆炸的风浪掀起了他家屋顶的瓦片，碎片落在了他家的小院里，他急忙把两个女儿藏在桌子底下躲避弹片……警报解除之后，金善宝的妻子回到家里，一再诉说她在防空洞里的焦急心情，命女儿去叫丈夫，丈夫不来，连两个女儿也不回来了，埋怨丈夫不该如此麻痹大意。金善宝却满不在乎地笑着说："你放心，我们有'上帝保佑！'不会有事的！"事后得悉，这次敌机轰炸，重庆中央大学校园内中弹30枚，教室、宿舍被炸毁多处……

金善宝的《作物学》讲稿，他的3篇重要论文，包括1939年发表的"精米胀性试验方法之研究"，1943年发表的"中国小麦区域"和"中国近三十年来小麦改进史"手稿，都是在重庆大轰炸的威胁下完成的。

精米胀性试验方法之研究

金善宝在引言中叙述了研究精米胀性的意义。他写道：

> 米为我国主要食物，一般人评比米之优劣，多以米煮饭后胀性之大小为比较之重要条件。此种品评，虽不符合科学，但从经济上言之，确有甚大之价值。因胀性大者，合多数消费者之经济条件，需要因此而多，盖其能以同一金钱而得较多之白饭，自然受现实下大众之欢迎。米之胀性，在经济上既有如斯需要及价值，不能不注意之，何者胀性大？何者胀性小，为何有大小？大者是否为滋养？此皆值得研究之问题。

文中依次介绍了前人研究的方法，本试验应用的试验器具、材料及方法、试验结果、米胀性单位之表示，米含水百分率与胀性等。

（1）应用米自然吸水原理，设计一胀性测定器。结果说明，用此测定器测定，同一样品的变异百分率最小，Steinbarger法变异百分率最大，冈村保法居中。

（2）此测定器可同时比较9个不同品种之胀性，或同一品种9次重复，或3个品种1次重复，均无不可。供试的6个品种，重复3次，随机排列，用变量分析法比较各品种间胀性之大小。结果是"帽子头"品种之胀性最小，不及其他5个品种，且差异均显著。

（3）米之胀性大小，或以饭之重量，或以饭真正容积表示均可，它们间的相关系数极显著。若把重量化成容积，或容积变成重量，加减一个常数3.093即得。

（4）米之胀性与其水分含量有相当之关系。试验说明：水分含量相差10%时，则胀性差异甚大。若相差在5%以下，则影响胀性者至微。

（5）用本方法测试，米之新陈其胀性亦异。[①]

此文发表在1939年的《中华农学会报》164期，这是继1935年之后，金善宝又一篇关于稻米胀性试验方法的研究论文。

中国小麦区域的研究[②]

"中国小麦区域"是金善宝根据两次搜集我国各县之小麦样品，分类研究后写出的论文。第一次是1929年在浙江大学农学院，从全国28个省650个市县征集到1300余种小麦样本；第二次是1937年在南京中央大学，从24个省723个市县补充征集到1534个品种样本，合计2834份小麦品种，作为研究品种分布区域的材料。金善宝缜密地分析了每个品种的冬春生长习性、籽粒皮色和籽粒质地（软硬）等三类重要分类性状，依据品种原产

---

① 金善宝：精米饭胀性试验方面法之研究. 中华农学会报，1939年，第164期。
② 金善宝：中国小麦区域. 中华农学会报，1943年，第170期。

地的自然地理位置，作图标出全部品种的自然分布。该文将我国小麦品种划分为三个主要分布区域。

（1）硬粒红皮春麦区。分布于我国北纬27—52度和海拔1500米以上的西部高原山地，其分布南界相当于1月份平均温度-2℃等温线。该区位居中国之东北、北及西部，即包括东三省、内蒙古、西康及青海，以冬麦之北界为其南界。

（2）硬粒冬春麦混合区。该区界乎冬麦北界与春麦南界之间，地跨鲁、豫之北，冀之中，晋之中北部，察、热、宁三省极南之一小部，甘之东南及川西北角之一部。新疆因地势差异之悬殊，似宜另划一冬春麦混合区。

（3）软粒红皮冬小麦区。该区以春麦南界为北界，小麦主区南界为南界，位居我国中部。如江苏、浙北、鲁南，皖之中、北，豫则几及全省，晋之西南，陕之中、南，鄂北与川东及川中等地属之。

金善宝认为，小麦品种的冬、春生长习性，籽粒质地的软、硬和种皮色的红、白，是与气候条件密切相关的。冬、春麦的分布决定于各地纬度和地势导致的温度变化；高纬度、高海拔的地区多为春麦，反之多为冬麦，所以春麦分布的南界为1月份平均温度-2℃的等温线。软粒与硬粒小麦品种的分布与雨量、湿度有关，以年均雨量600mm的等雨线为界，其北为硬粒小麦，其南为软粒小麦，因为小麦生长期间的雨量和湿度与籽粒淀粉结构的发育有密切关系。中国小麦地方品种多为红皮，全国各地均有栽培，而白皮小麦分布南界与年均雨量900—1000mm的等雨线相符，再往南，白皮小麦几乎绝迹了，可见其分布也与雨量多少有关。

1943年，他与吴董成联名在《中华农学会报》第170期上发表"中国小麦区域"一文。这是他继1928年发表的"中国小麦分类之初步"之后，又一篇关于中国小麦区域分布研究的论文。

"中国近三十年来小麦改进史"撰写缘起

据《中华农学会通讯》1934年9月第42号"中华农学会三年来概况（1941年1月—1944年6月）"一文记载，邹秉文先生提议并组织编写"三十年中国农业改进史"。另根据胡竞良先生《中国棉产改进史》"自序"："1942年夏，值邹秉文先生五十寿辰，中华农学会以先生献身农业垂三十载，倡导策划，功垂百史，因此将三十年来农业改进史汇辑成编，以为先生寿。"1942年9月，《中华农学会通讯》第22号报道了该书的编写提纲，并写明"为邹秉文五十大寿而作"。金善宝的手稿"中国近三十年小麦改进史"即是该书中的一篇。①

1941年金善宝接到"中国近三十年小麦改进史"的撰写任务，鉴于教学任务繁重，时间紧迫，他写信给长期与自己合作的蔡旭，希望共同完成这一任务。蔡旭按分工计划完成寄交金善宝。金善宝完成文稿后，却因抗战形势紧迫，与原出版联系人失去了联系，只好将这份手稿请人用毛笔抄写整齐保存下来，直到抗战胜利。1954年，南京农学院成立了农业遗产研究组，时任南京农学院院长的金善宝，立即将这份保存了多年的"中国近三十年小麦改进史"手稿，移交给"南农"农业遗产研究组（1957年改为中国农业遗产研究室），一直保存至今。

金善宝和蔡旭联名写作的"中国近三十年小麦改进史"，是我国第一部小麦改进史料，全文分为：绪言、麦作改进机关史略、试验研究一般成绩、改良小麦之推广、结论五个主要部分，较为全面、系统地总结了1913—1943年我国小麦改进工作之演进及其成效。将30年麦作改进史略划分为三个时期：

  第一期，1915—1924年，以高等农业教育机关为推进之动力，育种方法以选种为主，田间种植粗放，产量计算简单，为我国麦作改进

---

① 曹辛穗：关于金善宝院长手稿"中国近三十年小麦改进史"撰写缘起的有关记载。见：金善宝文选编委会，《金善宝文选》。北京：中国农业出版社，1994年，第103页。

工作之创始时期。

第二期，1925—1932年，公立农场或农校停滞不进，唯教会组织之农校或农场，因得外籍人士之辅导得以积极发展，建立了几处试验场，育种方法上也发生了大转变，从注重观察以选种旧法，变为应用统计与遗传知识以改良品种之新法，并涉及遗传生理方面的研究。故而这段时期为我国麦作工作的奠基时期。

第三期，1933年以后，先有行政院农村复兴委员会的组织提倡，中央农业改进机关日趋强化，指导技术、训练人才，与各省麦作改进事业取得实际之联系。抗日战争爆发后，滨海各省之麦作改进事业陷于停顿，而西南各省因中央之督饬与奖励，技术与推广两方面均有所成就。这段历程可以称为我国麦作事业之开展时期。

文中强调指出"民国纪元以来，小麦与面粉之入超，为国麦生产不足之表征""抗战爆发后，主要麦区相继沦陷，军粮民食供应之浩繁，增进麦产乃更属迫切要图""战时主要工作目标，为扩充粮食种植面积及提高单位面积收量"。文章结论认为："我国麦产改进之首要目标为国麦之自给自足"。全文写的是小麦改进史，字里行间处处渗透着金善宝忧国忧民的赤子之心。

贫病交困中发现云南小麦

1942年，抗日战争进入最艰苦的时期。金善宝的妻子因劳累过度病倒了，为了保证妻子的休息，金善宝设法把房后的一条阴沟铺上石板，用竹篱笆涂上泥土接出半间屋，让妻子一人居住；两张上下铺紧挨着一张单人床的房间，是金善宝和4个孩子的卧室；房前也接出了半间屋，放了一张方桌，是一家6口吃饭、看书的地方；全家唯一的一扇窗户，是用棉纸糊的，棉纸上涂了桐油；屋内阴暗而又潮湿，类似20世纪70年代北京普通家庭搭建的抗震棚。

由于国库空虚、物价飞涨、民不聊生，大学教授的生活与抗战前相比也一落千丈。金善宝一个人的工资难以维持一家6口的生计，没钱买菜时，只好倒点酱油泡饭吃；至于穿的，更不能讲究了。当时社会上曾流传的小故事和金善宝的亲身经历反映了当时的情况：

故事一，一位教授走过一家面馆，摸摸口袋里的钱，刚够吃一碗面，就进去买了一碗面，但等他吃完这碗面结账时，他口袋里的钱已经不够了，这碗面的价格又涨了！

故事二，一个叫花子跟着一个人身后要钱，这个人回过头来对叫花子说："我是教授！"叫花子一听是教授，知道教授很穷，赶紧走开了……

故事三，金善宝一次因公外出，突然感到肚疼难忍，到处找不到厕所，只好见人就问，谁知来人并不搭理他的问话，却用一种极其蔑视的目光，上上下下打量着金善宝，声色俱厉地反问道："你是什么人？从哪里来的？到这里来干什么？"金善宝这时候才想到，自己穿了一件破长袍，因此被人看不起，竟然连上厕所都要受到审查了！

这三个故事，形象地说明了当时物价上涨的速度和大学教授生活之清苦。"教授、教授、越教越瘦"已成为全社会的共识。

由于金善宝的妻子常年卧床，四个孩子无人照料，孩子们经常蓬头垢面、邋遢不堪。当时，疟疾流行，孩子们经常"打摆子"（疟疾），发热时体温达到39—40℃以上；发冷时，盖上三床棉被仍然抖个不停。金善宝也是常年有病，走路拐杖不离手，多年不见的老朋友见到他会很惊讶地说："金善宝，你还不差嘛！"言外之意是，以为他早已不在了。当时，重庆中央大学农学院有五老，即梁希、邹树文、李演恭、汪德章和金善宝。金善宝年纪不到50满头白发，也被列为五老之一。

贫困与病魔并没有使金善宝屈服，他一心牵挂的仍然是他的小麦科学研究。

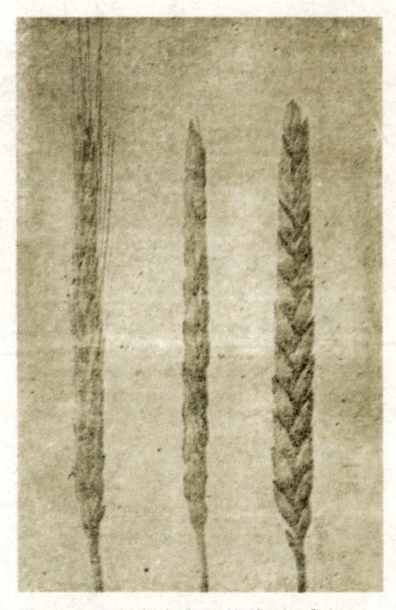

图 4-2 "云南小麦"的穗形（《南京农学院科学研究专刊》第 2 号"中国小麦的种类及其分布"，1959 年 10 月扉页 -3）

1937 年，金善宝在从云南省征得的小麦品种中，发现有一类小麦品种性状特殊，无芒、白壳或红壳，穗轴坚硬而脆，易于折断，籽粒和颖壳难以分离，小穗紧靠穗轴，所呈角度甚小，小穗从穗节之基部折断，脊上有锯齿和侧脉，种子颊面呈三角形等。从植物学分类来看，既与一般普通小麦有很多差异，也不同于斯卑尔脱小麦（*T. spelta* L.）。其染色体数目 2n=42，与普通小麦杂交很易成功，与硬粒小麦杂交也获得成功。当地农民叫这种小麦"粉光头""糯光头"，也有的叫箐小麦、铁壳小麦、花谷麦。金善宝在其他各省搜集的小麦品种中从没有发现过这种类型，他查阅了世界小麦分类学文献，也不能确定其适当的植物学分类的地位。这种小麦究竟属哪一种分类呢？这个问题一直萦绕在他心头。

1942 年，金善宝带着病弱之身去云南实地考察，走遍了澜沧江流域，登上海拔 1700 米的高原，发现该品种的主要产区在云南西部澜沧江西南，包括镇康、双江、云县、缅宁及腾冲等县，海拔均在 1000—1700 米。通过考察，他共搜集到这种小麦 15 个品种。后经多方研究，金善宝将其命名为"云南小麦"，确定其为普通小麦的云南小麦亚种（*T. aestivum* sub sp. *yunnanense* King.）

图 4-3　抗战时期,中央大学松林坡校舍(《南雍丽珠》,南京大学出版社,2004 年)

抗战烽火中的教与学

　　南京中央大学迁到重庆后,在短短 42 天里平地而起,教室、宿舍、办公、试验用房都是竹编、泥墙的临时房屋,低矮又潮湿,纸糊的窗户,冬天不避寒风,夏日难挡炎热。学生住的是几百人的大宿舍,上下两层,犹如轮船的大统舱。

　　当时,地处沙坪坝的中央大学是日本飞机空袭的重点目标,一个月高达 28 次之多,甚至有一天曾逼得师生 5 次钻入防空洞;就算这样也没有影响肩负祖国兴亡大任的师生们,他们坚持敌机来了躲入洞内,敌机一走立刻恢复学习和工作。在夏天的烈日下,校长等人在破损的办公室继续办公,师生们在废墟上照常上课。金善宝和他的学生们,就是在这抗战的烽火中坚持着艰苦的教与学。

第四章　应聘中央大学教授

教学认真，严于律己

中国农学会蒋仲良教授回忆这段经历时说：

> 金老师还不到 50 岁，但已是鬓发皆白、身体瘦弱，有时还拄着拐杖走路。金老师在课堂上总是一丝不苟。当时没有教科书、讲义，为了让同学们能记好笔记，金老师晚上在油灯下备课，写好讲稿；白天在课堂上一边讲，一边在黑板上写，尽量写得细致清晰，反复擦写导致讲台前后粉笔灰飞扬，金老师常常呛得咳嗽不止……[①]

金善宝清楚地记得学生们艰苦学习的状况：学生听课全靠自己记笔记，很多学生家境贫寒，没有生活来源，买不起自来水钢笔，只好用蘸水笔尖；买不起墨水，只好用蓝色染料泡成水代替；买不起笔记本，就用又粗又黄的劣质纸订成本子；到了晚上，还要在煤油灯下自习到深夜……

艰苦的教与学，将教和学的两颗心紧紧地连在了一起！

教育学生关心祖国危亡

对学生进行爱国主义教育是金善宝教书育人的首要职责。他经常将报纸上的抗日前方消息讲给同学们听，启发学生关心民族危亡，激发广大青年抗日救国的热情。东北农业大学教授余友泰回忆说：

> 金老师讲话从不用稿子，也不用鼓动性的词藻，而是用极其朴素的语言讲出自己的感受和对学生们的要求，他不讲什么大道理，而是用实际生活中的具体事例教育学生，他的讲话很激动人心，引起大多数师生的共鸣。金老师讲话时，那种发自内心的真诚和富有感染力的

[①] 蒋仲良：沐教海，终身受益。见：史锁达，任志高，《著名农学家教育家金善宝》。北京：农业出版社，1985年，第127页。

音容笑貌，至今还历历在目……①

启发学生广开思路，钻研科学，讲究实效

"行万里路，胜读万卷书"是金善宝经常用来勉励自己、教育学生的两句话。他要求学生必须到生产中去学习，在工作中向一切有经验的人学习，并将自己终生难忘的两件事（日本留学生配制不出"波尔多液"，自己回答不出"一亩地需要播多少小麦种子"）告诉大家，启发学生广开思路、钻研科学、讲究实效，除了学习书本知识之外，还必须在生产实践中学习，将理论与实践结合起来。

图4-4　1939年金善宝在重庆（金善宝家属供图）

当时，外国香烟充斥市场，为了发展本国的烟草事业，有个烟草公司捐了几万元经费，委托重庆中央大学农艺系改良本国烟草品种。金善宝从四川省各县搜集农家烟草品种进行试验，并选出了生长较好的品种。但是，农艺系的老师没有烤烟技术的实践经验，金善宝从河南请到一位有实际操作经验的老农民帮助烤烟，并派一名高年级学生刘式乔跟老农学习。刘式乔在烤烟房内搭了一张床，食宿不离，随时观察烟草的温度、湿度和烟叶颜色的变化，并把这些观察所得都详细地记录下来。通过画出温度、湿度、颜色之间关系的曲线，研究三方面的相应关系。后来，刘式乔写成了一篇很好的毕业论文。农艺系进行了多年的烟草试验，学习和积

---

① 余友泰："金老，我学习的榜样"。见：史锁达，任志高，《著名农学家教育家金善宝》。北京：农业出版社，1985年，第119—120页。

图4-5 1940年重庆中央大学农学院教职员工（左2起：蒋耀、邹钟琳、邹树文，左6起：周承钥、金善宝，左9卢浩然，右1徐冠仁）（金善宝家属供图）

累了很多知识和经验，如朱尊权、王承瀚、洪承钺等人毕业后一直从事烟草研究，后来都成了我国烟草界的权威。

身教胜于言教

除了课堂讲学外，农场实习、教学实验和生产实习，金善宝都时常亲自到现场指导。南京农业大学博士生导师吴兆苏，对金老师当年手把手教他掌握锄头和镰刀的情景至今念念不忘。

云南大学教授曹诚一回忆：

1939年，我从武汉大学农艺系转学到重庆中央大学读三年级，金先生给我们上"小麦栽培学"，蔡旭先生带实习。在学校农场里，金先生亲自手把手教我小麦杂交技术，教我们认识小麦的不同品种和各自的特性。这是我学生物科学以来第一次接触生产实际，真正了解学农的意义和目的。①

关心青年成长

尽其所能解决学生的困难是金善宝最大的快乐。学校里有很多爱国的有志青年，怀着科学救国的理想，从沦陷区穿过重重封锁来到重庆求学，希望学到一技之长报效祖国。金善宝对他们十分关心，见他们生活清贫，没有经济来源，就想方设法为他们提供半工半读的机会；对一些思想进步、积极参加民主革命的学生，总是给予支持和保护。

原安徽农学院院长李洪模说：

> 当时农艺系常有学生偷偷地离校到解放区去，金老师知道后，总是不作声色，避免校方和别人知道。特务们经常出其不意地闯进学校抓人，我们在紧急情况下常到金老师等有名望的老师家中躲避，金老师总是热情接待、关怀备至。②

为毕业生安排合适的工作

当学生们面临毕业就是失业的困境时，金善宝总是千方百计为他们安排合适的工作。1939年6月，农艺系四年级的学生要毕业了，有一个成绩优秀、奋发有为的学生工作还没有着落，金善宝从川北调查回来一见面就对他说："你同蔡旭一道去成都吧，四川农业改进所那边小麦研究缺人。"原来，金善宝对这位学生的工作问题早就挂在心上，他认为这个学生是可用之材，如果失业或改行了，对农业科学事业、对学生本人都是十分可惜的。这位学生就是中国科学院院士、著名小麦细胞遗传学家，荣获1978年

---

① 曹诚一：敬爱的金老师是我一生的楷模。见：史锁达，任志高，《著名农学家教育家金善宝》。北京：农业出版社，1985年，第123-124页。

② 黎洪模：回忆金老。见：史锁达，任志高，《著名农学家教育家金善宝》。北京：农业出版社，1985年，第107页。

全国科学大会奖的八倍体小黑麦始创者鲍文奎。每当谈到金老师,鲍文奎总是深情地说:

> 是金先生引导我走上了小麦育种研究的道路,后来又是在金先生领导下进行稻、麦多倍体的研究工作,如果说我在育种研究工作中有什么成就,那都是与金老的指导分不开的。①

浓浓师生情

生活的艰辛、工作的劳累,使金善宝的身体越来越差了。1942年夏天的一天,他早起便血,拉了半桶血,勉强去学校授课,刚刚讲了15分钟

图4-6 1942年学生毕业照（金善宝家属供图）

---

① 鲍文奎:沿着金老指引的路走下去。见:史锁达,任志高,《著名农学家教育家金善宝》。北京:农业出版社,1985年,第116页。

就感到头昏眼花，实在坚持不下去了，只好通知学生提前下课，他刚刚走到教室门口就昏倒了！

这件事对同学们震动很大，他们知道老师生活清贫，认为这次昏倒不单纯是胃病发作，主要是由于营养太差、劳累过度、身体虚弱所致。为此，同学们在一起凑了一些钱，买了两只鸡和两个月的牛奶票送到金善宝家中。当时，金善宝的妻子正卧病在床，看见同学们对老师真挚的感情，激动得掉下了眼泪，而同学们看见老师家的生活这般清苦，离开老师家时也感到阵阵心酸。

农艺系毕业班的学生就要离开学校了，大家十分留恋尊敬的金老师，经过商量，大家派马世均（新中国成立后任辽宁省农业科学院院长）去探望。在金善宝的病床前，马世均代表全班同学向金老师表达了亲切的问候，金善宝也很想去看看同学们，他在两位同学的搀扶下，拖着虚弱的身体，冒着暑热，一步步登上通往农艺系所在地松林坡的台阶。金善宝从我国光辉灿烂的古代农业，一直讲到眼下农业衰败的原因。他说，没有灿烂的古代农业，就没有灿烂的中华民族，他希望大家热爱中华，热爱自己的专业，珍惜自己的青春，努力为祖国的农业增添光辉。他嘱咐大家，毕业后不管生活道路如何崎岖坎坷，千万不要放弃和荒疏自己所学的专业知识，不要改行。这一字字、一句句发自肺腑的话语，深深打动了同学们，在场的同学都感动得流下了热泪，有的甚至失声哭了起来。这一届毕业生没有辜负老师的殷切期望，在艰难困苦的条件下，顽强拼搏，有力地支援了抗战，并相继成为新中国农业科技战线上的带头人。

时隔40多年，金善宝在"抗战时期在重庆"一文中写道：

> 我昏倒在教室后，同学们认为我是营养不良所致，他们在一起凑了一些钱，买了营养品来慰问我，使我深受感动。当时，很多学生是靠救济或亲友帮助才勉强就学的。在这样艰苦的条件下，用勒紧裤腰带省下的钱买来这些慰问品，这凝聚了多少深厚的师生情

第四章 应聘中央大学教授　79

谊啊。①

而学生们对金老师的高尚品德也同样念念不忘。浙江大学教授蒋次升说：

  金老是我一生中最敬爱、最受教益的老师之一，而且我们师生间的情谊与日俱增，老而弥笃。每逢友人提到他，我想到他、见到他，总是有一种崇敬油然而生。他在政治上的爱憎分明，治学上的勤奋严谨，作风上的艰苦朴素，为党、为人民工作的忘我精神，以及对后辈的关怀、爱护，都是我们学习的榜样。②

据"中央大学迁渝纪念亭"描述：

  当日寇大举南犯，中大远道西迁。择地傍于重庆，复校位于陪都。续弦歌于沙坪，稔风情于巴渝。风雨栖迟，虽简室而广厦，度粝食以安康。国仇家难，历经辗转流亡；世乱时艰，汲求自强奋发……③

这段描述，形象地概括了抗战时期中央大学师生在烽火中教与学的真实情况。

---

① 金善宝：抗战时期在重庆。1985 年，未刊稿。资料存于采集工程数据库。
② 史锁达，任志高：《著名农学家教育家金善宝》。北京：农业出版社，1985 年，第 95 页。
③ 中央大学迁渝纪念亭专刊，1996 年 4 月 1 日。内部资料。

第五章
雾都灯塔指引下

南京中央大学内迁重庆时,金善宝和梁希教授同住在一间宿舍里,房间不足9平方米,每人一张床,当中放了一张两屉书桌,每人用一个抽屉。从1937年到1940年的3年中,两人经常在一起交流对抗战时局的看法,积极支持中央大学的爱国学生运动,共同参加中国共产党领导下的各种进步活动,结下了深厚的友谊。

初识周恩来

1937年12月,日本侵略军继续疯狂地向我内地进攻,国民党军队节节败退。在这个关键时刻,周恩来同志来中央大学作报告的消息传开了,全校师生欣喜若狂,奔走相告,饭厅里人山人海,甚至窗台上、桌子上都挤满了听众,金善宝好不容易挤到后面一张桌子上站着。周恩来同志作了"关于目前国际形势和中国抗战前途"的演讲,他精辟地分析了德、意、日法西斯外强中干的嚣张气焰和中国抗战必胜的有利因素;他指出,我们既不能忽视国际上对中国抗战的态度变化,又不能对任何外援抱有幻想,争取抗战胜利主要依靠自力更生、艰苦奋斗，只要全国人民团结一致、抗战到底，胜利一定属于中国人民。周恩来的演讲指出了抗日战争的持久性、艰巨性，批判了"亡国论""速胜论"，大大开阔了人们观察国内外形势的视野，激发了广大青年的爱国热忱，增强了人民群众抗战必胜的信心。演讲长达3个小时，全场听众全神贯注、鸦雀无声，不时爆发出热烈的掌声。

这是金善宝生平第一次听到如此激动人心的演讲，周恩来同志的演讲，使他的眼睛亮了、心宽了。会后，大家聚在一起畅谈各自的感想，金善宝说："共产党里真有能人呀！中国有希望了！"

如获至宝的《新华日报》

"雾都"重庆闻名世界，抗日战争时期的重庆，"雾"更浓了！国难当头，中国的前途如何？中国去向何处？困扰着"雾都"的人民，也困扰着众多爱国知识分子。

1938年10月，中国共产党在国统区公开出版的机关报《新华日报》，从武汉迁到了重庆。他和梁希一见到这份报纸如获至宝，大有拨开云雾见青天之感。据1940年毕业生、著名昆虫专家曹诚一回忆："1939年，中央大学地下党通过学生救亡组织义卖《新华日报》得款捐献抗战前线，在中央大学，第一个用高价购买《新华日报》的就是我们的金先生"。《新华日报》受

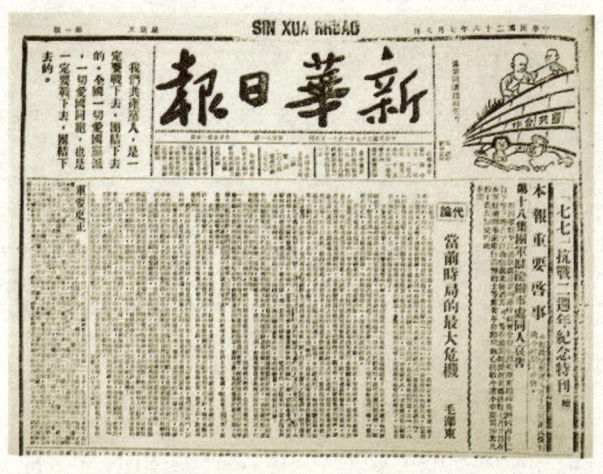

图5-1 1939年的《新华日报》（资料来源：南京农业大学档案室）

到广大爱国师生的欢迎，很多师生争相订阅，金善宝和梁希更是视《新华日报》为精神食粮，几乎到了饭可以一天不吃，《新华日报》不可以一天不读的地步。在国统区的严格控制下，《新华日报》几度被查封；分送《新华日报》的报童，常常无故失踪；严格限制群众订阅。后来，中央大学各院系教职工和学生们订阅的《新华日报》纷纷被取消了，只有金善宝（时任农艺系主任）所在的农艺系办公室这份通过种种秘密方式保留下来，成为当时中央大学校园内最后的、唯一的一份《新华日报》。因此，学校很多《新华日报》的热心读者，都悄悄到农艺系来看这份报纸，《新华日报》成了"雾都"灯塔。

心 向 延 安

1938年7月7日，中央大学在学校广场上设了一个献金台，献金慰劳抗日战士。校长带头捐了款。老师们也纷纷捐了。金善宝知道献金是爱国的举动，但是他担心自己献的钱不能送到前方抗日战士的手里，因此犹豫不决。此后不久，八路军在曾家岩成立了办事处，一位姓周的同志给他留下了深刻印象，金善宝当即献金100元给八路军前方战士。他对这位姓周的同志说："我相信共产党，我的心在八路军战士身上。"到了秋天，学校又组织给前方捐献寒衣，金善宝和梁希商量，又把寒衣款送到八路军办事处。第二天，《新华日报》登出一则消息："梁、金献金200元"。

需要说明的是，这一年金善宝两次向八路军前方捐款合计200元，两年后（1940年）他的家眷来到重庆，在物价飞涨的情况下却只花了150元购买了一间土坯房，全家住了整整6年。据有关文献记载："1939年春，物价突飞猛涨，我们进川时（1938年春）每斗米只值大洋2元，陡然涨了4倍，每斗要卖8元。"仅1938—1939年一年，四川米价涨了4倍，那么，两年后的1940年，米价又涨了多少呢？即使1940年一分不涨，1940年的150元也只相当于1938年的四分之一。这一公一私，金善宝舍己为国的赤子之心可见一斑。

图 5-2　1939 年在重庆温泉（左起：毛宗良、梁希、金善宝、石骍）（金善宝家属供图）

　　金善宝还曾两次去八路军办事处找林伯渠同志，要求前往延安参加革命工作。林伯渠同志为他作了周密安排，办妥了去延安的一切手续。后因相约同行的助教李崇诚患了破伤风突然病逝，未能成行，令他一直闷闷不乐。林伯渠同志知道后，鼓励他说：一个革命者，无论在哪里都可以为革命工作，不一定非要到延安去。虽然金善宝的延安之行未能实现，但他的心一直向往着延安，当他知道延安开展大生产运动时，立即将自己多年来选育的小麦优良品种，用纸袋一袋袋装好，附上详细的品种说明书，亲自送到八路军办事处转送到延安。半个多月后，在《新华日报》举办的一次茶话会上，邓颖超同志对他说："延安已经收到你的小麦种子了，同志们都很感谢你。"这个消息，让他十分欣慰。

组织自然科学座谈会

　　1939 年，金善宝和梁希结识了潘菽、涂长望、干铎等人，他们经常在松林坡聚会，交换抗战局势的消息，由于潘菽长兄潘梓年是《新华日报》社长，他们通过潘菽与《新华日报》取得了联系，经常到《新华日报》社听有关抗战时势的报告，学习、讨论共产党的政治主张。在周恩来同志和《新华日报》的启发鼓舞下，金善宝、梁希、潘菽等怀有抗日救国之心的有识之士，便自动组织起来集会座谈，因为都是搞自然科学的，便起名为"自然科学座谈会"。他们在党的领导下，积极支持共产党的抗日民族统一战线，支持爱国学生的革命运动，做了许多有益的工作。

参加自然科学座谈会的成员，前后20余人，始终坚持参加的有金善宝、梁希、潘菽、涂长望、谢立惠、李士豪、干铎等10余人，他们都是中央大学和重庆大学的教授，曾用重庆自然科学座谈会的名义在报上发表文章，但组织成员是不公开的。

自然科学座谈会始终坚持集体学习，每周或两周开一次座谈会。金善宝是座谈会的积极参加者。座谈会的主要内容如下：

（1）学习马克思主义文献。主要是学习"自然辩证法"和"唯物辩证法"，以逐步树立科学的思想方法，用以分析、认识国内外形势，以及研究、分析自然科学中存在的问题。

（2）用辩证唯物主义观点相互介绍各自领域内的科学知识。金善宝就介绍过有关作物育种和遗传方面的科学知识。

（3）学习讨论《新华日报》上发表的重要社论或《新华日报》馆发给的文件、小册子，了解国内外形势、延安抗日根据地的情况和中国共产党的方针政策，据此座谈抗战形势，寻求救国之途。

1940年春，在周恩来、潘梓年的领导下，金善宝、梁希、潘菽、谢立惠等部分自然科学座谈会成员，担负起了编辑《新华日报》"自然科学"副刊的任务。"自然科学"副刊的主要内容一是普及科学知识；二是宣传辩证唯物主义，号召自然科学工作者树立正确的人生观，为抗日战争的胜利贡献力量；三是号召自然科学工作者，在争取抗战胜利的旗帜下，广泛地团结起来、组织起来。

自然科学座谈会的成员和《新华日报》馆保持密切联系，《新华日报》馆周围布满了国民党特务机关的明岗暗哨。当时，金善宝虽然身体不好，但是只要是去《新华日报》馆，立刻精神百倍，设法避开特务的跟踪，拿着拐杖步行四五里山坡小路。潘梓年、石西民等同志经常为他们介绍国内外形势，并送他们来自延安的刊物和书籍，如毛泽东的《论持续久战》等著作。

图 5-3 重庆化龙桥《新华日报》馆（资料来源：南京农业大学档案室）

《新华日报》馆还经常邀请自然科学座谈会的成员参加各种纪念会和联欢会。1940 年是《新华日报》创刊两周年，报馆举行了大规模的庆祝活动，邀请金善宝、梁希、潘菽、涂长望等部分自然科学座谈会成员参加聚餐。周恩来同志也曾几次设宴款待他们，边吃边谈时事，十分亲切。

1941 年 1 月，发生震惊中外的皖南事变，自然科学座谈会的成员们义愤填膺，毅然前往《新华日报》馆对烈士表示深深的哀悼。

值得一提的是，1943 年 12 月 28 日，周恩来同志约自然科学座谈会的梁希、金善宝、潘菽等 7 人到《新华日报》馆午餐。大家以为周恩来同志有什么重要问题要向大家传达，他们到达后看见屋里摆了两桌酒席，盘子里装着寿桃，原来是周恩来、董必武、邓颖超为梁希教授 60 寿辰祝寿，到会的还有潘梓年、熊瑾汀、章汉夫、石西民、于刚等同志。作为梁希的挚友，金善宝、潘菽等人应邀作陪。周恩来在致贺词中说："中国需要科学，新中国更需要科学，不管道路如何曲折，新中国总要到来，眼前的困难是暂时的，新中国到来时科学家就大有用武之地了。"梁希无限感慨地说："我无家无室，有了这样一个大家庭，使我温暖忘年。"

这件事令金善宝等人非常感动，大家知道梁希是自然科学座谈会中最年长的同志，却不知道他已经 60 岁了，更不知道哪一天是他的生日，而周恩来同志日理万机，却记得梁希的生日，还专门为梁希祝寿。虽然是为梁希祝寿，却使金善宝深切地体会到党对知识分子的关怀和爱护，特别是周恩来的讲话使他看到了祖国的前途和希望，决心在共产党领导下，更加努力地为抗日救国贡献力量，迎接新中国的到来。

抗战胜利　毛主席接见

到了抗战中期，自然科学座谈会为了有利于发展，壮大我国的民主运动和抗战胜利以后的恢复建设工作，与其他在中国共产党推动下成立的学术研究会的自然科学组织联合发起，组成了中国科学工作者协会，并设法与世界科学工作者协会联系。

1944 年 11 月，许德珩、劳君展和潘菽等人主张继承发扬"五四"反帝反封建、民主科学的精神，倡导团结、民主、抗战到底，反对独裁。在周恩来等中国共产党领导人的帮助下，包括金善宝、梁希、涂长望、谢立惠、干铎、李士豪等自然科学座谈会的多数成员都先后参加进来，正式命名为"民主科学座谈会"，这样就把社会科学方面的人也包括进来，以便于团结更广泛的中上层知识分子。

1945 年 1 月，周恩来同志向社会各界介绍了斗争的形势和要求；郭沫若提出了"文化界向时局进言"。金善宝、梁希等包括自然科学界、社会科学界和文化艺术界各方面的代表人物 312 人，在"进言"书上签名，反对投降、反对内战、反对独裁、要求民主，成立包括中共在内的联合政府。这份"进言"在《新华日报》发表后，引起了社会各界的强烈震动，中央大学学生多次上街游行示威，高呼"打倒日本帝国主义，全国人民团结起来，打倒卖国贼！"等口号，整个山城沸腾了。

1945年，在中国东北、华北战场上，全国军民一起奋勇作战，消灭了日本帝国主义的有生力量。8月6日，美国盟军在广岛投下了第一颗原子弹。8月9日，又在长崎投下了第二颗……8月15日，日本无条件投降。

抗战胜利后，蒋介石邀请毛主席到重庆和平谈判。人们以为国共合作，和平建国，中国有希望了。可是，金善宝等参加"自然科学座谈会"的人认为，蒋介石对和平谈判是没有诚意的，因而都为毛主席来重庆的安全深深担忧。

1945年8月28日傍晚，金善宝和梁希、潘菽等人在中央大学松林坡的草地上乘凉闲谈，忽然听到毛主席在美国大使赫尔利的陪同下，乘飞机到达重庆的消息，他们又高兴又担心。过了两天，潘菽接到《新华日报》馆传来的一个口头通知，要座谈会的人去见毛主席。当梁希、潘菽、金善宝等8名教授来到嘉陵江边张治中的公寓时，王炳南同志在门口迎接。毛主席问他们对战后局势的意见。

梁希说：我们感到很苦闷！

毛主席听后频频点头，若有所思地重复着：苦闷！一连说了3遍。接着大家对抗战胜利后中国的时局、国共谈判、中国的前途等提出一些问题，毛主席一一作了答复，向大家解释中国共产党在抗战胜利后的路线、方针和政策。

潘菽问：为什么把已经解放的地方让给国民党？

毛主席站起来，在椅子旁边退了两步说：让一步是可以的，让两步也可以，再让就不行了，并作了一个还击的手势，大家都会意地笑了。

毛主席看到坐在后面的金善宝，就亲切地问道：坐在后边那位白发老先生有什么意见吗？

金善宝站起来将自己的名片递给毛主席。

当毛主席知道他刚刚50岁时，就伸出两个指头说：我比你大两岁。

金善宝十分激动地说：

今天见到毛先生，我们都很高兴，但是毛先生是吃惯小米的人，到重庆来吃大米是不习惯的。重庆是虎狼之地，不可久留，还是早点回延安好。

言下之意劝毛主席为了安全，应早日离开重庆。毛主席朝他频频点头。毛主席的接见，使金善宝看到了新中国的曙光，更加坚信一个崭新的中国，一定会在中国共产党领导下建立起来[①]

与此同时，许德珩也收到了毛主席的请帖，约他们夫妇9月中旬到八路军办事处吃午饭。席间，许德珩向毛主席汇报了民主科学座谈会的情况，毛主席勉励他们说：既然有许多人参加，就把座谈会搞成一个永久性的组织。你们都是科学、文教界有影响的人物，经常在报上发表意见和看法，也会起到很大的宣传作用。

经毛主席的指点，许德珩受到很大的启发和鼓舞，决心把"民主科学座谈会"改组成一个永久性的组织。

参加革命师生"反饥饿、反迫害、反内战"游行

1945年10月10日，国共双方签订了《双十协定》。金善宝应云南大学农学院张海秋院长之约，到位于自贡（昆明附近）的云南大学农学院讲学，他每周六到昆明，住在清华大学周家炽教授宿舍里，因而有机会参加昆明革命师生"反饥饿、反迫害、反内战"大游行，又在"反对独裁、要求民主"的宣言上签了字，这个宣言书在《新华日报》全文发表，轰动了昆明、重庆，波及全国。

1946年1月，金善宝结束了昆明的讲学回到重庆。时值民主科学座谈会30余人集会。为了纪念1945年9月3日国际反法西斯战争胜利这个伟大的日子，会议决定将"民主科学座谈会"建成为一个永久性的组织

[①] 金善宝：抗战期间在重庆。1986年，未刊稿。资料存于采集工程数据库。

"九三学社"。同时成立了以许德珩、张西曼为首的九三学社筹委会。金善宝积极参加了九三学社成立的筹备工作。

1月25日，中央大学、重庆大学的学生举行了"反饥饿、反内战、争民主、争自由"的游行，这是结束抗战后在重庆第一次大规模的学生运动，吴有训校长带着中央大学学生走在队伍前列，金善宝、邹钟琳等教授也一起参加了这次游行，从沙坪坝步行30余里到重庆上清寺国民政府门前，国民党代表孙科、邵力子，共产党代表周恩来，民主同盟代表张启劢等接见了游行队伍。周恩来说，制止内战，是全国人民的要求，也是全国人民的责任……他在讲话中充分肯定了学生们的爱国行动，对大家鼓舞很大。

40多年之后，金善宝当年的学生、中国农学会蒋仲良教授回忆这段经历：

"一·二五"反内战游行时，金老以病弱之身，始终和学生队伍一起行进，呼喊口号时声音铿锵有力。我没有想到，平时细声慢语、对学生谆谆教导的金善宝教授，在进步的学生运动中判若两人，竟然像年轻人一样精神抖擞，经过几个小时的示威游行而毫无倦容，这是政治信念和赤诚为国的精神给予他老人家的力量啊！

在这种革命形势下，1946年5月4日，为了纪念1945年国际反法西斯战争胜利这个伟大日子，"民主科学座谈会"正式改名为"九三学社"。金善宝、梁希、潘菽、涂长望等人一起参加了九三学社。

农艺系办公室失火之谜

1946年5月，中央大学提前结束学年；5—10月，分批陆续回迁南京。

这一年夏天，农艺系的书籍杂志、试验和调查材料都已装好箱，放在办公室准备第二天送上轮船。当天晚上约八点，农艺系办公室突然起火，大家赶到办公室时，因火势太大已无法抢救物资。因此，农艺系办公室和农学院办公室全部化为灰烬。

金善宝为此很伤心，觉得自己责任重大。1968年，他在"'文化大革命'交代材料"中写道：

> 我是当时农艺系的主任，农艺系办公室因失火被焚毁，导致人民财产遭受巨大损失，我是要负主要责任的。我曾经向学校领导（吴有训校长）写了检讨书，请求给我以应得的处分。我写检讨书时，助教黄得禊在我旁边。我边写边流泪，写完时信纸已经湿透了，只好换了再写，一连换了几次才写成。

这次失火原因，在当时根本无法查清，以致成为一个永远解不开的谜。对于这个谜，金善宝是这样想的：

图 5-4　1946 年 6 月毕业师生合影于沙坪坝（右 1 金善宝，柱右黄嘉）（黄嘉供图）

我一直认为那次农艺系失火事件是三青团搞的鬼，是他们对我个人的政治陷害。有什么根据呢？记得1940年左右，我利用暑假派了农艺系二三十名学生到四川几十个县调查农业情况，特别注意土地分配情况，如地主占土地百分之几、自耕农占土地百分之几等。调查回来后，有个三青团员质问我：你要这些调查资料做什么？我认为，他们放火烧毁系办公室，可能就是想烧掉这些土地调查资料。中华人民共和国成立初期，有人给我寄来一份铅印材料，内容就是当年质问我的这位三青团员的检讨书，其中一段谈到和我的关系时写道："抗战期间，金善宝和我意见不合，我利用各种机会暗中打击他，使他精神上很痛苦，长期患病。1948年，我从美国回来去看他，他还躺在床上，萎靡不振……"由此可见，原中央大学的三青团，抗战期间做了许多不可告人的勾当，我有理由怀疑农艺系失火事件，是三青团搞的鬼。

点燃"五二〇"的火焰

1947年内战爆发，全国通货膨胀，人民生活每况愈下。教授的工资还不足战前的十分之一，学生公费每天只能买两根半油条或一块豆腐，教育经费严重匮乏。4月下旬，教授会召开紧急会议，提出比照物价指数支付薪金和提高教育经费等要求，并由各学院推选2名代表，共13名代表，向政府交涉。[①]

5月初，由于中央大学教授会代表向教育部请愿没有结果，又召开教授会讨论，到会100多人，讨论决定在报上发表宣言。金善宝、梁希、涂长望、干铎、贺昌群5位教授两次参与讨论，由贺昌群根据讨论意见起草，最后发表了"要求改革政治、抢救教育、改善教职员待遇"的教授会

[①] 许茳华：中央大学教授会与"五二〇"运动。《中共党史资料》，2007年，第2期。

宣言。为了扩大影响，5月12日，中央大学教授会还召开了记者招待会，有不少中外记者参加。①教授会宣言得到了广大学生的热烈拥护，中央大学学生提出了"反饥饿、反内战"的口号。5月13日开始罢课，5月20日，正值国民参政会召开之际，南京、上海、苏州、杭州等16个专科以上学校的5000多名学生举行"反饥饿、反内战、反迫害"大游行，向国民参政会请愿。这日清晨，金善宝和梁希分别赶往农学院大门前巡视，嘱咐学生游行时要善于斗争，避免无谓牺牲。当游行队伍行经珠江路时，受到军警的围攻，学生104人受伤，其中19人重伤、28名学生被捕，学生们手挽手高唱"团结就是力量"，冲出军警包围。金善宝、梁希、潘菽等九三学社成员一起去医院探望受伤的学生，并在教授会上联名发起营救学生的活动，迫使国民政府释放被捕的学生。

图5-5 金善宝1946年7月摄于南京，抗战胜利纪念（金善宝家属供图）

1948年5月4日上午，为了发扬"五四"革命精神，在九三学社成员金善宝、梁希、涂长望等人的支持下，中央大学礼堂召开了"自然科学座谈会"，300名青年科学工作者参加，金善宝在会上作了"一切成果要依靠人的力量"的发言。5月20日晚上，南京大、中学生为纪念"五二〇"一周年，在中央大学操场举行了盛大的营火晚会，同学们群情激愤，手挽着手高唱革命歌曲，气氛十分热烈，金善宝、梁希等7位教授受邀参加，在会上慷慨陈词，支持爱国学生的革命行动。

---

① 许苂华：中央大学教授会与"五二〇"运动。《中共党史资料》，2007年，第2期。

图 5-6　1947 年 6 月金善宝与毕业生于南京（前排左起：卢浩然、朱健人、邹钟琳、史东、金善宝、周承钥、黄其林、龚坤元）（金善宝家属供图）

在江南大学迎接解放

　　1948 年，金善宝获准休假一年。台湾的台中农学院和无锡的江南大学农学院先后给他送来了聘书。去哪一个学校好呢？金善宝考虑，台湾是他从未去过并且长期以来很想去看看的地方，看看那里的亚热带农业有什么特点；可是，全国眼看就要解放，他满心期待新中国的到来。为此，他选择了离南京较近的江南大学农学院。

　　正在这个时候，金善宝的胃又出血了。经朋友介绍，他找到一位老中医吴汇川，吴老先生已经 80 多岁了，银髯过胸、满面红光，他给金善宝号脉之后开了几服药，嘱咐他吃完再来。金善宝恳切地对吴老先生说，自己即将去无锡江南大学任教，请吴老先生给他开一个长方拿到无锡去服用。吴老先生听后，望着金善宝瘦削的面容，沉思良久，最后很爽快地说："好吧！你们公教人员生活很不容易，我给你一个秘方，保你永不复发！"挥笔在药方上写下："七颗苦参子，去壳，用桂圆肉包裹，早晚空腹服一粒，温开水送下。"

金善宝按照吴老先生的秘方，连续服用了两天，第三天早晨就发现长期呈黑色的带血粪便变成了黄色，折磨了他七八年的老毛病，竟然在短短两天之内奇迹般地治好了，他心里的高兴是无法形容的。从此，他的身体一天天好了起来。

1948年8月，金善宝应聘来到江南大学农学院。当时江南大学设有三院九系，即文学院、理工学院和农学院。农学院分农艺系和农产品加工制造系，其中农产品加工制造系（后改为食品工业系）为全国首创，后来又增设了国内唯一的面粉专修科，培养既有理论、又富实用技能的高级专门人才。金善宝被聘为农艺系主任，为农艺系、农产品加工系学生讲授"作物学""麦作学"课程。他在江南大学教学的时间虽然不长，但是给同学们留下的印象却很深。1947年秋考入江南大学农产品加工系的钱慈明，在回忆老师们对学生的拳拳培育之情时说：

> 最使学生们尊敬的金善宝教授是国内著名的小麦专家，学识渊博、治学严谨、思想进步、平易近人。他在我们农产品加工制造系讲授"作物学"，这是他最专长的一门课。他在课余时间常深入学生中，了解同学们的思想情况和要求，然后针对我们的实际情况，认真备课，工工整整地书写讲稿。金老师上课时从不看讲稿，一本《作物学》教材，他讲起来如数家珍、滔滔不绝、娓娓动听，教学效果极佳。他那精湛的学识、高超的授课艺术，使学生们叹为观止。他这种身教言传、严肃认真、一丝不苟的工作态度使我们受益匪浅、终生难忘。
>
> 20世纪50年代，我曾受国家选派前往国外讲学，我以金老师为

榜样，深入了解国外教师们及工厂企业的生产情况和要求，在此基础上，制定教案、认真备课，从而取得了良好的讲学效果，圆满完成了组织上交给的光荣任务。

每当我回忆往事，心情都十分激动，久久不能平静。老师们的谆谆教诲，一幕幕、一件件往事恍如昨日……①

1949年4月24日清晨，无锡解放。当天下午，金善宝和江南大学的师生们举着自制的小旗，迎着和煦的春风、蒙蒙的春雨，踏着无锡城里的鹅卵石马路，热烈欢迎解放军。

图5-7 1949年夏金善宝（左1）与江南大学教职工合影

① 江南大学：《江南大学五十年》（1947—1952年校友纪念文集），1997年，第43页。内部资料。

五张任命书　任重而道远

1949年6月，江南大学的教学任务一结束，金善宝立即回到南京。新中国成立后的南京，一片欣欣向荣的景象。

7月，金善宝接到通知，去北京参加由周恩来总理亲自主持召开的自然科学工作座谈会，参加会议的代表有40多人，来自全国自然科学的不同学科。会上，周恩来总理勉励科学家们努力工作，把自己的聪明才智贡献给新中国。会后，金善宝又参加了以竺可桢同志为团长的参观团，到东北参观访问，参观团先后参观了旅顺、大连、沈阳、长春、哈尔滨等地，受到东北人民的热烈欢迎和热情接待。

金善宝回到南京，先后接到5张任命书。

1949年8月，原南京中央大学改名南京大学，中央人民政府任命金善宝为南京大学农学院院长；1950年4月，任命金善宝为华东军政委员会农林部副部长；同年6月，又任命金善宝为南京市副市长；1952年7月，大学院系调整，南京大学农学院与金陵大学农学院合并，改名南京农学院，任命金善宝为南京农学院院长；1952年11月，中央人民政府任命金善宝为江苏省人民政府委员。

图5-8　1950年10月29日，在南京市二届一次人民代表大会上，金善宝当选为南京市副市长（金善宝家属供图）

五张任命书带来的不仅仅是金善宝职务上的改变，随之而来的是生活待遇的提高。升任南京市副市长的消息金善宝也是看到报纸后才知道的。过了几天，南京市政府秘书长刘述周亲自到他家里接他去见南京市市长柯庆施，柯市长见到他第一句话就说："啊哟，你这个人为什么一定要去请你，你才来呢？！"随后又动员他搬到蓝家庄南京

第五章　雾都灯塔指引下

市政府大院去住。不久，又搬至赤壁路 5 号一栋 3 层楼的花园楼房内，院内有汽车房，配备了专车、司机、警卫员、保姆和门卫。住房宽敞了，生活条件优越了，这是党的关怀。可是金善宝心里一直以为，自己是个长期从事农业教育、农业科学研究的知识分子，对党和国家没有作出多大贡献，至于当副市长，更是门外汉。自己是"无功受禄"，因而对享受副市长待遇总感到忐忑不安。最令金善宝不习惯的是，他出去办事，无论是坐车还是步行，警卫员都带着枪跟随左右、寸步不离。为此，金善宝曾几次打报告要求取消警卫员，撤去门卫。他说，我是一个普通的工作人员，用不着派人警卫，新中国刚刚成立，需要警卫的地方很多，请求领导派他们到需要警卫的地方去吧！这个要求直到 1956 年他入党后才获批准。

党和人民的信赖，使金善宝感到任重而道远。他认为自己是学农的，为人民服务应从农业开始。

千方百计抗灾救灾

1950 年，长江下游洪水泛滥，华东地区、长江流域有上亿亩良田遭受水灾。如何抗灾、救灾，减少人民的损失？

多种马铃薯度春荒

金善宝根据华东地区历年来气候变化的规律和特点，深入实际调查，联想到第二次世界大战期间英国人利用种马铃薯渡过粮荒的情况，结合我国东北、西北地区生产马铃薯的实际，综合分析了马铃薯的生物学特性，生长发育要求的基本条件，确信栽种马铃薯是华东区抢救春荒的有效措施。1 月 14 日，在《新华日报》上，发表了"多种马铃薯度春荒"一文，呼吁受灾农民种植马铃薯，多方面寻求增产粮食的方法抢救春荒。

赶写《马铃薯栽培法》

金善宝在百忙中赶写了《马铃薯栽培法》一书，1950年11月由商务印书馆出版。这本著作分27个题目，全面详细地介绍了马铃薯的植物学特征、生物学特性、全世界分布情况、生长发育要求的气候条件、栽培方法、管理措施、病虫害防治、块茎的营养成分、收获与贮藏方式等，为华东地区农民抗灾、救灾起到了至关重要的作用。

移植冬麦、战胜灾荒

与此同时，金善宝又提出了"移植冬麦、战胜灾荒"的建议。为了获得第一手的试验数据，他先在南京丁家桥劝业农场做了冬播小麦的移栽试验，并于1950年1月在《华东农科所工作通讯》上发表"移植冬小麦的初步试验结果"一文，试验结果如下。

（1）小麦和大麦都有分蘖习性，它们和水稻一样都是可以移植的。

（2）移植的好坏与移植的时期、移植时麦苗的生长状况、移植的方法、移植时和移植后的天气都有密切的关系。

（3）麦苗出苗后1个月或已有3—4个分蘖，土壤尚未冰冻时，移植小麦常能得到良好的结果，只要管理得当，它的产量能和不移植的相当。

（4）预备移植的小麦要比当地适期播种的小麦提早二三个星期播种，充分利用温暖天气，使麦苗多长分蘖。

（5）只要土壤不冰冻，麦苗生长到3—4个分蘖的阶段，随时都可移植；麦苗起身拔节了，移植就应停止，因此时移植产量锐减，只有5—6成的收益。

（6）移植之后，及时灌水施肥，有助于麦苗的恢复生长和分蘖发生。

（7）移植小麦行距约八九寸，株距二三寸，每株麦苗移植后，要及时压紧土壤，再用脚踏紧实，保证苗根和土壤紧密结合。

（8）从拔苗到移植，每亩约需 12—15 个工。①

这些试验数据的积累，为他提倡"移植冬麦、战胜灾荒"提供了科学依据。

为此，金善宝在 1950 年 2 月 21 日《新华日报》提出"移植冬麦、战胜灾荒"的建议。当时，当地农民从未听说过小麦能移栽，因此持怀疑态度。为了说服农民，金善宝亲自到南京郊区田间示范，把小麦移栽技术和科学道理传授给农民，使这项技术措施得以迅速推广，减轻了华东地区农业损失。

水淹地冬作问题的几点意见

1950 年夏，皖北等地水灾严重，被淹耕地达 3200 万亩。金善宝和梅籍芳于当年 10 月，在《华东农林》第 1 卷第 4 期上发表了"关于水淹地冬作问题的几点意见"。针对不同退水时间的地块，采用不同的补救措施。文中指出：

> 灾区夏作被淹后，若 7 月水退，可补种绿豆；8 月水退，可补种荞麦、胡萝卜；9 月以后退水，将种冬麦。如果局部地区的积水，迟到 12 月甚至明年 1—2 月才退，可以种春大麦、春小麦、油菜、马铃薯或移植冬小麦。3 月以后，即进入正常春耕。
>
> 关于晚秋，今年曾发生严重的种子问题……本年秋收时，将由种子公司收购大批绿豆及荞麦种子，并将在明春收购大批胡萝卜种子，

---

① 金善宝：移植冬小麦的初步试验结果。华东农科所工作通讯，1950 年，第 1 期，第 12—16 页。

贮备急需，以后年年更新、有备无患。至于灾区所缺之冬麦种子，如何购运，提出以下几点意见：

（1）适应性问题：以淮河为界，北来南去的种子，各不越过淮河。尽量本地区采购，缩短运输距离。

（2）防止问题病害传播：种子需做病理检查，在收种的地方检查，如在收种后检查发现病害，进行拌药处理。

关于本年12月甚至明年1—2月才退水的地方，不能如期种上冬麦，应当怎么办？当地政府应组织农业科学工作者、全力动员农民试种春麦、移栽冬麦、种油菜或马铃薯等四种办法，度过灾荒。①

深入灾区调查、提出科学的栽培措施

1951年春天，正当南方小麦处于返青拔节季节，苏北地区突然遭到历史罕见的寒潮，100多万亩小麦遭受冻害，情况万分危急。江苏省委给金善宝来电话，要他带领10名各专业的教授，迅速赶赴小麦冻害灾区，研究抢救办法。当他们连夜赶到苏北小麦冻害现场时，发现绝大部分小麦的主茎都被冻坏了。当时多数专家认为，小麦没有挽救的希望，不如趁早翻掉，另外栽种其他作物。在场的一位副省长说："我知道你们没有办法，让你们来是让你们好好看看，中华人民共和国成立前这种情况也经常发生，你们应该好好总结一下，今后再碰到这种情况应该怎么办？"当时，金善宝的心里也没有底。他想，翻掉受冻的小麦，改种别的庄稼，虽然也是一条路子，但这样做农民就要白白丢掉一茬粮食，不知道有多少农民将面临挨饿的危险。有没有更好的办法呢？为此，他带领专家们走访了苏北、淮北10多个县，对各地的防冻经验进行系统总结。调查中发现，小麦的主茎虽然已经冻死了，但小麦的分蘖节并没有冻死。因此金善宝向江苏省委提出适时浇水、增施肥料、加强麦田管理等一系列栽培措施。经过努力，当年苏

---

① 金善宝，梅籍芳：关于水淹地冬作问题的几点意见。华东农林，1950年，第1卷第4期，第5—6页。

北地区100多万亩受冻小麦，最后仍然获得亩产200多斤的好收成。这个事例充分说明，农业科学必须与生产实践相结合，才能做到为生产服务。事后，金善宝组织大家认真总结经验，并把它写进了小麦栽培的教科书中，学校老师每次给学生讲小麦栽培学时，都把这件事作为典型的例子。①

投入新中国建设

党和人民的信赖，激励着金善宝以极大的热情投入新中国建设。

时任南京大学农学院院长的金善宝，力倡农业教育与生产相结合，带领农学院教授和七个系学生，在南京中央门到挹江门一带沿城农村建立农村服务工作实验区，把书本知识和实际结合起来，同时在技术上帮助农民改进生产。他们还开展农村调查，试办改良品种，发展农村合作社，防治畜病，举办夜校，建立农村阅览室等。②

时任华东军政委员会农林部副部长的金善宝，从1950—1952连续三年暑假，组织南京大学农学院、金陵大学农学院等校学生赴山东、安徽等地农村实习，实践教育和生产相结合。

金善宝兼任中国人民保卫世界和平委员会、江苏省暨南京市分会主席（简称南京抗美援朝分会主席），与加拿大国际友人、世界著名和平战士文幼章，为共同促进"保卫世界和平"做了许多有益的工作。他组织志愿军归国代表柴川若、董乐辅、窦少毅共同向南京市人民作了大小报告21场次，宣传朝鲜前线志愿军的英雄事迹，大大激发了南京人民抗美援朝的斗志；先后组织了4批志愿医疗团奔赴朝鲜前线，并亲赴苏州等地的康复中心慰问志愿军伤病员，为和平解决朝鲜问题做出了不懈努力。

---

① 史锁达、任志高：《著名农学家教育家金善宝》。北京：农业出版社，1985年，第40—41页。

② 南京大学农学院建立农村工作服务实验区，使书本知识与实际结合起来，人民日报，1949年12月3日，第3版。

图 5-9　1951 年冬，金善宝（左）与加拿大和平战士文幼章（中）摄于南京市交际处（金善宝家属供图）

金善宝兼任南京市文教委员会主任，经常深入南京市管辖的华东军政大学南京分校、金陵神学院和中、小学校作报告，鼓励速成中学学生克服文化差距的困难，努力完成中学学业考上大学，为建设繁荣富强的新中国奋斗；鼓励中、小学生要能吃得起苦、耐得住清贫，立志献身祖国科学事业，担负起时代的重任；积极组织当时"社会主义阵营"之间的国际文化交流，苏联专家来宁指导，匈牙利、罗马尼亚等国的文化代表团来宁等活动。

十八年的愿望终实现

1956 年 1 月，中共中央召开了关于知识分子的会议，周恩来总理在会上做了"关于知识分子问题"的报告，强调知识分子在社会主义建设中的作用，并对知识分子的进步给予充分肯定，这对全国知识分子是一个莫大鼓舞。接着，全国高教会议在上海召开。会上，南京师范学院院长陈鹤琴发言，谈到他对学习周总理"关于知识分子问题"报告的体会，恳切地向党组织提出了入党申请。陈鹤琴院长的讲话深深触动了金善宝，他想了很多很多，从会稽山下美丽的故乡到重庆山城的日日夜夜，从毛主席的接见到党和人民对自己的信任和重托，从清王朝到共产党领导下的新中国。他再也抑制不住内心的激动，大步走上讲台对代表们说：

> 我和共产党接触已经18年了。在旧社会，我是一个一无所有的教书匠，今天，在共产党的领导下，我才能为新中国建设贡献自己的一技之长。我要求加入中国共产党的愿望已经很久了。今天，我终于打消了种种顾虑，大胆地向党提出申请，请党组织审查。

回到南京，金善宝正式向党组织递交了入党申请书，市府机关党支部要他找两名入党介绍人，支部告诉他要找与自己相处时间较长、了解较深的人。有人建议他找时任南京市市长的柯庆施，但是金善宝认为，与自己相处时间较长、了解最深的还是他自己的学生沈丽娟。于是，他主动找沈丽娟和南京农学院政治处的顾民同志做自己的入党介绍人。1956年2月12日，中国共产党江苏省委、南京市委在南京市政府第一会议室为他举行了隆重的入党宣誓，江苏省委副书记刘顺元主持了宣誓仪式。他说："金善宝同志从30年代起就靠拢党、拥护党，坚持党的革命事业，花甲之年仍然要求加入中国共产党，这一事实本身就说明了中国共产党的光荣、伟大……①"

面对中国共产党党旗，金善宝禁不住热血沸腾，举起右手，庄严地向党宣誓，决心在中国共产党领导下，做一名年老的新战士，把自己的一切贡献给党和人民。

---

① 史锁达，任志高：《著名农学家教育家金善宝》。北京：农业出版社，1985年，第53页。

第六章
南京农学院首任院长

1952年，全国高等院校院系调整，南京大学农学院与金陵大学农学院合并，成立南京农学院（以下简称南农），国务院任命金善宝为南京农学院院长。

金善宝和刚刚成立的南京农学院已经有35年的情缘。35年来，尽管世事沧桑，学校几经变迁、合并，金善宝也从一个学生、技术员到教授直至院长。唯一不变的是，金善宝对母校的感情！就任南京农学院院长，他最大的心愿就是要把南农建设成为一个现代化的农业大学！为此，他怀着满腔热忱和一片挚诚之心，加入了建设南农的行列！

当时，全国高等院校的调整是完全按照苏联的模式进行的，在院校教育的改革上也是完全推行苏联的模式。可金善宝认为，在借鉴苏联模式的情况下，必须继承中外农业院校办学的历史经验，结合中国农业院校的实际，重视中国专家的作用，把美国关于教育、科研、推广相结合的教育理念，应用于南京农学院的办学实践之中，努力探寻一条适合中国国情的农业院校办学之路。

为教学奠定基础

确定培养目标

南京农学院建院之初,金善宝即召集院务会议,根据当时的办学条件和实际需要研究确定,全院设6个系,即农学系、植保系、畜牧兽医系、土壤农化系、农业经济系、农业机械化系,初步拟订了6个专业的教学计划,明确提出培养目标为农艺师、畜牧师、工程师。1953年11月作了修订,7个专业均订出新的教学计划和教学实习、生产实习计划。1954年,根据高等教育部对农业院校有关专业颁发的统一教学计划,由系主任组织教师学习讨论,既考虑国家对人才的需要,又考虑学生、教师的实际条件,进一步明确提出培养目标是"又红又专的高级农业科学技术人才,高、中农业院校的师资和农业行政系统的领导干部"。1956年,形成了以课堂讲授为主,辅以课堂讨论、实验、教学实习和生产实习、课程设计、毕业设计等一整套教学环节,注重学生接触社会、接触生产、增强技能训练与培养独立工作能力。[①]

培养师资队伍

金善宝从事农业教育20多年,深深体会到一个学校教师质量的高低是影响教学水平的重要因素。为此,他倾注了全部心血培养教师队伍。

一是,在当时一边倒学习苏联的形势下,组织教师学习苏联的高等教育办学经验和先进技术,选派留学生到苏联留学。1952—1956年,先后派出10多名学生到苏联的农科大学学习,派出中青年教师罗毓权、吴志华、刘大钧等近20名教师到苏联留学或进修,他们一般都获得了副博士学位,

---

[①] 费旭,周邦任:《南京农业大学史志(1914—1988)》,南京农业大学(内部发行),1994年,第215页。

成为校内外的骨干。同时，组织教师分期参加俄文突击学习，到 1954 年春天，绝大多数教师能阅读俄文的专业书刊，三分之一的教师能较快地翻译专业书刊。①

二是，选派教师到外校进修。1952—1955 年，先后派出 48 名教师到外校进修基础课和专业课，他们回校后都如期开出课程。

三是，鼓励教师编写讲义、教科书和教学参考书。1956 年，教师自编讲义 76 种，被高等教育部推荐为交流讲义的有 32 种。教师著书 42 种，翻译书籍 27 种。教师通过编写讲义，大大提高了学术水平，克服了生搬硬套苏联教材的弊病，使教材初步具有系统性和逻辑性，达到了一定深度。②

四是，广罗人才、召唤海外莘莘学子回国。金善宝除千方百计网罗国内的有识之士外，还经常抽时间给国外留学的学生、朋友们写信，动员他们尽快回国。他在信中详尽地描绘了新中国欣欣向荣的景象，满怀激情地说："回来吧！祖国需要你们！新中国的建设需要你们！祖国人民等待着你们！"在他的积极召唤下，一批批海外学子，如鲍文奎、吴兆苏、徐冠仁、朱立宏等，克服了重重困难陆续归国，成为祖国农业科学、农业教育事业的中坚力量。

在明尼苏达大学留学的吴兆苏，1950 年 7 月获得博士学位，10 月立即回国，任南京农学院农艺系主任。多年来，他遵循金善宝老师的学术思想和技术路线，使小麦种质资源及遗传研究与育种实践相结合的工作得以全面开展，并被国家科委聘请为小麦育种和太谷核不育小麦两个专家组的成员，承担了多项国家重要课题，参加了国际冬小麦品种联合试验网、国际锈病及白粉病圃的试验研究，成为国内外知名的作物育种学教授。

在美国密歇根州立大学研究生院攻读植物遗传学的朱立宏，1950 年硕士毕业后，放弃了继续求学的计划，立即回国，担任南京农学院作物遗传育种教研组主任。在他的带领下，创建了作物遗传育种专业，下设普通遗

---

① 费旭，周邦任：《南京农业大学史志（1914—1988）》，南京农业大学（内部发行），1994 年，第 215 页。

② 同①，第 217 页。

传学、细胞遗传学、作物育种学和统计遗传学等教研组,开展了各种主要作物的遗传育种研究,为国家培养了大批不同学位、不同层次的作物遗传育种专业人才。朱立宏潜心研究、挖掘水稻抗病资源,对水稻抗白叶枯病遗传资源的评价与利用进行了广泛系统的研究,在开拓中国水稻抗病遗传育种研究领域和探究水稻矮秆资源方面作出了重要贡献。

兽医专家蒋次升回忆说:

> 1949年夏,我留学回国,正值新中国成立前夕,战火未已。我回到家乡即陷入困境,不知所措,待湖南解放,忽得金老师来信,令我惊喜交集。他邀我即返母校任教,并寄我通行证、聘书和旅费,真是雪中送炭。更令我难忘的是,当我抵达南京农学院时,系里就告诉我:金院长已亲自为你安排好了住房,还为你买好了大米、煤球呢!内心的感动激起我奋发工作的热情……①

经过几年努力,南京农学院在服从国家需要,抽调大批骨干教师支援边疆之后,至1957年教师队伍仍然增加了1.43倍,教师水平大大提高,使南农的教学水平登上了一个新的台阶。

加强图书馆建设

金善宝认为,图书馆是学校办学的重要支柱。早在20世纪30年代,他在美留学期间,就十分羡慕康奈尔大学图书馆有80万册藏书之丰,他认为有这么多的图书可供参考,自然能引发学者深入学习、钻研的广泛兴趣,这是搞好教学和科研的重要条件。但在南京农学院建院时,仅有不到1万册的图书,远远不能适应全校师生教学和科学研究的需要。为此,他从学校有限的经费里抽调专款购买急需的图书资料,使图书资料逐年增加,到1959年发展到13万册,比1952年增加了8倍之多,其中自然科学

---

① 史锁达,任志高:《著名农学家教育家金善宝》。北京:农业出版社,1985年,第95页。

（包括中、英、俄）图书从无到有，增加了 2 万多册，技术科学书籍增加了将近 3 倍。1956 年设立了图书馆的专职副馆长，增加了工作人员，建立了采编室、阅览室、流通室等。①

以挚诚平息风波、团结奋斗办校

南京农业大学沈丽娟教授在《中央大学南京校友会简讯》"金善宝院长和南京农学院"一文中写道：

> 1952 年院系调整，成立南京农学院，金善宝为首任院长，他以赤子之心，热情为南农的建设和发展付出了全部精力。南京农学院的成员来自不同单位，未免出现门户之见。金老非常重视员工们的团结，倡导团结奋斗办校，曾经说：我对宗派主义深恶痛绝……他对全院职工一视同仁，在处理具体问题上，从没有厚此薄彼，在他的影响下，大家齐心协力、甘于奉献，努力办好南京农学院。②

了解情况的人都知道，此话一点儿不假，其中还蕴藏着一段鲜为人知的故事：

> 1952 年，高等教育部在北京召开高等教育会议，金善宝和南农的一位副院长一起参加会议。会议期间，金善宝遇见了沈阳农学院院长张克威，张院长对金善宝说：你们两院合并，教师很多，可不可以分出一部分支援沈阳农学院？他还拿出一份商调名单。金善宝表示，兄

---

① 费旭，周邦任：《南京农业大学史志（1914—1988）》，南京农业大学（内部发行），1994 年，第 213 页。
② 沈丽娟：金善宝院长和南京农学院。中央大学南京校友会简讯（庆祝南京解放 60 年专刊），2009 年，第 25 期，第 27 页。

弟院校有困难，本应热情相助，无奈南农教学任务很重，难以从命，十分抱歉。张克威还要求南农的副院长靳自重去沈阳任副院长。金善宝说靳自重身体不好，有气喘病，去东北不合适。

谁知开完高教会回到南京，一个莫须有的谣言传开了！说金善宝区别对待原中央大学和金陵大学的人，同意原金陵大学的教师调去东北、反对原中央大学的教师调去东北。在九三南京分社开会时，他的挚友、南京大学校长潘菽听到谣言后告诫他说："你的宗派思想怎么这样严重？在北京高教会上，张克威向你要人时，凡是提到原来中大的人，你就说不行！而提到原来金大的人，你就说可以！这件事影响很不好，你要好好检查改正。"一时间，在南京农学院内搞得沸沸扬扬，以致造成教师思想的波动，增加了相互间的隔阂。

在去北京参加高教会之前，南京市主要领导曾找金善宝谈话，要他在高教会上建议把南京农学院与苏北农学院合并，希望教育部同意和支持。谈话后，金善宝立即和南农主要领导进行了认真讨论，大家都不同意两院合并，认为两院合并不是加强南农，而是削弱了南农的教学与科研力量，不利于我国农业科技人才的培养。金善宝把大家的意见向南京市领导作了汇报，在北京高教会上也没有提出两院合并的建议。

为了这两件事，时任南京市市长的柯庆施曾在一次会上点名批评金善宝说："对金善宝要注意他的宗派思想。"对于这个批评，金善宝反复思考，剖析自己的思想。他认为，自己原来是中大农学院的，原中大的教师都是自己的老同事，其中有很多还是自己的学生；原金大的教师虽然不是一个学校，但是老同行，平时在教学、科研业务中常有协作来往，彼此都很熟悉。中大、金大合并为南京农学院，大家应该为了共同目标团结起来，把南京农学院办好。因而自己对教师都是一视同仁的，在具体问题的处理上也没有任何厚此薄彼的做法。不过在日常生活中，自己可能对原来中大的教师更熟悉一些，接触也稍多一些，因而引起一些误会，这是自己应该注意的。至于南京农学院和苏北农学院合并的问题，主要是从发展南农还是削弱南农的角度考虑，这和所谓的宗派思想没有丝毫联系。此事正值整风期间，九三学社各个负责人都作了自我检查，金善宝检查的那天，室内坐满了人，金善宝作了认真检查，却一字未提所谓的宗派思想，全场为之哗然。①

金善宝认为，离开了事实说不清楚，不如不说。为此，他采取了冷处理的态度，静候时机的到来。

两年后，也就是1954年，高教部又在北京召开高教会议，金善宝和院党委书记陈野萍参加了这次会议。会上，金善宝与沈阳农学院张克威院长再次相遇，金善宝问张克威院长："前年开会时，你向我要人，我是不是有的人同意调，有的人不同意调？"张院长笑笑说："你怎么这么健忘，当时你一个人也不肯放。"谈话时，陈野萍也在场。回校以后，陈野萍在大会上说明了事实真相，并号召全院教职员工在院党委领导下，团结奋斗办校，共同搞好教学和科研。

开创了农业科技推广的新形式

1953年，全国农业合作化高潮兴起，急需农业技术支援，解决生产中的问题。金善宝抓住了这个大好时机，积极组织师生到农业生产中去，开创了农业科技推广工作的新形式。

1954年秋天，院里组成了一个技术联系小组，有教授、讲师、助教21人参加，与南京郊区的李玉、联众两个农业社和一心蔬菜农业生产合作社建立了固定联系。根据各社生产中的问题开展研究，提出解决办法。在工作中，教师们发现李玉社要改变生产状况，关键是要确定生产方向。为此，他们详细调查了该社的地形、地势、土壤自然环境和生产、劳动组织

---

① 金善宝："文化大革命"交代材料，1968年，未刊稿。资料存于采集工程数据库。

图 6-1 1957 年春,金善宝(中)与南农师生一齐下农田(资料来源:南京农业大学档案室)

等情况,暑假期间带领学生到李玉社进行土地测量实习,调查耕地利用、土壤分析及作物栽培情况,绘制了测量地图。根据该社的特点,制定了改变单一经营为农、林、牧和副业相结合的多种经营模式,提高了社员收入,鼓舞了社员的生产热情。1955 年,李玉社除缴纳国家定购粮食外,还多卖了 6 万斤余粮。[①]

1955 年下半年,随着形势发展,农业生产对农业科学提出了新的要求,金善宝决定,技术联系小组人员由 6 个系 15 个教研组参加,支援的农业社又增加了十月、玄武、吉祥、红光、和平、顶山、红旗 7 个高级社,指导工作包括:水稻浸种、合式秧田、水稻密植、制订轮作计划、建立饲料基地、防治家畜疾病、改进猪群饲养、制定发展规划、举办业余技术学校、蔬菜和果树的技术指导等。[②]

1957 年 5 月 1 日,金善宝代表南京农学院与十月社签订合作合同。在签字仪式前,社主任张大炎对几年来南农教师们的指导和帮助表示感谢。他说:

> 去年虽然遭受了自然灾害,但全社依然比前年大丰收年增产了粮食 64 万多斤,这与农学院先进技术指导分不开。由于采用了先进的黄豆和玉米间作方法,使 1000 多亩地的黄豆收成增产 10 万多斤;良

[①] 金善宝:南京农学院支援农业合作化工作的体会,江苏省高等学校和科学研究机关党员干部会议文件之五。1956 年 5 月 3 日。资料存于采集工程数据库。

[②] 费旭,周邦任:《南京农业大学史志(1914—1988)》,南京农业大学(内部发行),1994 年,第 224 页。

种新法种植的小麦增产 95%；在 700 多亩地上种植的良种山芋，每亩地增产 600 斤左右。

金善宝在热烈的掌声中讲了话。他说："十月社对我们丰富教学内容、提高师生感性认识帮助很大，农业社已成为师生理论联系实际最好的实习园地，我们两家变成了一家。"①

与此同时，金善宝还以身作则，亲临农业生产第一线提供技术指导。

1958 年 3 月，金善宝到浦口区红旗社三河分社了解和研究小麦生长情况时，对该社干部提出的关于三麦的播种和追肥问题，作了详细的解答和指导，并和浦口区委负责同志研究了南农师生在本年内协同红旗社做 4 项技术试验等问题。②

同年 5 月 17 日，金善宝到红旗社进行技术指导。在田间，大家提出了生产上的很多问题，如小麦赤霉病、秆锈病、叶锈病的防治，小麦的移栽、密植、选种、留种，玉米、大豆间作，玉米天然杂交优势，小麦条播与缺苗等问题，金善宝都作了详细解答。在经过一小段田头时，他随手选拔了麦穗头，一一讲解给大家听，指出了今后选种、留种的重要性，亲自做了如何选种的技术示范，答应在一两周内派师生来社里帮助选种，并送他们一些玉米杂交丰产品种的种子。③

金善宝这种深入农村，调研农业生产需求，使农业教育、科研与农业生产紧密结合，把先进的农业科学知识带给农民，解决了农业生产中的关键问题，科技人员也在农业生产的实践中，丰富了教学内容，得到了锻炼提高，取得了教学、科研、生产三丰收的效果。1954 年南京农学院被评选为南京市教科系统先进集体。

---

① 祖培：知识分子与工农结合，农学院与十月社签订合作合同。南京日报，1957 年 5 月 2 日。
② 华文明等：金善宝院长答三河分社干部问。南京日报，1958 年 3 月 5 日。
③ 金院长到红旗社进行技术指导。《南京农学院》，1958 年 5 月 26 日。

制定十二年科研规划

金善宝十分关心全院科学研究的开展，针对全国农业生产中出现的问题，鼓励师生们拟定课题、研究解决。在他的支持下，土壤系师生进行了苏北防风林与土壤、大别山植物与土壤、浙江黄岩柑橘土壤的调查与分析研究；植物保护系教师进行了农作物病虫害种类与分布、发生条件的研究，作物抗病选种与种子处理试验研究，蝗虫与水稻螟虫研究，杀虫药剂研究；畜牧兽医系教师先后到西北、内蒙古等地进行草原调查。

1954年冬，全国第二次农林教育会议强调了高等农林院校开展科学研究的重要意义。次年年初，金善宝在学校成立了科学研究部，棉花专家冯泽芳教授担任科研部主任，领导全院开展研究工作，添置了仪器设备，增加了科研辅助人员，修建了温室、挂藏室等，并与农业部、江苏省农业厅等单位积极联系，争取到研究课题110项，其中农业部委托47项、江苏省农业厅委托31项，与华东农科所等院外单位合作，举办了专题报告会和学术讨论会，掀起了全院科学研究的热潮，当年完成33个科研项目。

1956年，在"向科学进军"号召的鼓舞下，金善宝同科研部主任冯泽芳研究制订了全院12年（1956—1968）科学研究规划，经过几次集体讨论，提出了12年内全院科学研究的方向和重点。各系普遍增设了副主任和科研秘书，加强了对科研工作的组织领导。参加科研工作的教师占全院在职教师的70%，讲师以上参加科研工作的占83%。当年，有5篇论文参加了中国科学院中国自然科学史讨论会，学术气氛十分浓厚。这个阶段完成的科研成果有73项，比较突出的有：水稻白叶枯病研究，苏南地区耕作制度研究、水稻丰产试验，鸡新城疫疫苗研究和猪瘟诊断研究，岱字棉品种杂交试验，南京李实蜂生活史和防治方法，庐山土壤调查，黑龙江友谊农场规范化研究，水稻插秧机设计，昆虫毛翅目研究、鳞翅目研究等。[1]

创建中国第一个农业历史研究机构

金善宝十分重视农业史的研究。他深知，我国农业有几千年的悠久历史，积累了丰富的农业生产知识，拥有世界上最丰富的农业典籍。这些农业典籍中蕴含着我国农业精耕细作的优良传统，我们必须继承和发扬。

南京农学院成立后，金善宝发现金陵大学农学院曾做出颇有成效的农史资料整理和研究工作，但自抗日战争后，因农史专家万国鼎[2]的调离而中断了，他感到十分惋惜。1954年，经过努力，金善宝把中断了农史研究17年（1937年8月—1954年4月）之久的万国鼎从河南农学院调到南京农学院，从此，南京农学院承续了前金陵大学的中国农史资料的整理与研究工作。以后又调进了陈祖槼、胡锡文等同志成立了南京农学院农业历史研究组，为开展农业史研究奠定了基础。

1955年4月，农业部、中国农业科学院筹备小组在北京召开整理祖国农业遗产座谈会，在金善宝、万国鼎等人的努力下，经农业部同意，1955年7月，在南京农学院农业历史研究组的基础上，成立中国农业遗产研究室，由当时的中国农业科学院筹备小组和南京农学院共同领导，万国鼎任中国农业遗产研究室主任，昆虫专家邹树文任顾问（前中央大学农学院院长），建立了中国第一个农业历史研究机构。

中国农业遗产研究室成立之初，科研人员少、资料缺、设备差，困难很多，金善宝想方设法予以支持、解决。1958年他调到北京之后，仍十

---

[1] 费旭，周邦任:《南京农业大学史志（1914—1988）》，南京农业大学（内部发行），1994年，第221页。

[2] 万国鼎（1897—1963），号孟周，江苏武进人。1920年毕业于金陵大学。时任中国农业科学院、南京农学院农业遗传研究室主任。参见：金善宝，《中国现代农学家传》第二辑。长沙：湖南科学技术出版社，1989年，第66页。

分关心中国农业遗产研究室的工作，每次去南京都要到中国农业遗产研究室，与全室人员一起研究工作的开展情况。在金善宝的关心、支持下，农业遗产研究室克服了重重困难，在短短几年内，取得了很大成绩。

一是，对农史资料的搜集和整理。根据金善宝"广泛搜集资料，占有大量资料，是搞好农史研究的基础"的意见，研究室在1956—1959年，组织了人力分赴全国40多个大、中城市和100多个文史单位、大专院校、科学院、馆、博物馆和一部分知名的私人藏书家中，累积搜集了4000多部笔记、杂考等古书，摘抄了1540多万字的资料，整理成《中国农业史资料续编》157册（连同前金陵大学遗留下来的456册，共计613册，4200多万字），内容涉及农业、畜牧业、农田水利、垦荒、农产品运销、农村组织、人口土地、农村经济等各个领域。

从8000多部地方志中，搜集摘抄了3600多万字的农史资料，经整理分为三大类，装订成680册。其中《方志综合资料》120册，《地方志分类资料》120册，《地方志物产》440册。

二是，积极整理出版我国重要的古农书。在农史专家万国鼎的带领下，中国农业遗产研究室整理出版的古农书有：《氾胜之书辑释》《齐民要术校释》《四民月令辑释》《农政全书校刊》《补农书校释》等10多部。其中《氾胜之书辑释》的出版，对我们了解2000多年前的农业生产和农业科学技术水平，有较大的学术价值。

三是，为了对我国农业科学技术发展的历史渊源、历史特点及其规律进行探索，1959年开展了《中国农学史》课题的研究，1960年完成了《中国农学史》的初稿，于1959年和1984年分上下两辑先后出版。这是我国第一部综合性的农业技术史著作，出版后受到国内外农史界的广泛好评。

此外，在广泛搜集农史资料的基础上，编辑出版了《中国农学遗产选集》，从50年代末至60年代初，已出版的有《稻》《麦》《粮食作物》《棉》《麻》《豆类》《油料作物》《柑橘》8个专辑，为进一步开展农业史研究奠定了基础。①

---

① 孟美怡：《金善宝》。北京：金城出版社，2008年，第116-117页。

参加匈牙利玉米育种会议

1955年8月，金善宝以中国农业科学研究工作者代表团的身份，与河北省农业厅厅长张克让、四川农业改进所所长杨允奎一起参加匈牙利玉米育种会议。参加会议的有苏联、中国、朝鲜、波兰、捷克斯洛伐克、德国、罗马尼亚、保加利亚8个国家。

1956年1月24日金善宝在《新华日报》发表的"参加匈牙利玉米育种会议的回忆"一文中写道：

> 匈牙利农业部与科学院在会上作了三项报告：①匈牙利玉米育种工作的发展和成就，②匈牙利玉米品种杂交工作的成就，③匈牙利玉米品系间杂交育种的成就。各国代表团关于本国玉米育种情况分别作了10—15分钟的发言。我国代表团由杨允奎教授作了中国玉米育种情况的报告。
>
> 会议开了8天，前3天举行报告和讨论，后4天参观各研究所，闭幕式上各国参加会议专家一致认为匈牙利玉米育种会议大大推进了各国玉米育种和栽培的研究，促进了各国玉米专家的合作，建议下一次会议在苏联举行。
>
> 玉米育种会议闭幕后，各国代表还参观了匈牙利农业展览会、国有农场和农业生产合作社。在布达佩斯共同相处3周期间，举行了几次座谈会，交换了意见，气氛是和谐的、态度是诚恳的。这次会议可以看出：玉米日益受到世界各国人民的重视。第一，玉米是一种重要的粮食作物和饲料作物；第二，玉米是一种良好的前作物；第三，玉米的适应性大；第四，玉米在工业上的用途很多，可以制成150种工业用品。因此，玉米的种植面积在不断扩大，产量在不断提高。
>
> 在匈牙利玉米育种会议上，我深深感到我国在国际上的地位是很高的，无论各种会议的席次、发言的次序，中国代表总是紧跟苏联代

表之后，全匈农展会闭幕时，拉科西同志和我国代表团亲切握手。在一次座谈会上，保加利亚代表团团长基尔雅可夫对我们说："我们能和6亿人口的中华人民共和国在一起感到无比的骄傲。"捷克斯洛伐克代表团团长耶硕尔次院士在夜游巴拉顿湖的船上，在自由山的夜宴上，几次朗诵了我国伟大诗人李白的诗句，以此表示对中国的无限热爱……

但在那样隆重的国际会议上，也会使人产生另一种感想，我们的科学地位与政治地位是很不平衡的。20世纪60年代科学发展到原子能时代的今天，中国人民对科学上的贡献和我们的政治地位比较实在太少了。格鲁森科同志在某次座谈会上说："我两次到过中国，亲眼看到伟大的长江，长江的伟大和中国的伟大是一致的。中国是具有6亿人的伟大国家，中国人民勤劳节俭，但是由于近百年来中国人民受到了帝国主义的侵略、封建官僚的压迫和剥削，中国的科学落后了。"这是苏联人民对我国人民极其中肯的评价。

图 6-2 1955 年金善宝（前排中）访问匈牙利（金善宝家属供图）

我国的科学落后是事实，但我们也应该肯定中国的自然科学是有一定基础的，3000多年来我们的祖先在自然科学方面有过很多贡献。新中国成立6年来，我国的科学研究已经取得了不少成绩。中华民族是优秀的，学习和研究的精神是顽强的。相信我们的农业科学水平在

3 至 5 个五年计划内，一定能赶上国际先进的科学水平。①

在这次会议上，匈牙利的代表向金善宝提出，希望到我国云南地区进行冬季繁殖的设想，这个问题因涉及国际外交，金善宝无权回答，但却引起了他的思考。他想：玉米可以冬繁，小麦能不能够夏繁呢？这个问题一直在他的头脑里盘旋着……

入选中国科学院第一批学部委员

1949 年 11 月 1 日，中国科学院成立。1953 年 2 月，钱三强带领中国科学院 25 名科学家远赴西伯利亚考察，实地学习苏联是如何组织领导科研工作的。苏联科学院是访苏代表团拜访的主要机构之一，钱三强看到院士制度对苏联科学发展起了很大的作用。此次访苏也让当时的中国科学院党组书记张稼夫觉得，在科学组织机构上，向苏联学习或能尽快提高我国的科学技术水平。不过，张稼夫和许多科学界人士也在担心，国际上通行的"院士"必须具有极高的学术造诣，而在当时中国的科技发展水平下选聘"院士"显得不够严肃。

1954 年 10 月，苏联土壤学家柯夫达被聘为中国科学院的总顾问，他告诉郭沫若和张稼夫："没有院士不能称其为科学院的，只能是各个研究所的联合行政组织。"此话对时任中国科学院院长的郭沫若、张稼夫和分管科学院的副总理陈毅触动很大。由此，中国科学院决定在学习苏联的基础上，考虑到中华人民共和国成立初期技术经济基础薄弱、尚待发展的具体情况，决定以学部委员制度代替院士制度，作为一种过渡措施。

1955 年 6 月，经中共中央政务院批准，开始了学部委员的推选工作。确定学部委员的入选资格有三条：学术成就、在推动中国科学事业方面的

---

① 金善宝：参加匈牙利玉米育种会议的回忆. 新华日报，1956 年 1 月 24 日.

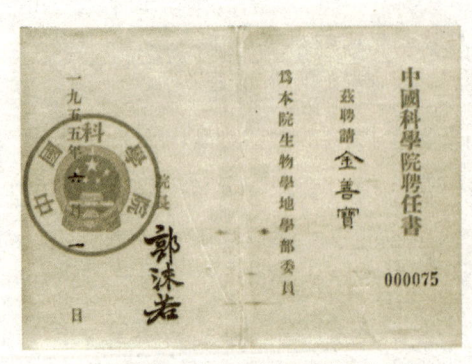

图 6-3 金善宝入选生物学部委员证书（金善宝家属供图）

贡献以及忠于人民的事业。[①]1955年第一批入选的学部委员172人，其中生物学部60人、化学部22人、数学物理部30人、地学部24人、科学技术部36人。

当年，南京农学院光荣入选中国科学院第一批学部委员的教授有两位：棉花专家冯泽芳和小麦专家金善宝。

荣获苏联通讯院士称号

1957年4月4日，金善宝在苏联列宁农业科学院全体院士会议上当选通讯院士，同时当选的还有中国科学院植物生理研究所罗宗洛，北京农业大学植保系教授俞大绂，这是我国农业科学家第一次获得苏联科学界的荣誉称号。

图 6-4 金善宝的苏联通讯院士证书（金善宝家属供图）

---

① 甘晓：从"学部委员"到"院士"：院士制度走向荣誉。中国科学报，2015年6月2日。

同年 5 月 10 日，《南京日报》第 2 版就"金善宝荣获苏联通讯院士称号"为题做了报道。报道称：

记者昨天访问了最近荣获苏联农业科学院通讯院士称号的南京农学院院长、我国优秀的小麦育种家金善宝。

金善宝谦虚地说：苏联人民给予的荣誉称号，是对我国农业科学工作者的关怀和鼓舞，就我个人来说，我贡献很少，感到很惭愧，今后只有更好地工作，来答谢苏联人民的友谊。①

同年 5 月 27 日，农业部发出（57）农外瑞第 94 号通知：

中华人民共和国农业部（57）农外瑞第 94 号
1957 年 5 月 27 日

函知俞大绂、罗宗洛、金善宝三位同志为苏联农业科学院通讯院士

接苏联农业部和苏联列宁农业科学院来信通知，在 1957 年 4 月 4 日的苏联科学院全体大会上一致同意选出我国科学家俞大绂、罗宗洛、金善宝为苏联列宁农业科学院通讯院士，请你院分别通知以上三位同志。

中华人民共和国农业部印

出席苏联 10 月革命 40 周年庆典

1957 年 11 月，承苏联列宁农业科学院院长罗巴诺夫之邀，金善宝和中国农业科学院院长水稻专家丁颖、中国科学院植物生理研究所教授罗宗洛、北京农业大学植保系教授俞大绂等一行 5 人，在莫斯科出席苏联十月革命 40 周年纪念大会。参加大会的有：中国、捷克斯洛伐克、保加利亚、波兰、德国、法国、英国。

会后，金善宝和丁颖等人分别去莫斯科、列宁格勒、库班等地参观访

---

① 金善宝荣获苏联通讯院士称号，南京日报，5 月 9 日。

问,先后访问了莫斯科农学院、列宁遗传研究所、中央黑土地带农业研究所、全苏蔬菜研究所、蔬菜国有农场、全苏农业科学院中央图书馆和科学情报处、全苏植物栽培研究所等十几个单位。金善宝携带了我国特有的小麦亚种、变种样本,虚心地与苏联小麦分类学权威专家进行讨论。在学术交流会上,他作了"中国小麦的种类及在育种上的成就"的报告,并以中国小麦的种类为例,对世界小麦的进化分类进行了分析。通过学术交流,他的观点得到了与会科学家的高度肯定。

这次访问苏联,从11月22日离京到12月20日回到北京,历时近一月,每到一处,金善宝都认真细致地记笔记,把苏联农业科学点点滴滴的经验都记录下来,作为回国后开创祖国农业科学事业的参考。

图 6-5 1957年访问苏联(左起:丁颖、金善宝)(金善宝家属供图)

1958年4月12日,金善宝应安徽省科学联合会、安徽省科普协会及合肥农学会联合邀请,在安徽省科普协会会议厅作访苏报告,介绍苏联农业科学的状况。当日,《安徽日报》以"农学专家金善宝,今日在合肥作访苏报告"为题,作了报道。

"中大 2419"改名"南大 2419",大面积推广

1946 年中央大学迁回南京后,"中大 2419"继续在丁家桥农场参加品种比较试验并进行繁殖。根据 1946—1947 年试验结果,"中大 2419"的产量超过南京当地品种 17.1%。1947—1948 年以"玉皮"为对照进行对比试验的结果,"中大 2419"的产量超过"玉皮"11.0%。同年,在江湾进行小麦良种区域适应性试验,肯定了"中大 2419"在苏南一带的推广前途。1948—1949 年,6 个品种比较试验,"中大 2419"亩产 447.4 斤居第二位。1950—1951 年,10 个品种比较试验的结果,"中大 2419"亩产 427 斤居第一位。由此证明,"中大 2419"适应整个长江流域种植,具有丰产性、稳产性和适应性。[①]

"中大 2419"改名"南大 2419"

新中国成立后,南京中央大学改名为南京大学,"中大 2419"亦更名为"南大 2419"。1949—1953 年在江苏、浙江、安徽 3 省 32 处的区域试验证明,比当地品种增产 4.0%—46.3%;1951—1955 年,在湖北省 6 处的试验结果,比当地对照品种增产 4.0%—42.7%。多年来的生产实践证明,在长江中下游和西南各省、陕南、陇东、豫南等地区,"南大 2419"可比当地推广品种增产 10%—50%,在亩产 250—600 斤的范围内增产效果尤为显著,1959 年青海香日德农场获得了亩产千斤以上的高产纪录。

为了测试该品种对病虫害的抗性,金善宝组织各地区进行调查和试验,根据 1953—1954 年在福建、浙江、江苏、安徽、山东地区的 33 个试验点的观测中,"南大 2419"有 22 个试验点表现免疫型、11 个试验点表现抵抗型。对 3 种锈病的抵抗性比地方品种强得多。"南大 2419"也是当时

---

① 金善宝等:我国当前种植面积最广的小麦良种"中大2419"。见:金善宝文选编委会,《金善宝文选》。北京:中国农业出版社,1994 年,第 173 页。

我国抗吸浆虫、抗秆黑粉病的小麦良种。

"南大 2419"在江淮地区和西南各省均表现早熟或中早熟，是个适宜晚播早熟的品种。在西北高原作为春麦种植时也表现中早熟。

"南大 2419"大面积推广

1956 年长江流域大面积发生小麦锈病导致严重减产，"南大 2419"却具有较强的抗病和生产优势，在长江流域大面积推广，从长江两岸迅速向南北扩展，南起华南沿海及西南诸省，北越淮河、秦岭以及黄河中游南段一带，在春麦区的青海、甘肃西北部、宁夏等省区都有种植，甚至西藏昌都地区也有示范种植。20 世纪 60 年代初，已是长江中下游麦区的主要品种，合计种植面积在 2595 万亩以上。据 1958 年不完全统计，"南大 2419"全国年种植面积最高达 7000 万亩，是我国春性小麦分布最广、面积最大的品种。从小麦总面积看，仅次于碧蚂 1 号，名列第二。据有资料可查的统计，"南大 2419"还是我国使用寿命最长的品种，推广种植了 41 年（1942—1982 年）[①]。

"南大 2419"推广面积之大、应用时间之长、种植地区之广、衍生品种之多是中国小麦改良史上少见的，它为我国小麦生产发展和品种改良建立了功勋。金善宝早在 20 世纪 20 年代献身小麦研究之初，为自己取雅号"笑衍"，含意是笑看小麦良种繁衍之多。他用一首打油诗表达自己的心情：

    沙平坝上育禾苗，风雨交加试验搞。
    二十年心血灌，二十载汗水浇。
    八千里路云和月，滚滚长江浪和涛。
    笑看良种繁衍广，万亩金麦迎风笑。

---

① 庄巧生：《中国小麦品种改良及系谱分析》。北京：中国农业出版社，2003 年，第 9 页。

"南大 2419"是杂交配合力很好的骨干亲本

多年的育种实践表明,"南大 2419"还是杂交配合力很好的骨干亲本。据不完全统计,由它衍生出来的品种有 110 个,遍布 23 个省、市、自治区,代表品种如:鄂麦 6 号、荆州 1 号、湘麦 1 号、万年 2 号、绵阳 4 号、川麦 3 号、凤麦 13、大山洞 7 号等。①

"矮立多"种植面积推广

该品种是"南大 2419"的姐妹系品种,弱冬偏春性,在南京 5—8℃下经 20 天可通过春化阶段,对光照反应不敏感。在长江流域及西南地区表现中早熟,与"南大 2419"相同或略迟。在长江中下游地区,一般在 10 月底到 11 月初播种,5 月底到 6 月初成熟,生育期 200 天左右;在江北沿淮地区,一般在 10 月中下旬播种,6 月上旬成熟,生育期 210—220 天;在西南地区,生育期 180—190 天。

"矮立多"分蘖力较强,有效分蘖多,抽穗整齐,耐肥,不易倒伏。长芒、红壳、红粒、多花多实,综合丰产性能高。种子有一定的休眠期,对散黑穗病、吸浆虫有很强的抗性。成熟较早,在土质疏松、肥力较高、水分适中的条件下种植增产更为显著,在土质黏重、地力瘠薄、过分低湿、秆锈病和赤霉病严重流行的地区则不适宜。在栽培措施中应适当深耕、增施肥料,加强灌溉排水工作,以发挥其增产潜力。②

新中国成立后,"矮立多"在西南和长江流域麦区快速示范推广。贵州省 1953—1954 年 14 处试验中,平均产量比当地品种高 10%—30%;

---

① 庄巧生:《中国小麦品种改良及系谱分析》。北京:中国农业出版社,2003 年,第 9 页。
② 同①。

图 6-6 "南大 2419" 穗形（原载《中国小麦品种志（1961 年以前）》，农业出版社，1964 年，第 228 页）

图 6-7 "矮立多" 穗形（原载《中国小麦品种志（1961 年以前）》，农业出版社，1964 年，第 230 页）

1955—1957 年 5 处试验中，比"南大 2419"高 3%—20%。在安徽省 1951—1956 年区域试验中，平均产量比当地品种高 13.2%，在六安专区，历年产量均高于"南大 2419"；在江苏省 1955—1958 年 15 处 3 年试验中，比当地品种增产 20%—30%；1948—1950 年在浙江省永嘉、宁波、金华、杭州等处试验中比当地品种平均增产 2.6%—22.0%；在湖南、湖北、河南等省试验，产量都接近"南大 2419"的水平。据 1957—1960 年的不完全统计，全国种植面积已超过 600 万亩，主要分布在贵州、安徽、江苏、浙江、湖南、湖北、四川等省，其中以贵州栽培面积最大，1959 年有 300 万亩。江西、福建北部、河南中南部、云南部分地区有少量种植。总之，"矮立多"在南方冬麦区的分布范围和种植面积仅次于"南大 2419"。浙江省仙居县农科所 1955 年用地方品种"洛阳青"与"矮立多"杂交育成的"矮洛阳"，具有较好的丰产性和抗锈性。1964 年示范试种"洛阳青"，5 个点平均亩产 306.2 斤，比对照品种增产 9.2%—24.8%。1972 年推广面积约 50 万亩，为浙江省的主要推广品种之一。在上述推广地区若土壤耕作条件较好,亩产常达到 300—400 斤,其中小面积产量可达到 500—600 斤。[①]

中国小麦的种类及其分布的研究

金善宝从 20 世纪 20 年代初期起,开始搜集整理小麦品种分类的资料,甚至在抗战时期也没有放弃。但受当时各种条件的限制,所得结果不够全面。

新中国成立后,金善宝在担任南京农学院院长期间,在过去研究的基础上,综合 1911 年以来中外学者研究的成果,于 1954 年立项主持了"中国小麦的种类及其分布的研究"的课题。扩大品种资源征集的范围和研究规模。1956—1957 年课题组从全国 2000 个县征集到的 5545 个小麦品种,加上金善宝 1943 年搜集的 17 个不同小麦品种类型,共计 5562 个。在南京农学院内试验地种植,全部材料采用种植观察和室内分析相结合的方法,系统观察 2—3 年后,精心选出 460 个代表性品种。同时综合了中、外学者的研究成果,于 1957 年 11 月印发了《中国小麦之种类及其分布(初稿)》[②]。

云南小麦的研究

1956 年,金善宝继 1942 年之后再次赴云南考察,期间发现在云南镇康、双江、腾冲、云县等地所征集的小麦地方品种中都有一种类型的小麦。但在全国 5000 多个品种中,除云南外都没有与这种类型相同的小麦品种,故称它为"云南小麦"。经过两年在南京的种植观察,发现"云南小麦"品种中的类型依据壳色、种皮色、颖毛和芒的性状变异,构成一个

---

① 金善宝,刘定安:《中国小麦品种志》(1961 年以前)。北京:农业出版社,1964 年,第 230 页。

② 金作怡:《金善宝》。北京:中国农业科学技术出版社,2015 年,第 117-118 页。

比较完整的变种分类系统。"云南小麦"在世界现有小麦分类学文献中，未见有相似的品种类型。后经多方研究，把它定为普通小麦的一个亚种（*T. aestivm*，*subsp. Yunnanese* King），它有5个变种如下。

（1）Var. *ankoncum* King：云南的云县和缅宁都有栽培，在云县的土名叫"硬壳麦"。穗有顶芒，穗长9—11厘米，小穗数23—26个。

（2）Var. *fenkwantacum* King：产于云南的镇康和腾冲。腾冲的土名叫"谷麦"，亦叫"谷花麦"，镇康产的叫粉光头。穗有顶芒，长的达1.5厘米。在镇康生长的穗长达14厘米，每穗有30个小穗。

（3）Var. *chenkangense* King：1937年，在镇康搜集到这个变种。

（4）Var. *lanchankiangense* King：这个变种在云南澜沧江以西分布最广，缅宁、镇康、云县、双江都有栽培。1937年曾采到这个变种。

（5）Var. *shuankiangense* King：这个变种是从双江县的小麦中分出来的，只得到两个穗。穗长达11厘米，芒长7厘米。①

1959年，金善宝第三次去云南寻找云南小麦亚种的发源地，从昆明坐汽车经过楚雄、大理、保山、潞西、镇康、三县等地，跑遍了整个澜沧江流域，发现澜沧江流域是云南小麦亚种分布的中心，这个地区从海拔1300米到3000多米都有小麦种植，高原地形复杂，"立体农业"的气候、生态特点是形成变异的重要因素，确定了云南是我国小麦种类最丰富的地区，也是我国小麦变异的中心。这个研究结果得到国内外小麦科学家的一致肯定。

中国小麦的种类

1957—1958年，在助手们的共同努力下，分别在北京、徐州、武功、西宁、乌鲁木齐、成都、昆明、武昌、广州、福州等12个地点种植选出的460个代表品种，进行多点比较观察和鉴定。于1959年10月，金善宝与助手吴兆苏、沈丽娟、薄元嘉、俞世容、颜玉树联名在《南京农学院科

---

① 金善宝等：中国小麦的种类及其分布的研究。见：金善宝文选编委会，《金善宝文选》。北京：中国农业出版社，1994年，第225页。

学研究专刊》上发表了《中国小麦的种类及其分布》的研究论文。确认我国栽培小麦品种分属于普通小麦、密穗小麦、圆锥小麦、硬粒小麦和波兰小麦 5 个种及 1 个普通小麦亚种——云南小麦（*T. yunnanense*，King）。比过去的研究结果增加了一个种及一个亚种。按芒和颖毛的有无，壳色和种皮的红白，再行分类，划归为 101 个变种。其中 25 个变种，包括云南小麦亚种的 6 个变种是金善宝新发现和命名的，变种数比过去的研究更为丰富。全部变种所属品种以普通小麦品种数最多，占 96.5%（其中云南小麦占 0.4%）、圆锥小麦占 2.2%、密穗小麦占 0.7%、硬粒小麦占 0.6%。研究表明：圆锥小麦主要集中在西南和西北地区，以变种数目而论主要集中在四川的川北各县；硬粒小麦以新疆、陕西和内蒙古栽培较多，变种最多的也是新疆、陕西和内蒙古；密穗小麦大部分集中在甘肃和新疆两省的山岳地区；普通小麦分布遍及全国。

从全国范围看，小麦的种类以西南和西北两个地区最多。西南地区的小麦以云南为中心，云南除没有波兰小麦 1 种外，其他 4 个种和 1 个亚种都有分布，共有 48 个变种；四川、西藏（包括昌都地区）、贵州都有 3—4 种小麦，变种数分别为 37、31 和 23 个。西北地区以新疆为中心，新疆 5 个小麦种都有，仅缺"云南小麦"1 个亚种，共有 42 个变种。甘肃、陕西都有 4 个种，变种数分别为 42 和 33 个。地势和气候条件的复杂性是形成小麦种类多样性的重要因素。云南是低纬度的高原地区，有高山深谷，海拔 300—3000 米，有炎热的河谷、温暖的平坝和高寒的山区，温度、降水量、日照强度相差很大。新疆是高纬度的高原盆地，自然条件也很复杂。从历史上看，云南和新疆自汉唐以来，都曾经是国际交通要道，品种交流的机会多。这两个省区的小麦栽培面积都不算大，这就更凸显这两个地区小麦种类的多样性。由此可见，云南和新疆是我国小麦种类分布的中心，尤其是云南具有我国和世界特有的普通小麦亚种"云南小麦"，而且所种植的小麦变种数近我国小麦变种总数的一半。此外，西南和西北各省区都是多民族地区，不同的民族在不同的农业耕作和经营方式下选种，也会导致小麦种类的多样性。华北四省（河南、河北、山东、山西）的小麦种数少，而变种数多，尤其河南省变种数达 35 个。上述四省虽然大部是平原，自然条件单一，但在农业经营上则为我国小麦的主产区，小麦栽培面积占全国总面积的 48.71%，因此小麦变种也就比较多。河南省是我国古代经济文化的中心，在小麦分布趋势上，兼具西南和西北的一些类型。

中国小麦的分布区域

在"中国小麦的种类及其分布"一文中，作者根据"生物有机体及其生活条件统一"的辩证唯物主义观点，认为一切作物品种都是长期自然选择和人工选择的产物，品种对环境条件具有一定的适应性。在一定地区范围内的地方品种，都具有一定程度上相同的特点。因此根据各个品种的总体性状与原产地的自然和耕作栽培条件的关系，按自然地理区划，将我国普通小麦地方品种归纳为 14 个生态类型。

（1）华南生态类型，主要分布于南岭以南地区及海南、台湾诸岛；

（2）江南山地生态类型，主要分布于浙闽山地和南岭山区；

（3）云贵高原生态类型，包括贵州高原山地生态亚型和云南横断山地生态亚型；

（4）四川盆地生态类型；

（5）长江中下游平原生态类型，主要分布于长江中下游各省的大部及浙江北部；

（6）秦巴山地生态类型，主要包括秦岭、大巴山、伏牛山、武当山一带；

（7）华北平原生态类型，主要分布于淮河以北，太行山、伏牛山以东的平原地区；

（8）黄土高原生态类型，主要分布于山西、陕西、甘肃东部的黄土高原区；

（9）东北平原生态类型，主要分布于东北三省（辽东半岛除外）；

（10）内蒙古高原生态类型，包括大兴安岭以西、祁连山以东、长城以北地区；

（11）甘肃、青海生态类型，主要包括祁连山南北地带；

（12）准噶尔盆地生态类型，主要分布于新疆天山以北的准噶尔盆地；

（13）塔里木盆地生态类型，主要分布于新疆天山以南的塔里木盆地；

（14）青藏高原生态类型，主要分布于西藏昌都、四川的大部及青海南部。

随着小麦生态学的深入研究，对于进一步明确我国各个地区小麦生产栽培对于品种性状的具体要求，育种原始材料的合理利用，选种途径，以及引种、调种等工作，都具有重要的意义。

金善宝对中国小麦的种类及其分布的研究、对云南小麦亚种的发现和研究，对进一步研究中国小麦的起源、进化和分布，以及小麦分类学和区划的研究，提供了重要的科学依据，为进一步探明中国西部很可能是世界小麦次生多样化中心奠定了研究基础，对世界小麦分类研究也是一个重要贡献。

为南京农学院的发展开辟了广阔空间

金善宝任南京农学院的院长以来，十分重视改善教学环境。丁家桥校园原为南京大学农学院所在地，总面积24.57公顷，原有建筑面积35600平方米，绝大部分是破旧的木平房，铁皮屋顶。新中国成立后，增加了房屋建筑面积24800平方米，1952年南京农学院成立时，共有房屋64400平方米。为了适应教学需要，1954年春，建成办公楼和学生宿舍各一幢，翻修了青石村职工宿舍4幢。1955年12月，又建成米邱林馆作为主要的教学楼，建筑面积7469平方米。暂时缓解了教学工作的燃眉之急。

金善宝的心并没有因此而轻松！他想的是，将来学校的发展怎么办？校园的面积这样小，怎样建设一个现代化的农业大学所需要的各种设施呢？更主要的是，作为一个现代化的高等农业院校，必须拥有各种农场、牧场等，以供师生实习、科研之用。可是，在院系调整时，原南大、金大农学院的农场大部分划给了外单位，目前只剩1500多亩地，远远不能满足南京农学院发展的需要！这是长期埋在金善宝心里的一个心结！这个心结实际上就是，要为南京农学院发展成为一个现代化的农业大学开辟一个广阔的空间！

金善宝回顾了自己从农30多年来的成长道路，回顾了南京高等师范学校农业专修科发展为东南大学农学院，邹秉文先生成功的办学之路；美国康奈尔大学、明尼苏达大学农学院教学、科研和推广相结合的办学理念，说明农业院校的教学绝不能仅仅停留在书本上，学生必须到实践中去充实提高。因此，金善宝认为，在农业院校内部必须设有农作物、畜牧、水产品的试验农场和牧场，以供各专业学生随时就近试验、学习，巩固所学的知识。同时，农业院校的师生都应该经常到农村去，在农村这个大自然的课堂里，不断充实提高，把农业科学知识和科技成果及时带给农民，以最大限度地提高生产效益。正是基于这一点，早在抗战之前，金善宝就主张把农业院校搬到城外去，只有在城外才能为农业院校的发展提供足够的空间。但那时由于种种条件限制，没有实现。

院系调整后的南京农学院，院址设在中央门内的丁家桥，学院成立初期，校舍除几幢破旧的铁皮房屋之外，一无所有，附近农场面积很小。中

图6-8 南京农学院丁家桥校园（资料来源：南京农业大学档案室）

大、金大两校农学院合并之后，无论从师资力量和招生人数方面，都比过去大大加强和扩充了，预计几年内还会有很大发展。可是，学校周围机构林立，受地理环境限制，没有任何可能发展的余地。因而从建院开始，金善宝就极力主张将南农迁到城外去。几年来，金善宝和南农的几位教师一起勘察了南京郊区的许多地方，最后选中了南京中山门外、距孝陵卫较近的马群镇。原南京航空学院在马群镇建有3万多平方米的基本建设，自航空学院迁址西安后，金善宝便要求江苏省委向国务院建议，将航空学院旧址让给南农。他认为，附近有2000亩农场，陵园又有1000亩土地可供使用，该处离华东农科所（现江苏省农科院）较近，交通也比较方便，作为南农的院址是最适当的了。

对于南农院址的选择有两个方案：一个方案，金善宝极力主张迁往城外孝陵卫；另一方案，中山门内明故宫附近原航空专科学校校址，那里基本建设较好，距繁华的市区新街口较近，生活方便，但缺点是，附近有机场，对上课有干扰，只有800亩土地可做农场，且分散两地，缺少水田和牧场，附近还有不少机构要发展，将来南农的农场还会被挤掉。金善宝认为，从中央门内的丁家桥，迁至中山门内的明故宫，还是在城内意义不大。可是有些人并不理解金善宝的这番苦心，甚至院党委有个别人利用和南京市委文化部的私人关系，企图压制南农迁往城外。对此，金善宝不为所动。当他知道"文化部不同意南农迁往城外"的说法并不能代表文化部的意见时，就更加积极地反复向大家说明，方案的选择不能只顾眼前，要从发展的眼光，从有利于南京农学院的发展出发，并以当今世界各国农业院校大多设在城外郊区为例，耐心说服他们理解迁往城外对于学院发展的意义；同时，金善宝利用1957年4月去北京参加高教会议的机会，以他个人的名义，就南京农学院的院址问题给当时主管文教的聂荣臻副总理写了一封信，请求国务院早日做出抉择。

聂副总理：

　　我为南京农学院迁校问题，向您做简单的汇报。

　　南京农学院是在1952年由前南京大学农学院、金陵大学农学院和浙江农学院一部分合并而成的。按照前两个农学院的前身来说，已经有40年的历史了。现在设有六个系，即农学、植物保护、畜牧兽医、农业机械、土壤农化和农业经济。除了畜牧兽医有两个专业外，其余都是一系一专业。现有教授49人，副教授13人，讲师63人，助教194人，学生1900多人，几年内发展最高额将为3000人。

南京农学院的院址在南京中央门内的丁家桥，由于附近农场面积小，不能适应教学和科研的需要。因此，从1951年起，我们即做迁出城外的计划，虽承江苏省委和南京市委的大力支持，但因种种原因，迁校计划一再变动，迄今未能实现。教师情绪很不安定，影响教学与科学研究。

南京中山门外的航空学院，建有三万多平方米的基本建设，自航院迁西安后，江苏省委曾向国务院建议，航院旧址应让给南京农学院，惠浴宇省长在南京与二机部负责同志当面谈过。因航院附近有2000亩的农场，陵园又有1000亩土地可供使用，该处与华东农科所近，交通亦较便利，作为南京农学院的院址是最适当的。但当时二机部因在中山门内的航空专科学校拟迁至航院，发展成为一万学生的航空学院。因此，省委的建议未能成为事实。近据高教部消息，航专发展成为航院的计划将有变动，认为航专没有迁往航院旧址的必要了。

航专仍在作积极迁至航院旧址的打算，拟将航专原来校址出让给南农。南农如迁至航专，有几点好处：基本建设较好，距新街口较近，生活方便；

它的缺点：①附近有机场，对上课有一定程度的干扰；②只有800亩土地可作农场，但分散两处，缺少水田和牧场；③附近有不少机构需要发展，我们的农场将来会被挤掉；而且，南农从中央门内的丁家桥，迁至中山门内的明故宫，仍旧在城内，城市建设局不同意。

高教部已经批准南农在中山门外孝陵卫附近的马群镇建设新院，计划分三年完成，今年的基本建设经费约160万元，原拟4月开工，农机系暑假后在新院上课，但因与航专的关系，马群镇的兴建工作停了下来。

图 6-9 南京农学院卫岗校园（资料来源：南京农业大学档案室）

航院旧址如能拨给南农，南农的基建即可动工兴建，明年就可迁建完成，今年农机系又能及时在城外上课，为了争取时间，希望国务院早日作出决定，或授权江苏省委就近具体处理。

此致

敬礼！

南京农学院院长金善宝
一九五七年四月八日

这封信是金善宝在北京开会时发出的，没想到从北京开完会回到南京，他就收到聂副总理的批复，同意南京农学院迁往南京城外孝陵卫了。

1958年5月，高教部决定，南京农学院由丁家桥迁往中山门外卫岗原南京航空学院旧址。6月，中共南京市委、市人委决定，将原南京航空学院旧址附近的紫金山合作社3、4分社划归南京农学院。8月，党中央做出了"关于改进农林大专学校教育的指示"指出："所有大中城市举办的农林大专院校一律迁往农村或林区举办，使教育与生产劳动相结合。"1958年8—9月，南京农学院终于遵照中央的指示，从城内的丁家桥迁到中山门外的卫岗。

南农迁至卫岗之后，校园建设飞速发展。按建筑面积计算，1958—1960年（包括农机分院）新建教学大楼、教室楼、职工宿舍、学生宿舍、扩建厂房、实验室、奶牛场、仓库等合计建筑面积 72587 平方米，是迁校前 1954—1955 年两年建筑面积 7899 平方米的 9 倍；如按基建费用计算，迁校后的 1958 年为 807369 万元，是迁校前 1957 年 79480 万元的 10 倍以上。此外，实验室建设也得到了快速发展，1959 年，实验室由中华人民共和国成立前的 8 个增加到 77 个，1958 年建立了同位素实验室，内有计数器、计量仪、辐射仪等，都达到了国内先进水平……[①]

身体力行、为人师表

金善宝在繁忙的南京市府工作和院务工作之余，没有时间再亲自授课，但他常常抽时间参加学校的各种会议和活动。

1952 年 8 月 11 日，他在给南京农学院毕业生的讲话中，畅谈了三年来祖国农业建设的伟大成就及其在新中国建设中的地位，勉励学生到祖国最需要的地方去。

> 作为新时代的青年，一定要有克服一切困难的信心，决不能在任何困难面前低头！同学们，祖国在期待着你们，期望你们努力探寻自然界的发展规律！为发展祖国农业作出最大贡献！[②]

在日常生活中，他鼓励南农学生响应毛主席号召，做到学习好、身体好、工作好，强调"身体好"是达到"三好"的重要条件，并身体力行，亲自参加南京农学院春季运动会 400 米赛跑……

1956 年 9 月 1 日，金善宝在南京农学院开学典礼上的讲话中，鼓励南

[①] 费旭，周邦任：《南京农业大学史志（1914—1988）》，南京农业大学（内部发行），1994 年，第 245 页。

[②] 金善宝：对南京农学院毕业生的讲话。1952 年 8 月 11 日，未刊稿。资料存于采集工程数据库。

农学生热爱所学的专业，理论与实践相结合，要能吃得起苦。

作为一个农学院的学生：

第一，要吃得起苦，要能手脑并用，既要能坐而定，也要能起而行。除了上课之外，平时有实习，暑假有教学实习，也有生产实习，我们要到国有农场、到农业生产合作社和农民一样进行生产工作。只有讲课没有实习，容易变成教条主义；只有实习没有书本上的理论知识，就会变成经验主义。我们培养出来的学生，要能理论密切联系实际，克服教条主义与经验主义。

第二，要不怕脏，实习要和土壤接触，要碰到猪粪、牛粪、羊粪、鸡粪甚至也会碰到人粪，如果碰到这些东西就掩鼻而过，那你就会永远学不到真正的农业技术知识。当然，我们并不是提倡不讲卫生。

学农的好处是说不尽的。它使你经常与大自然接触，空气新鲜，阳光充足，你所见到的植物，是天天在变化的、发展的，会让你产生很大的兴趣。一个鸡蛋会变成小鸡，小鸡又会变成大鸡而生蛋。会引起你的思考，究竟是先有蛋后有鸡？还是先有鸡后有蛋？一粒种子会生根发芽、变成幼苗，会生长开花、结实。总之，学农的人，天天与大自然接触，会使你延年益寿……"[①]

金善宝在南京农学院六年，为人谦虚、治学严谨、敬业爱岗，给全校师生留下了深刻印象。1958年，他奉调北京，任中国农业科学院副院长。

半个多世纪之后，1958年毕业于南京农学院农艺系，曾任中国农业科学院棉花研究所所长的棉花专家汪若海，在海南出版社出版的《南繁小故事》一书中，以"为人师表"为题，深情回忆金善宝。

金善宝担任南京农学院院长时，为人谦虚，敬业爱岗，在全校师

[①] 金善宝：在南京农学院开学典礼上的讲话。1956年9月1日，未刊稿。资料存于采集工程数据库。

生中留下了良好口碑。我在该校读书时，有几件事让我印象深刻。

其一，1955年金老带几名助手到小麦试验田做调查，他看到一块行号牌上写着"碧麦3号"（应是"碧蚂3号"），先是惊讶，而后风趣地说："碧蚂成了瘪麦，真是'差之毫厘，失之千里'，一字之差，意思大走样。"责令助手马上将错字改正。他认真严谨的治学精神令人敬佩。

其二，20世纪50年代中期，大学生的食宿由国家承包，伙食不错，主食不限量，但存在着浪费粮食的现象。一次，金善宝到学生食堂，见到有的饭桌上丢了不少米饭，肉包子的肉被吃了剩下不少包子皮，他很不高兴。后来，在一次全校大会上他对这种浪费粮食的行为做了严厉批评。他说："爱惜粮食是中国人的传统美德，古人说'谁知盘中餐，粒粒皆辛苦'。现在一些年轻人都不知道了，特别是我们学农的人，不爱惜粮食更不应该。"50多年过去了，他的话仍然铮铮有声。

其三，以前农学院位于丁家桥，校园南北见长，前后约有二里路。金善宝作为院长，又是南京市副市长，坐轿车进出校园是很正常的。但是，他在校园内从不乘轿车，一般都在大门口下车。我们经常看到他夹着公文包，在校园里独自走上数百米前往自己的办公室。他为人谦虚、作风平和的形象，为大家称赞。①

南京农学院教授沈丽娟在《中央大学南京校友会简讯》25期上，以"金善宝院长和南京农学院"为题，发表文章，深情缅怀老院长：

> 金老以他政治上爱憎分明、治学上勤奋严谨、作风上正直不阿、生活上艰苦朴素的品格，融贯在他教书育人和领导岗位之中，师生之间感情深厚，同事之间推心置腹，群众关系非常融洽，普遍受到师生的爱戴，提到金院长，大家都异口同声"他是我们最亲近的人"。②

---

① 汪若海：为人师表。见：吕清，《南繁小故事》。海口：海南出版社，2016年，第6页。
② 沈丽娟：金善宝院长和南京农学院。中央大学南京校友会简讯（庆祝南京解放60年专刊），2009年，第25期，第27页。

第七章
奉调北京，创建小麦品种研究室

1957年3月，北京成立了中国农业科学院（以下简称中国农科院），水稻专家丁颖被任命为中国农业科学院院长，金善宝被任命为副院长。接到任命后，南京市党组织的意思很明确，金善宝今后的工作还是以南京为主。直到1958年9月，金善宝才辞去南京的全部工作，去北京就职。

也许是因为初来乍到、人地生疏，金善宝虽身为副院长却没有负责任何具体工作；他一心向往的小麦研究，也因缺乏助手而无法深入开展。金善宝和丁颖院长同在一个办公室，无事可做有两年多时间。①

面向生产　服务农村

初到北京的金善宝，心里想的仍然是中国的小麦科学！中国农科院内的小麦科学试验搞不成，就把目光转移到全国，他怀着满腔热忱，奔向农村广阔的田野！河南是中国小麦的主产区，1958年金善宝去了3次河南，

---

① 金善宝："文化大革命"交代材料，1968年，未刊稿。资料存于采集工程数据库。

对河南小麦生产、育种中的问题，提出了许多宝贵意见；1958年7月，在小麦成熟期间，他走访了淮北、苏北的13个县，19个农业合作社，总结了农民稻麦两熟的耕作方法和改良砂礓土的经验；1959年5月，在河南、江苏、山东和北京郊区，调查了14个人民公社，10个省、专区和县级的农业科学研究所，3个农业院校的小麦生长状况，在学习广大农民和农业科研工作者经验的同时，发现了"平原50""蛐子麦""大粒半芒"等优秀的农家小麦品种；1959年6月，在安徽总结了阜阳地区农业生产的经验，指出今后应该注意的问题……

值得欣慰的是，广大农民和基层的农业科学工作者以极大的热情欢迎金善宝这位来自北京的农业科学家和小麦专家。对金善宝来说，农民群众和基层的农业科技工作者发自内心的真挚情感，温暖了他的心，点燃了他进一步回报劳动人民的热情，鞭策着他更加激情满怀地奔波在农村的田野上。

长江流域怎样抗旱种麦

1957年江南各省种麦的季节，长江流域发生了大面积旱情。10月28日，《文汇报》记者就"长江流域怎样抗旱种麦"问题采访了金善宝。

金善宝认为，长江流域各省正是种麦的季节，在有水源的地方仍应抓紧时间抢种；在水源不足的地方应依靠群众，充分运用老农的经验寻找新的水源抗旱种麦。他特别提到节约用水的问题。

> 徐淮地区现在土壤非常干燥，应该指导农民改变条播、撒播的习惯，采取挑水点播的办法，这样少量的水，就可以用来种更多的麦子。在目前旱情继续发展的情况下，应特别注意麦田保墒，尽量减少土壤中水分的蒸发。在前季作物收割后，地下水分在太阳下会很快蒸发，这种田可以不要普遍翻耕，经过浅耕松土即行播种，同时间隔一定距离，开沟施堆肥，这样可以增加土壤的溶水能力，减少蒸发。他认为苏南晚稻地区都可以用下述办法，即在稻田的行间翻土条播或点

播，等麦子出苗后再挖稻根，这样在时间上可以加快播种速度，又能起到保墒抗旱的作用。

对于已干硬龟裂、没有水源可利用的土地，他认为，可以在当地挑选适用的春性麦类品种，推迟到雨后播种。在播种前一天可以用冷水或温水浸种，刚出芽时播在雨后已有水的田里会很快出苗。这种办法比现在干种下去等雨后出苗要好一些。因为现在干旱种下去的露籽多，出苗率很低。出土的麦苗，因土壤干燥，也会变得很弱。

实事求是、如实汇报

1958年小麦成熟期间，金善宝外出考察小麦生长情况，他在津浦沿线看见小麦长势好，特别是蚌埠的10万亩小麦生长茂密，十分高兴。他估计蚌埠的小麦亩产量会达到400—500斤！可是，到了7月，各地报纸纷纷刊登了小麦亩产达到2000—5000斤，有的甚至达到7320斤。对于这些报道，他虽然感到兴奋，但是又觉得难以置信！后来，在参加郑州召开的小麦工作会议上，有人作了关于亩产7320斤的报告，报告中说每亩小麦有穗148万个、每穗平均有75粒……金善宝认为，就目前国内的农业生产水平是不可能的，从而推测，关于小麦亩产2000—3000斤或4000—5000斤的消息也都是虚假浮夸的。

金善宝在以后的农村调查中发现农业生产并不像报上鼓吹的那样好，亩产量与实际相差甚远。如果政府按照上报的产量征粮，农民在上缴公粮后将无余粮过冬……

有一次，金善宝到一个号称鱼米之乡的村落，发现几百年来全村赖以生存的手工造纸作坊被取缔了，世世代代祖传的蚕桑、缫丝也没有了，红红的柿子树、青翠的竹林被砍光了，甚至中午时分家家农户烟囱上的缕缕青烟也消失得无影无踪！他疑惑"乡亲们怎么还不做饭呢？"村干部告诉他："现在都吃大食堂了！"在大食堂里，他看见的却是，面黄肌瘦的乡亲们排着长长的队，每人拿着一个大盆等着打饭，得到的却只是一勺红薯加野菜的稀粥……这一勺稀粥怎么能够一家人吃饱呢？

回到招待所，县政府的接待人员热情地招待他吃午饭，面对满桌的佳肴，金善宝的心里很不好受。他说："我不吃这些，你们煮一点红嘴绿鹦饭给我吃好了！"他说的红嘴绿鹦饭就是乡亲们吃的红薯加野菜的稀粥。①

这种农业上的浮夸风也刮到了农业科研单位。有的农业科研单位领导盲目追求粮食产量，不问作物秉性、地理条件，说"北方凡是有水的地方都应该种植水稻，其他作物要为水稻让路"。还认为，北方盐碱重，种植水稻可以改良盐碱地。在天津专区设立了水稻研究所，把水稻专家丁颖留下，不让他到南方去搞水稻。对此，金善宝极力反对，他认为："北方水量有限，一亩水稻所需的水等于旱粮作物的5—6倍，水稻多了势必限制旱粮作物的生长；水田是有压碱作用，但在水田周围500米区域，会受到泛碱的影响，得不偿失。如果盲目推广水稻，黄淮地区的单产不但不能提高，反而会大大降低，这是在破坏黄淮地区的粮食生态。"②

面对农业生产、农业科研单位这种浮夸现象，他感到十分担忧，曾在各种会议上反映这一情况，却被指责为"有人反对我们的'大跃进'！反对党的领导！"受到多次点名和不点名批判。在个人安危受到严重威胁的情况下，他仍然实事求是、坚持真理，将农村和农业科研中的实际情况向王震同志作了如实汇报。

青海高原考察

青海——农业宝库

1959年夏，金善宝到青海省考察小麦，实地监测了高产地块的产量，并对当地小麦高产的原因作了剖析，于1959年10月12日在《文汇报》发

---

① 石峡口教育文化史料，未刊稿。资料存于采集工程数据库。
② 金善宝："文化大革命"交代材料，1968年，未刊稿。资料存于采集工程数据库。

表了"青海——农业宝库"的新闻稿。文中说，西宁市郊以及大通、湟源等地，无论水地还是山地，都呈现一派丰收景象，小麦直立不倒，病害也很少。所见小麦亩产都在400—500斤，青海省农科所小麦平均亩产超过600斤。柴达木盆地的各国有农场更创造了大面积丰产和高产的奇迹：德令哈农场7000亩小麦，亩产过千斤；赛什克、诺木洪和香日德等农场也有千斤以上的丰产田。经专家实地测产，赛什克和香日德两农场还有1500斤以上的小麦高产田；香日德农场约有130亩小麦，测产亩产超1700斤。这些成绩都打破了当时世界小麦大面积丰产和高产的纪录，真是越看越兴奋。

文中展示了青海农业发展的远景：青海拥有大面积可耕地，有丰茂的水草，有丰富的钾肥、泥炭、牛羊畜肥……这一切都证明，青海将是我国重要的农业宝库。

1960年2月，金善宝和小麦专家王恒立共同署名在《科学大众》上发表了"春小麦高产的奇迹"一文。文中详细介绍了柴达木盆地春小麦高产的实例、经验和技术措施，讲到柴达木盆地小麦种植有不少潜力可挖，为进一步提高产量，提出了继续挖掘产量潜力的措施和建议；选用良种，加强新品种的引进和选育，注意品种的合理搭配；防止品种混杂，重视种子处理，确立良种繁育制度，力争做到自选、自留、自繁、自足；扩大秋耕和春麦冬播的面积；窄行匀播，合理密植；确立倒茬制度；合理利用肥源。

图7-1 1959年金善宝（左）在青海考察（金善宝家属供图）

第七章 奉调北京，创建小麦品种研究室

河西小麦新貌

1960年11月11日，金善宝在《文汇报》发文，盛赞河西走廊春麦冬播创高产的喜人业绩。

河西走廊地势平坦，沃野千里，水资源丰富，是甘肃省黄河以西一个大型灌溉区。河西小麦栽培历史悠久，自然条件复杂，小麦品种繁多，有密穗小麦10个变种，40个品种；普通小麦10个变种，58个品种；圆锥小麦5个变种；硬粒小麦2个变种。由于长期在干旱和具有灌溉条件的环境栽培，以及人工和自然选择的结果，形成了灌溉地区特殊的抗旱生态型和特征特性。一般品种具有分蘖力强，穗大粒多，千粒重高（37—50克）抗大气干旱、抗热东风性，颖壳紧闭，不易脱粒。其中密穗小麦占河西小麦播种面积一半以上，一般分布在海拔1100—1500米。

河西原是春麦区，新中国成立后，党对冬麦的发展极为重视，总结了农民的栽培经验，引进了"太原冬麦""乌克兰246"等品种。1956年张掖专区种植3000多亩，亩产300—400斤；1959年山丹县三堡人民公社4822亩冬小麦，平均亩产500多斤，并出现了亩产700斤以上的丰产田162亩和小面积千斤以上的高额丰产田。今年冬小麦的收获面积已达63万亩，今冬将发展到180万亩。

在高寒山区，农作物都是春季播种，由于冷冻期长、无霜期短，为了满足作物生长期，必须提早播种，尽量缩短播种期。但因劳动力短缺，往往延迟了播种期，使产量受到很大影响。经验证明春麦冬播，可以调整劳动力，能利用秋冬蓄水，而且冬播小麦成熟早、结实多、产量高，是高寒山区种植小麦的一项有效措施。

河西地区的农民种植冬播谷子已有几十年的历史。近年来当地农民利用谷子的冬播经验，进行了春麦冬播，获得成功并发展很快，1959年冬播面积达到12万亩，1960年计划扩充30万亩。但春麦冬播中的问题，在不同的地区是否有不同的影响，需要很好的交流经验，予以总结。

农业科学工作者怎样为农业生产服务

对于"农业科学工作者怎样为农业生产服务"这个问题，金善宝于 1960 年 12 月 5 日在"农业科学工作者要积极投入生产第一线"的一篇手稿中，针对当时农业生产的情况作了回答。

我国是一个有 6.7 亿人口的大国，农业是基础，粮食是基础的基础，要改变一穷二白的面貌，首先要解决粮食问题。农业科技工作者要迅速投入生产第一线，把先进的科学技术教给农民，更好地为农业生产服务。

1. 研究总结低产变高产的经验

我们农业科学工作者总结农民的生产经验，主要是丰产的经验。但是，从整个生产来说，不能只顾总结丰产的经验，而忽视了大面积低产区。丰产田的产量虽然很高，但它所占耕地面积的比例却很小，小麦丰产田的亩产量虽然有 600—700 斤，甚至 1000 斤，但很多低产田亩产量只有几十斤。全国 4 亿亩小麦，平均亩产只有 100 多斤。小麦如此，其他作物也是一样。如果我们能把低产地区的亩产量提高几十斤，全国粮食总产量就可以大大改观了。

文中，金善宝用晋南干旱地区如何针对本地区历年雨量分布的特点，抓住了蓄水保墒工作，使 3466 亩小麦获得平均亩产 414 斤的大丰收，比去年提高了 92.4% 的典型事例，说明各地的低产田都有低产的特殊原因，找出低产田低产的关键因素，加以适当的技术措施，可以从低产变为高产。全国有各种各样的低产田，蕴藏着无限的生产潜力，有待于我们去很好地挖掘。因此，认真细致地总结低产变高产的经验，找出它的理论依据，广泛推广这些成果，迅速提高我国的农业水平，是农业科技工作者的任务。

2. 研究高原地区的农业生产

金善宝历述了高原地区小麦生长的有利条件，主要是日照长、昼夜温差大，小麦光合产物的积累多、消耗少，灌浆期较长，有利于产量的积累。只要掌握一定的技术，小麦亩产超千斤是不难达到的。但由于高原是新开发的地区，在生产上有不少问题急需解决：一是，海拔 2300 米以上的地区，作物生长期特别短，甚至没有绝对的无霜期，作物常会遇到严霜的侵袭，作物产量不稳定。因此，建立天气预测预报，制定防霜、避免霜害的措施，少施追肥，促进作物提早成熟等是关键。二是，高原气候干燥，如何引水灌溉？如何经济灌溉？三是，高原地区作物品种少，从外地引进大量作物品种，特别是早熟、耐寒的品种，是刻不容缓的任务。

3.研究工作既要注意当前急需解决的问题，也要放眼未来，有预见性地做一些探索。

如何做好小麦锈病的防治工作？如何加强小麦冬季管理？在不同地点、不同气候、不同品种之间，深入探讨小麦群体与个体的关系；在作物育种工作中如何使远缘杂交很好地为生产服务；等等。

在冬麦区选育春小麦

金善宝一直在思考一个问题：冬麦在北方生长期太长，在地里生长270天，这对冬季农田基本建设有很大妨碍，在某些地区对改革耕作制度也很不利，而春小麦的生长期只有115天左右，它在北京地区是不是可以发展呢？对此，在中国农业科学院内就有不同意见。有人认为，春小麦生长后期不耐高温，产量低，而且比冬小麦晚熟10天左右，影响下季作物播种，因而春小麦在北京地区不是发展方向。金善宝认为春小麦具有生长期短、适应性广等优点，在北方可以早春播种，在南方可以利用冬季晚播早收，适于间作套种、轮作倒茬、增加复种指数。同时，春小麦还可以代替部分晚茬冬小麦，提高小麦单位面积产量。因此，发展春小麦生产，对促进全国夏粮增产和全年丰收具有重要作用。至于在北京地区是否适于发展春小麦，金善宝认为着眼点应该放在全国，不能简单地只以北京地区而论，育种工作者不能因循守旧、墨守成规，应当充分利用我国的自然条件，创造新的育种方法，若能培育出早熟、抗高温的小麦品种，北京地区是可以发展种植春小麦的。同时，以北京为育种基地，育成的春小麦品种还可以在我国北方春麦区以至南方冬麦区推广种植。

为此,金善宝找到作物所的小麦专家庄巧生,提出先以改良"南大2419"为主,结合选育适应华北北部地区的春小麦品种的设想,期望协助。庄巧生在 1935 年金陵大学学习时,读到的第一本小麦参考书,就是金善宝的《实用小麦论》,知道他是国内两大小麦权威专家之一(另一位是沈宗瀚[①])。1951 年庄巧生到南京华东所开会时,第一次认识金善宝,两人交谈甚欢。因此,当金善宝找到庄巧生时,庄巧生十分热情地就小麦亲本选配方法和金老进行了交流,如为提高越冬性、繁茂性、抗旱性、抗锈病性、早熟性而配制的以"南大2419"为主的单交、回交、三交、双交组合;为选育适应华北地区水地栽培的早熟春小麦品种而配制的"欧柔"ב印度798"等的异地(包括异国)远距离亲本间的单复交组合试验。这些杂交计划在冬麦课题组内安排人员实施。

1963 年,中国农业科学院给金善宝配了一位行政秘书——北京农业大学毕业不久的杜振华。金善宝见杜振华每天按时到办公室来上班,为他处理一些琐碎的行政事务,心里很不安。他认为,一个刚从大学出来的年轻人,应该到科学实验第一线去锻炼提高,在办公室处理琐碎的行政事务是对人才的浪费。他对杜振华说:"我这里没有什么事,你还是到小麦试验地去干吧,我的小麦科学试验很需要人。"从此,杜振华就从金善宝的行政秘书,转变为金善宝小麦科学试验的第一助手,庄巧生就将有关春麦的育种材料交给杜振华了。

金善宝和杜振华这一老一少在同行专家庄巧生的大力支持下,在中国农科院的试验地里开展了春小麦育种工作,当小麦试验人力不足的关键时刻,庄巧生还常常抽出冬麦组的人员进行支援。1968 年和 1970 年中国农科院作物育种栽培所陈孝、张文祥两位年轻人先后加入春小麦育种研究。经过几年努力,他们育成了超亲早熟春小麦品种"京红 1 号""京红 2 号""京红 5 号"和超亲大粒的"京红 4 号"。

---

① 庄巧生访谈,2017 年 4 月 25 日,北京。资料存于采集工程数据库。

超亲早熟春小麦品种"京红 1 号""京红 2 号""京红 5 号"

1961 年以早熟春小麦品种"印度 798（NP798）"为父本，原产智利的晚熟品种"欧柔（Orofen）"为母本配制杂交组合。1962 年 3 月 3 日、3 月 10 日分两期在北京春播 F_1 代，行号分别为 9574 和 9663。

虽然杂交种子一代两行材料的播种期相差 7 天，但抽穗期在同一天 5 月 20 日，与母本"欧柔"相近，晚于"印度 798"。它们的平均穗长 12—12.5 厘米、单穗结实粒数 18.9—19.3、不孕小穗数 0.3—0.2，对秆锈病的感染反应级别为 3 级轻，差异不显著。虽然这两行材料从遗传基因型上讲是相同的，但晚播的株高 86.1 厘米比早播的 80.8 厘米高 5.3 厘米，单株有效穗数由 7.3 降为 6.9，说明株高和单株有效穗数这两个性状在北京地区受早春播种期的影响较大。子二代大多数单株的抽穗期同"印度 798"，并出现相当数量抽穗期超双亲的单株，这些单株对条锈病免疫、对秆锈病免疫或高抗，茎秆粗硬，平均株高接近双亲平均值。子三代，出现 3 个优良单株，继续进行定向选择和培育。1967 年育成了超亲早熟的"京红 1 号""京红 2 号""京红 5 号"。这是金善宝课题组为北部春麦区选育出的首批早熟品种，也为我国利用超亲遗传选育早熟品种提供了实例和经验。

"京红 1 号"生育期 82 天，比双亲早熟 5—7 天；株高约 80 厘米，比双亲矮 10—15 厘米；千粒重 30 克左右，比双亲低 3—6 克；表现为超亲早、超亲矮、超亲穗小粒小的三超品种。该品种长芒、红壳、白粒，株型紧凑，适宜间套复种，一般亩产 300—400 斤。据 1976 年不完全统计，京、津、晋北、冀北、内蒙古中西部一些地区种植面积约 6 万亩。由于它穗小粒小，生产上推广利用受到限制。但是它的早熟性遗传传递力强，是个优良的早熟亲本。许多科研单位用它相继衍生出许多更早熟、优质、丰产的春小麦新品种。如："辽春 10 号""预备 8 号（又名内麦 8 号）""内麦 2 号""京甘 121""京甘 127""雁北 8096（晋春 12）""忻春早 5 号（京红 1 号系选种）""原农 74（墨巴 66/ 京红 1 号）""京红 7 号""京 741""京 745"等，说明"京红 1 号"早熟性遗传传递力较强，作早源利用很有价值。

"京红2号"是"京红5号"的姐妹系,在生产上种植面积不大。河北省张家口市坝上农科所以它作母本,于1991年育成了"冀张春5号",增产潜力显著超过当地对照品种"康选9号"和"内麦9号",成为当时河北省坝上高寒地区旱地推广品种,主要分布在河北省坝上和内蒙古德化县。

"京红5号"生育期85天左右,比双亲早熟3—5天;株高与"印度798"相近,秆较强;千粒重40克左右,明显高于双亲。它继承了"欧柔"适应性广、穗大粒多的优点,还兼有双亲高抗条、秆锈病的特性。该品种长芒、红壳、白粒,在山西、内蒙古、河北等地曾种植40多万亩。

"京红1号"和"京红5号"的育成,为北部春麦区早熟育种打下了基础,许多科研单位相继用这两个品种衍生出许多更早熟的品种,或通过冬春麦杂交的方式,获得了一系列的超亲早熟春小麦品种。

以"京红1号"和"京红5号"作亲本,分别与早熟(如"遗6508")、中晚熟(如"那林诺59"和"那尔59")和晚熟(如"代141"和"Sl472/506")亲本杂交,其后代都能出现超早熟类型,说明这两个品种的早熟性遗传传递力较强,作早源利用很有价值。

超亲大粒的"京红4号"

为利用"南大2419"的优良农艺性状和广泛的适应性,提早其熟期和增强其抗锈的能力,选用了原产印度的早熟、抗秆锈、白粒、粒大、质优的品种"印度798"和抗三锈的美国品种"明尼Ⅱ-50-25(又名原农1号)"分别与其杂交。由于"印度798"的早熟性和"明尼Ⅱ-50-25"的抗性遗传力强,在杂种后代呈显性效应,故1962年采用了"南大2419"×"印度798"子一代与"南大2419"×"明尼Ⅱ-50-25"子一代再次复交的交配方式。当年共做了13个杂交穗,去雄小花数404,结实309粒,杂交结实率为76.5%。杂交组合号为"金622"。在后代选择农艺性状等于或优于"南大2419",抽穗期和抗锈性显著优于"南大2419"的单株,进行定向选择,于1967年育成了早熟、粒大、质优、抗三锈的"京红4号"。

该品种抽穗与"印度798"同期,抗三锈的能力与"明尼Ⅱ-50-25"相同,其籽粒大小、饱满度和千粒重显著超三亲。该品种植株高且软,多花性差,在京郊中等肥水条件下种植,常年单产300斤左右。肥水高了,易倒伏减产。"京红4号"抗三锈,在银川的瘠薄地区,与15个优良品种比较,抗三锈能力位居第一,亩产约700斤。"京红4号"的一般配合力较好。用它作亲本与矮秆多穗的"墨巴66"杂交,选育出矮秆、丰产的"京红8号""京红9号"。

发起成立中国作物学会

图 7-2 1961年12月金善宝(后排左3)参加在长沙召开的中国作物学会第一次全国代表大会(金善宝家属供图)

据中国农业科学院作物科学研究所(以下简称作科所)档案室,"中国作物学会沿革"记载:

1961年11月,金善宝与蔡旭、戴松恩等发起成立"中国作物学会"(Crop Science Society of China)。12月20—28日在长沙召开"中国作物学会"第一次全国代表大会,宣布正式成立。大会选举金善宝为理事长,杨开渠、胡竞良、戴松恩、蔡旭、何康为副理事长,戴松恩兼秘书长,另有19名常务理事和26名理事,组成了第一届理事会。隶属于中国农学会。是我国作物科技工作者和单位自愿结成、依法成立的学术性、全国性、非营利性社会组织,挂靠在中国农业科学院作物育种栽培研究所,是中国科学技术协会主管的一级学会,经民政部批准的学术性社会团体。

1979年在山西省太原市举行的全国农业学术讨论会期间，中国作物学会进行了换届选举，并组成了第二届理事会。金善宝为理事长，戴松恩、蔡旭、陈永康、方粹农、吴绍骙、孙仲逸、袁隆平为副理事长，戴松恩兼秘书长。另有11名常务理事和85名理事共同组成第二届理事会。1983年改选了第三届理事会。①

另据《中国农学会66周年纪念刊》1917—1918中国农学会，第163页记载：

> 中华人民共和国成立前原有中华作物改良学会，1932年成立于美国，1933年移回南京，并入中华农学会。新中国成立后1961年成立中国作物学会，由45人组成第一届理事会，理事长金善宝，副理事长杨开渠、胡竞良、戴松恩、蔡旭、何康。常务理事王金陵等19人，秘书长戴松恩。

由此可见，金善宝与中国作物学会的渊源深厚，他不仅是新中国成立后中国作物学会的发起人；也是中国作物学会的前身——1932年在美发起成立"中华作物改良学会"的6名留学生之一，当时还兼任中华作物改良学会在美国的联系人。

淮北平原的新石器时代小麦 ②

金善宝1962年在《作物学报》第1卷第1期发表"淮北平原的新石器时代小麦"一文。1955年安徽省博物馆在亳县钓鱼台的考古发掘中，在新石器小麦的地层里，发掘出炭化小麦籽粒。他据此推定和考据：①这种小麦可能属于古代小麦 T.anti quorum, Heer 的一种；②据推算，远在四千多

---

① 中国作物学会沿革，资料存于中国农业科学院作物科学研究所档案室。
② 金善宝：淮北平原的新石器时代小麦，作物学报，1962年，第1卷第1期。

年以前，在我国淮北平原就有小麦栽培了。

金善宝写道："小麦是我国古老的作物之一，它与我国古代人民生活和文化的发展有着重要的关系。我国古代就有关于麦的记述，甲骨文里有很多麦字，我国考古学家在近年的发掘工作中，已为我们提供了可考的见证，证明我国小麦具有极其悠久的历史。"

金善宝对1955年出土的新石器时代小麦进行了研究，安徽省博物馆送来的200多粒小麦，虽然已经炭化，但大都保持原来的形状。他将河南、安徽、甘肃等地多种普通小麦人工炭化后与亳县出土麦粒对比，二者的形状、大小均有很大悬殊。故而估计出土的这种古老的圆粒小麦可能早就绝迹了。之后，又与欧洲古代小麦、印度矮生小麦进行对比，发现亳县古代小麦的长度不但比现代小麦的长度短，而且比欧洲古代小麦的长度也要短得多，其宽度和厚度也是最小的。

金善宝据此推算，我国普通小麦的圆锥多花类，是籽粒较小、粒形较圆的一种类型，它的这种特性是和亳县古代小麦有些相近的，亳县古代小麦可能是一种多花类型的。我国农业到了商代已经相当发达，从那时候起，小粒的古代小麦可能逐渐被籽粒较大的小麦所排挤了。

金善宝认为，安徽省博物馆在亳县钓鱼台遗址发掘出来的新石器时代小麦，应是迄今为止我国小麦栽培历史最早的一种，它对研究我国小麦的起源和传播历史都具有极其重要的意义。

访 问 朝 鲜

1963年7月，金善宝以中朝友好协会代表团副团长的身份访问朝鲜。朝鲜人民以最高的礼遇、最热烈的场面欢迎代表团，所到之处，无不是花团锦簇和欢呼的群众，他深深感到作为中国人的光荣和骄傲。他看到朝鲜的农业并不好，人民生活也不富裕，可是，无论是日常宴请还是招待的文艺晚会，其规格之高、排场之大，令人炫目，令他深感不安。他深刻体会

图 7-3 1963 年访问朝鲜（金善宝第 1 排左 2）（金善宝家属供图）

到朝鲜人民对中国人民寄予的厚望和中国人民支援兄弟国家的责任。

两个月后（1963 年 9 月），朝鲜农业代表团来我国访问，金善宝受农业部委托全程接待了代表团，陪同他们参观了我国设施完善的国有农场、农业机械厂、农具厂等，热情洋溢地介绍了新中国农业建设的伟大成就……临别，金善宝将自己培育的小麦良种赠送给朝鲜农业代表团，以此表示中朝人民的友谊源远流长，希望自己培育的小麦良种也能在兄弟国家的土地上结出丰硕的果实。

内蒙古、宁夏考察

对哲里木盟草原农作物合理布局的建议

我国三年困难时期刚过，农业生产正在全面恢复中发展。1963 年 8 月，金善宝院士、林山秘书长和唐志发室主任，到内蒙古哲里木盟草原进行了详细的农业生产调研。

他们调查了该地域农业生产自然资源的情况，分析了存在的问题，提出了农作物合理布局的建设性意见。调查结果认为：该地区是粮食和牧业生产的基地，林业也大有发展前途。生产发展迫切需要因地制宜，全面规划、充分利用自然资源、合理布局，将生产水平推向新的高度。同时明确指出，进一步发展水稻、适当扩种大豆和杂豆类、经济作物和牧草栽培，北部山区种植马铃薯、燕麦、大麦、小麦等作物。科学研究必须加强，1954年建立的哲盟农业科学研究所，研究工作已取得很大成绩，在此基础上应再增加牧业研究工作项目。农牧科学研究内容都要与生产实际密切结合，解决生产中需要迫切解决的具体问题。①

宁夏考察小麦的报告会 ②

1964年7月，《宁夏农林科技》刊登："小麦专家金善宝来我区考察"一文。文中写道：著名小麦专家金善宝教授，应自治区农学会邀请，于6月10日来我区考察小麦。考察期间参观了银川、吴忠、灵武、青铜峡、平罗等县市部分社队的小麦丰产田，并向群众和干部了解了小麦生产情况。到王太堡农业试验场、沙城土壤肥料试验站了解小麦试验研究工作。于6月20日，作了关于宁夏小麦考察的学术报告。我区有关部门40多个单位350余名科技人员出席了报告会。

金善宝在报告中指出，宁夏引黄灌区春小麦生产的潜力很大，在小麦育种工作方面取得了一定成绩。如当前生产上推广种植的"碧玉麦""阿勃""幼士顿""85-3""84-17""南大2419""宁农一号"等良种，都适宜本区栽培。针对小麦普遍发生锈病问题，采用抗病品种是防止小麦锈病的一项根本性措施。从各地参观中可看出，高纯度的"碧玉麦""阿勃""幼士顿""宁农一号""南大2419"等品种都抗锈病。个别田块，"碧玉麦"有

---

① 金善宝，林山等：哲里木盟草原合理利用在农业上的调查报告，1963年8月28日。
② 叶永宝：小麦专家金善宝来我区考察。宁夏农林科技，1964年7期，第47页。

感染锈病现象，但目前还不能得出"碧玉麦"抗锈性已退化的结论。从宁夏小麦锈病发生的情况来看，做好麦收前的选种工作十分重要。他建议有关部门及时组织一次大规模的群众性小麦选种活动。"碧玉麦"在宁夏种植面积较大，说明该品种经过多年的生产考验，产量稳定，在今后小麦品种布局上，仍应是一个主要的品种，但目前混杂情况严重。因此，应采取穗选方法，认真做好该品种的选种工作。

图 7-4　1964 年 7 月金善宝（左）在宁夏考察小麦（金善宝家属供图）

对稻麦两熟地区的建议

1964 年 11 月 27 日，金善宝根据我国稻麦两熟地区（耕作面积超过 4000 万亩），在时间和劳力两方面两茬作物存在着一定的矛盾。特别是太湖地区，晚粳的比重占得很大，晚粳收获后播种小麦时间很紧张，提出"利用冬闲，移植冬麦"[1]的建议：

> 根据我国稻麦两熟地区（如太湖流域），因时间和劳力的矛盾，小麦耕作粗放，影响产量的问题，可以利用冬闲时间，从早期播种的小麦田中，把已经有几个分蘖的麦苗移植到大田，一亩田的麦苗可以

---

[1] 金善宝：利用冬闲，移植冬麦，1964 年 11 月 27 日，手稿。资料存于采集工程数据库。

移植三四亩，移植一亩地不过六七个工，可以节省好几倍的种子，成熟可以提早，产量可以增加。这种小麦移植的方法，在稻麦两熟地区是值得推行的。

小麦的移植法在我国具有悠久的历史。《沈氏农书》里曾有记载："中秋前下麦子于高地，获稻毕，移秧于田。"《沈氏农书》是17世纪30年代前后的作品，记载的是浙江湖州地区的农民对小麦移栽的实际经验。从这些事实推算，早在300多年以前，我国的劳动农民已经在实际生产中积累了小麦移植的宝贵经验。直到现在，湖州及浙江一些其他地区，在低湿的地方，仍年年移栽小麦，作为一种小麦增产的重要措施。南京和江苏有些地区也曾推行过小麦移栽的技术措施，取得了一定的成效。据无锡红旗公社尹书记说：移栽小麦，解决了稻麦两熟的劳力和季节问题，节省了种子，产量又高。因此，该社移栽小麦的面积扩大到3000亩，占该社小麦总面积的15%。

小麦移植的方法。选择比较高燥的地段，或是一块桑园地，精细整地，多施基肥，比当地适当播种期提前一周或十天播种，每亩播种量比一般适当增加，达30—40斤，均匀撒播，达3—4个分蘖时即可移植，除天寒地冻外，一般可移植到第二年2月上中旬，一亩麦苗可以移植3—6亩。拔起的麦苗，零落附在根上一部分泥土，以便搬运。大田开好沟后，灌足底水，把麦苗均匀地放在沟的一边，覆土踏实，一周后施些粪水或胺水，就能迅速返青，发生新根，继续生长。

创建小麦品种研究室

随着小麦研究的不断深入，杜振华一个人已经远远不能满足科研需要了！怎么办呢？金善宝想到了自己的母校南京农学院，那里的很多教师都是长期从事小麦育种研究的，如果能和他们协作，不是一举两得吗？这个想法得到了党组书记朱则民的支持。1964年2月2日，国家科委正式批准在南京农学院成立中国农业科学院－南京农学院小麦品种研究室，受中国农业科学院和南京农学院的双重领导。①

小麦品种研究室主任由金善宝担任，下设育种组、资源组、遗传组，分别由吴兆苏、沈丽娟、刘大钧主持。育种组有吴兆苏、卢前琨、周朝飞、邹明烈、夏穗生、熊宝山、吴宗兰、齐毓燕、张守一等；品种资源组有沈丽娟、薄元嘉、邵学芝、祁相良、刘淑芬等；遗传组有刘大钧、陆维忠、陈佩度等；后来又分来的赵寅槐进行杂交小麦研究。还配备了党政干部张春保、张恒田和科辅人员汪明华、芮仁廉、孙荣江等。专业科研人员数量随着科研工作的发展和深入不断增加，后来全室人员发展到38人，其中科技人员21人、工人17人。

1965年小麦品种研究室的试验地从南京农学院黑墨营农场，迁至南京农学院江浦农场，拨出两百多亩农田供试验用地。研究室组建初期，基础设施非常简陋，住的是简易房，没有自来水，工作、生活都十分艰苦；小型农具短缺，选种工具也很落后，单株脱粒用手搓、用嘴吹（壳）；试验地土质也需要改良。

在金善宝的关怀和南京农学院有关部门的大力支持下，全室职工本着艰苦奋斗、团结合作、开拓进取的创业精神，逐年建成种子库、水泥晒场、办公室、仓库以及职工食堂、自来水塔、简易洗澡间等设施。与此同时，又从河南等地购进几台小型脱粒机、大型扬场机、手扶拖拉机等，以减轻劳动强度，提高效率；试验地通过种植绿肥，豆麦两熟，部分田块种植水稻，平整土地等措施进行土壤改良，为小麦试验早出成果提供有力支撑。

金善宝每年数次到南京了解小麦品种研究室育种进展情况，商讨研究计划，他有时到试验地里考察，有时还到江浦县（今浦口区）附近生产队了解小麦生产情况。有一次，他看到生产队大面积种植"南农大黑芒"，一片丰收景象，十分高兴，指示研究人员小麦育种方向要面向生产、面向产区、远近结合、为当前当地服务。为此，小麦品种研究室根据他的指

---

① 中华人民共和国科学技术委员会（64）科五范字153号，同意中国农业科学院与南京农学院合作建立小麦品种研究室，1964年2月1日。资料存于南京农业大学档案室。

图 7-5　1984 年原小麦品种室的部分人员在陕西武功（左起：邵学芝、陈佩度、吴兆苏、金善宝、周朝飞、夏穗生）（金善宝家属供图）

图 7-6　"南农大黑芒"的穗和籽粒［资料来源：《中国小麦品种志》（1962—1982），第 248 页，原图 3-9］

导，明确提出"选育早熟、抗病、高产、综合性状优良，适于长江中下游稻麦两熟地区推广的新品种"的育种目标。为实现这一目标，全室职工同心协力，团结合作，加强杂种后代的选择、鉴定，评选出优良品系；内外结合，省内外多点试验，参加区试、繁育良种；与江浦、太仓、丹阳、如皋等县种子站密切合作，大面积试验推广，取得了显著进展。大家艰苦奋斗，团结合作，是一段可圈可点的创业史。①

1964 年 2 月—1973 年 1 月，在金善宝的精心指导下，小麦品种研究室育成了多个小麦品种，并完成了我国小麦地方品种资源的征集整理和研究。

---

① 周朝飞访谈，2018 年 10 月 17 日，南京。资料存于采集工程数据库。

"南大 2419"的衍生品种："南农大黑芒"和"钟山 2 号"

"南农大黑芒"，以"南大 2419"为母本与圆锥小麦华西分枝为父本进行种间杂交，于 1961 年育成的早熟丰产品种。春性、耐迟播、早熟，茎秆粗壮，有一定的抗倒能力；穗棍棒形，黑芒，粒多且大，千粒重 35—40 克；粒色红、白两种；乳熟期麦芒呈黑色，故名大黑芒。当年高抗条锈病，轻感叶锈病，中感秆锈病。1964 年后大力推广该品种，到 20 世纪 70 年代，江苏省内外种植面积最大达 100 万亩。

"钟山 2 号"是"欧柔"/"南农大黑芒"杂种的后代，1967 年育成。它较好地结合了"南农大黑芒"的早熟性和"欧柔"的抗锈性。春性，早熟，对光照反应不敏感性，当年轻感秆锈病，中感赤霉病，重感叶锈病。适合江苏省淮南稻麦两熟地区搭配种植。

"欧柔"的衍生品种"钟山 6 号"和"宁丰小麦"

"钟山 6 号"是 1968 年从"欧柔"/"华东 6 号"组合后代中育成的早熟丰产品种，春性，植株较矮，株型紧凑，耐肥抗倒，高抗秆锈病；籽粒外观品质好，半角质，容重高；适合于棉麦套种和稻麦两熟地区种植。20 世纪 70 年代中期，年种植面积曾达 80 万亩。

"宁丰小麦"是江苏省大丰县（今大丰市）农科所于 1971 年从中国农业科学院－南京农学院小麦品种研究室引进的"南大 2419"/"江东门"//"欧柔"组合的低世代材料，经 4 年连续选育，于 1975 年育成"大丰 1087"。1982 年通过江苏省品种审定，定名为"宁丰小麦"。该品种弱春性，早熟，白粒，矮秆大穗，耐肥抗倒，耐寒，较耐盐碱，当年较抗锈病和白粉病。其早熟性来自"江东门"，白粒源自"南大 2419"，抗秆锈病来自"欧柔"，而半矮秆性状则为超亲遗传。适宜沿海、沿江棉区种植。在高产栽培条件下亩产可达千斤。1980 年在江苏省淮南片区域 13 个试验点上平均亩产 801 斤，居首位，比对照品种"扬麦 3 号"增产 15.7%。1991 年种植面积 130

万亩，累计1300万亩。到1999年还有50多万亩。此品种获1988年江苏省人民政府科技进步奖四等奖。

St1476/506衍生品种"宁麦3号"的选育

"宁麦3号"（原名"南农701"），是从St1476/506的辐射后代中选出的矮秆、大穗高产品种。St1476/506由意大利引进，具有矮秆大穗、增产潜力优的特性，但后期成熟不够正常，籽粒不饱满，产量不稳定。为克服原品系St1476/506的这一缺点，于1968年夏收后，用 $^{60}C_O-\gamma$ 射线照射St1476/506干种子（剂量为5000伦琴，剂量率为51.3伦琴/分），随即去江西井冈山夏播Y_1代，同年在南京秋播Y_2代。1969年在严重高温逼熟的条件下，从Y_2代中选择后期生长和成熟正常的单株。1970年继续对后期熟相和粒重进行选择。1971年在Y_4代的14个系统中，选出701突变系。该系基本上保持了原品系矮秆、大穗等优点，初步克服了成熟不够正常、籽粒不饱满的缺点，千粒重提高2克左右，并已基本稳定。1971—1972年，除继续进行比较鉴定和加速种子繁殖外，在江苏省淮南地区进行多点试种，结果表明，701选系比原品系St1476/506和当时的推广品种"扬麦1号"都有不同程度的增产。1972年秋播起，参加江苏省区域试验（淮南组），同时扩大试种。1973年江苏省赤霉病大流行，在701比"扬麦1号"感病重的情况下，省区试的8个试验点中，平均产量名列第二，仍略高于"扬麦1号"。1974年在省区试的16个试点中，有14个试点表现比"扬麦1号"增产，全部试点平均亩产为607.3斤，增产8.8%（0.5%—38.2%），名列第一。正式定名为"宁麦3号"。[①]

St2422/464衍生品种"宁麦6号"的选育

St2422/464的衍生品种"宁麦6号"，St2422/464与St1476/506同

[①] 陆维忠，陈佩度，刘大钧等：高产小麦品种"宁麦3号"的选育。江苏农业科学，1982年，第3期，第17页。

期从意大利引进，长相与 St1476/506 相似，不同的是弱冬性，红粒。在 St2422/464×"阿夫"的杂交组合中育成了大穗型高产品种"宁麦7317"。1976—1978 年参加江苏省淮南片良种区试，比对照品种"武麦 1 号""扬麦 1 号"和"扬麦 3 号"，分别增产 12.5%、10.5% 和 12.2%。1979 年在淮南稻麦地区 43 个示范点种植 266.6 亩，平均亩产 785.2 斤，比当地对照品种增产 2.0%—31.2%，平均增产 11.3%。其中 7 个点 11.6 亩，单产超千斤。江苏省农业科学院 3 年高产栽培试验，亩产超千斤，最高达 1137 斤。1982 年通过江苏省品种审定，正式定名为"宁麦 6 号"。它具有矮秆大穗，耐肥抗倒，高抗秆、叶锈病等特点。弱冬性，前期发育慢，播期弹性大。1985 年在江苏省种植 50 万亩左右。

我国小麦地方品种资源的征集整理和研究 [①]

鉴于我国小麦已有四千多年的栽培历史，分布遍及全国。由于地域辽阔，各地区气候、地势、土壤和耕种制度的多样性，形成了极为丰富多彩的小麦地方品种资源。这些地方品种是在一定的生态条件下经过长期的自然选择和人工选择形成的，某个地区的地方品种会具有某些共同特点，适应于一定的地区范围，充分了解这些品种形态特性及其形成的原因，就可以了解不同地区在生产上对品种性状的具体要求。因此，对小麦地方品种进行广泛的搜集研究，可以为育种原始材料的合理利用、育种目标的制定、选种途径的确定和调种、引种等工作提供科学依据，这是小麦育种、生产的基础性工作。

小麦品种研究室自 1964 年成立后，在此前金善宝等人完成"中国小麦的种类及其分布"研究中征集的 5000 多个品种材料的基础上，又向淮河秦岭以南地区 16 个省市征集小麦地方品种 2002 个，以及中国农业科学院送来《中国小麦品种志》南方冬麦区的品种材料 246 个，对搜集到的所有材料进行了物候学观察，对某些主要特性进行了辅助试验，除继续对生

---

① 蒲元嘉：我国小麦地方品种资源的征集整理和研究。1978 年，未刊稿。资料存于采集工程数据库。

态分类研究补充积累某些资料外,着重对苏、浙、皖三省品种的性状进行鉴定,为更好地利用这些品种资源创造条件。

在研究方法上,他们以植物学分类与生态学的研究为其主要内容。根据各省市地理位置,将征集到的品种材料按纬度自南向北、经度自东向西排列分别编号。一个省内各县的材料,在田间种植时按地区排列。这样可对某一地区品种的形态特性,在田间观察时,有一个概括的了解。主要试验包括:冬春性鉴定、早熟性观察、耐湿性鉴定、分蘖特性观察、植株高度的测量、穗部性状的观察、耐病性鉴定、同名异种或同种异名的初步鉴定。对以上各种试验结果作了详细的分析和说明。将它们分为早熟品种、植株较矮品种、长穗及多小穗品种、多花多实品种、大粒品种、抗条锈品种、叶锈轻感品种、轻感秆锈品种、耐赤霉病品种、综合性品种十大类,分列于十个大表。每一大类(各表)又按各品种分别编号,说明各品种的原产地、冬春性、株高、穗部形状(穗长、主穗粒数)、千粒重、成熟期、锈病(条、叶、秆锈)、赤霉病等,以供育种、选种和各地小麦生产之参考。

研究结论认为,我国小麦地方品种的共同优点是具有对当地条件的高度适应性,这是保证稳产不可缺少的因素。所以在育种工作中选用具有一定优点的地方品种作为亲本之一,具有一定的价值。

为此,建议各省、市、自治区农业科学研究单位,对本地区范围以内的地方品种继续进行整理研究,对各个品种的特性进行详细的观察鉴定,选择具有一定优点的地方品种加以保存,印成品种目录,互相交流,不断提供选种材料。对省外优良地方品种,只作为育种原始材料利用,不担负品种保存责任,分工协作,以免浪费人力。

此外,小麦品种室的资源组在1964—1973年间,完成了潘氏世界小麦的整理编目工作。

第八章
动乱中南繁北育创新路

一个大胆的设想：缩短小麦育种年限

多年以来，金善宝一直在思考一个问题：小麦和其他农作物一样，育种周期较长，从杂交亲本的选配到初步获得一个遗传性状稳定的新品种，一般需要7—8年，甚至10年之久。"小麦育种周期太长了，一个人的生命有几个10年？"他常常这样感叹。

自古以来，小麦一年只播种收获一次。能不能改变这千年不变的规律呢？春小麦在北京地区3月初播种6月下旬收获，在时间上，一年只利用了三分之一，其余三分之二的时间都用不上。如果能一年种两季或三季小麦，在育种上的价值就十分可观了。

金善宝想到，1955年去匈牙利访问时，匈牙利向国外大量出口玉米良种，为了加速繁殖曾向我国提出，希望能到我国云南地区进行冬季玉米繁殖。玉米可以冬繁，小麦能不能夏繁呢？我国幅员辽阔，地跨热带、温带和寒带，别的国家尚且想来利用我国优越的自然气候条件，我们自己为什么不能利用这一点进行春小麦繁殖、异地加代,加快春小麦育种进程呢?

1963年,他开始在北京地区进行春小麦的夏繁试验,让助手杜振华和工人用竹帘搭起了凉棚,铺设喷灌设备,采用喷水降温等措施。但是连续两年试验都没有成功,北京平原地区在自然环境下夏季高温、高湿,夏播小麦出苗率低、成苗数少,每穗结实率低再加之病虫害多,最终能成穗结实的不足20%,达不到小麦良种选育的群体量,而且植株生长很不正常,难以进行比较选择。

年逾古稀登高山寻找小麦夏繁基地

为了实现夏繁小麦的设想,金善宝想高山海拔高,气候较冷,能不能进行小麦夏季繁殖呢?1965年,他带着小麦品种研究室的研究人员一起登上黄山、天目山实地考察,寻找适合春小麦夏季繁殖的场所。他花了两天时间才登上了黄山之顶,考察结果认为黄山、天目山上土地较少,试验条件差,不适宜春小麦的夏繁试验。正在这个时候,谭震林(时任国务院副总理)和江一真(时任农业部代部长)找金善宝开会,会上金善宝汇报了多年来设想搞一年繁殖2—3代小麦的计划。当他谈到黄山条件不理想时,谭震林说:"你可以到井冈山去试试。"在谭副

图8-1 1968年金善宝(中)和杜振华(右2)在庐山考察夏繁小麦基地(金善宝家属供图)

总理的关怀和支持下，1966年5月，金善宝派小麦品种研究室薄元嘉去井冈山考察。7月，在井冈山桐木岭的垦殖分场布置了小麦杂交后代试验。

1966年8月，71岁的金善宝带着杜振华亲自去庐山考察，发现庐山的试验条件很好，庐山植物园也有很好的技术力量，就请庐山植物园协助进行小麦的夏繁试验。他向植物园的同志讲解了小麦夏播繁殖在育种上的意义，并向九江市政府有关领导做了汇报，得到了九江市政府的大力支持。九江市政府为此拨专款，进行道路修建，使道路从山脚下直通植物园。另外，还组织劳动力上山，搬石填土，扩大了小麦夏播试验的土地面积。

接到电报立即返京

金善宝和杜振华在庐山植物园考察时，忽然接到农科院的电报，命令他们立即回京参加"文化大革命"。他们只好匆匆结束了这次考察，离开了庐山植物园。当时，从庐山返回北京要先从庐山坐汽车到南昌，从南昌乘火车至株洲，株洲往北至长沙，再从长沙转车回北京。当他们来到南昌火车站时，在开往株洲方向的列车上，革命大串联的学生早已把车厢挤得满满的，车站的秩序很乱。杜振华心里十分着急，上车吧，他担心拥挤人群把年逾古稀的金善宝挤倒了；不上车吧，院里催得紧，晚回去一天，就有可能被批斗，有被打成反革命、反动学术权威的危险。金善宝看出杜振华的矛盾心情，果断地说："上车吧，不要犹豫了！"

从南昌去株洲，火车要走6个多小时，车厢里水泄不通，天气又闷又热，他们既没有吃饭、喝水，也不能上厕所，甚至连蹲下来休息一会的机会都没有。在拥挤的人群中，金善宝在杜振华的搀扶下，从南昌一直站到株洲。

金善宝和杜振华从株洲往北到达长沙车站时已经是深夜了，开往北京的火车早已发出，只好到车站附近找旅馆。可是，他们敲遍了车站附近大、小旅馆的门，得到的回答都是"客满了"。他们只好又回到车站候车室，在一条长椅上度过了难忘的一夜。

回到北京，中国农科院内已失去了往日的平静，广场四周搭起了席棚。贴满了五颜六色的大字报，高音喇叭没日没夜地叫喊着，造反派让有"反动学术权威"之嫌的金善宝靠边站了。他想：人靠边了，思想可不能靠边，小麦生长是有季节性的，一年只能生长一次，错过了季节就浪费了一年宝贵的时光，时不可失。他找到院里的"头头"，要求派人去井冈山、庐山驻点，"头头"强调革命第一，不同意派人。金善宝只好写信给庐山植物园和井冈山农科所，请求他们继续协助完成这一年的小麦夏繁任务。并在庐山牯岭的东方红公社作了与井冈山相同的小麦杂交后代试验，以资比较。当时，由于"文化大革命"的影响，只能委托当地农民代管试验，虽然这一年获得了种子，但没有得到详细的试验记载。

一天，金善宝正在气象室"学习"，突然来了两个陌生人，"头头"没有向他作任何介绍，也没有给他看介绍信，两位来客就十分蛮横地说："金善宝，今天要你交代南京解放前夕应变委员会的问题，这个反动组织的主要成员、主要领导人，有哪些破坏活动？"金善宝茫茫然不知所以，平静地说："什么应变委员会？我不知道，从来没听说过。"金善宝耐心地告诉他们，1949年4月南京解放的时候，自己正在无锡江南大学教书，6月江南大学的教学任务结束后，才回到南京，因此，对南京解放前夕的情况不清楚。但是这两个人凶狠地说有人揭发金善宝参加了应变委员会，要他老实交代！金善宝说："不管是谁揭发的，不管这个应变委员会是什么性质，我没有参加就不能随便乱说！"这两个人一听就火了，拍着桌子大吼道："金善宝，你放老实一点！你要老实交代！"金善宝也拍案而起，大声回击道："我没有参加，就是没有参加，没有的事，我决不能随便乱说！"回到家里，他还气愤不已地对老伴说："没有的事，他们一定要强加于我，逼着我承认，真正岂有此理！"金师母劝老伴不要生气。女儿也在旁边劝爸爸说："您放心，他们会去调查清楚的！"从此，"造反派"对金善宝的历史进行了内查外调，不仅去金善宝的老家浙江诸暨调查，到金善宝工作过的南京、无锡、重庆等地调查，还到他女儿、女婿工作的单位大连、成都等地去调查。在铁道部工作的三女儿被领导找去谈话："你父亲曾是原中央大学农艺系主任，没有一定的政治背景是当不上的，你要好好想想，你父亲是否参加过反动组织？"他女儿说，根据自己童年时代的记忆，父亲是中央大学有名的进步教授，积极靠近共产党，不可能参加任何反动组织。对于这段历史，1968年7月11日，金善宝的"交代材料"如下。

最近南京有人来中国农科院外调说，"1949年前夕，我在中央大学参加了应变委员会。"过去，我只知道伪中大有个护校委员会，是反对把学校迁到台湾去的，农艺系助教沈丽娟、朱立宏、黎洪模等人是积极护校的。应变委员会这个名称过去从未听说过，是从这次外调同志这里才听到的。

抗日战争开始时，我的政治态度就很明确，坚决站在伟大领袖毛主席的抗日革命路线一边。当国民党反动派貌似强大的时候，我的态度尚且如此，1949年春"钟山风雨起苍黄、百万雄师过大江"，蒋家王朝已经要倾覆的时候，却有人说我参加了应变委员会，这怎么可能呢？我决不会糊涂到这种地步！这是和我当时的思想绝对不符合的！我从无锡两次去伪中大，参加过什么会议，我现在一点也记不起来了，假如有人要我去参加辩论性的会议，我是会去参加的，如果我参加了会议，如果是辩论迁校问题，如果我发言的话，我肯定是反对迁校的，决不会允许把中央大学迁到台湾去，也决不会吞吞吐吐说些模棱两可的话。[①]

对金善宝的历史调查，究竟花了多少人力、物力，多少时间？他本人并不清楚，但是，"造反派"叫他写个人历史的交代材料，前前后后延续了两年之久，也就是在这段时间里，他写下了许多珍贵的回忆，如抗日战争时期在重庆，能有幸见到共产党的领导周恩来、毛泽东等人，给他留下了难忘的印象。另外，他还手抄了毛主席的矛盾论、实践论等多篇著作，装

---

① 金善宝，"文化大革命"交代材料，1968年，未刊稿。资料存于采集工程数据库。

订成册，留作纪念。

直到 20 世纪 70 年代中期，才听说这个应变委员会并不是什么国民党的特务组织，而是中共地下党领导的保护中央大学、反对迁往台湾地区的革命进步组织。历史证明，在中共地下党的领导下，它圆满地完成了任务，把一个历史悠久的高等学府，完好无损地交给了中华人民共和国，对人民做出了贡献。听到这个消息，金善宝感到十分欣慰。但是，他还是那句老话："我没有参加，就是没有参加！"

总理重托铭记心间

1967 年国庆节，金善宝收到国务院的请柬，邀请他到天安门城楼观礼。在城楼上，周恩来总理走过来同他握手，关切地询问："金老，你们农业科学院怎么样？"他坦率地回答："很乱！"周总理凝视着他，语气沉重地说："金老，全靠你了！"周总理的话令金善宝多日不能平静，他想到在重庆乌云密布的日日夜夜，是周总理给他们这些在苦闷中探索光明的教授指明了方向；现在又是周总理无微不至的关怀，每当"五一""十一"，给他送来观礼请柬，保护他免遭批斗。在农科院作为一名院长，一个从旧社会过来的"反动学术权威"，竟然一次也未遭批斗，这种优惠待遇，实在是太难得了！

总理重托铭记心间！使他在艰难的环境中更加坚定了缩短小麦育种年限的决心！

首先，确定了夏播小麦试验基地。他根据一年来调查的结果，比较下来，天目山和黄山可耕地很少，夏季还容易受到台风的影响；而庐山井冈山，离海边较远，受台风的影响比较小，一年来小麦杂交后代试验结果也不错。最终确定在庐山，海拔一千多米，井冈山的铜木岭，海拔九百多米。1967 年夏季，金善宝派小麦品种研究室的周朝飞到庐山植物园、薄元嘉到井冈山垦殖场铜木岭分场，驻点进行小麦夏繁试验，从播种到收获全程跟踪记录。在他们的精心照管下,夏播的小麦长得很好。9月初又派陈佩度去庐山和井冈山送收获的工具和种子袋,并参加井冈山铜木岭试验点的收获。①

其次,金善宝决心把北京地区的小麦试验搞起来。在当时的条件下要搞试验,一方面要冒"业务挂帅""白专道路"的危险;另一方面,要顶住来自各方面的压力。小麦试验需要大面积的试验地,而农科院的试验地被一块一块地送给了别人,他只好尽量缩小小麦试验的面积;试验地需要平整、排灌,却没有劳动力和灌溉设备;试验需要肥料、仪器和经费,全都无人理睬。一件件、一桩桩事都要年逾古稀的金善宝亲自去跑、亲自过问,今天找这个人,明天找那个人,一次不行,再跑两次、三次。人们惊讶了,现在是什么时候?你还搞试验?!他回答:"是的,要搞试验,中国几亿人口需要粮食,不搞试验,吃什么?"有人诬蔑他这是搞个人名利。金善宝说:"党和国家已经给了我这么高的地位和荣誉,我还要什么名利?"甚至有人造谣说,他已经故去了。他在会上反驳说:"阎王还没给我传票呢?就是有传票,我也不去!只要一息尚存,也要搞小麦育种。"小麦试验期间,他几乎每天都风雨无阻地来到田间,在播种了2000多个品系、品种的试验地里观察、挑选……

正当金善宝的小麦科学试验刚刚有点眉目的时候,一道命令把他唯一的助手杜振华调走了!得知这个消息,他气愤极了,立刻找到生产组的领导抗议:"你们把杜振华调走,目的就是不让我搞小麦科学试验!我搞小麦育种有什么错?毛主席号召我们要抓革命、促生产,你们这样做违反了毛主席的指示!"回到家里,金善宝跟老伴倾诉:"他们欺侮我年纪大了,故意把我的助手调走,小麦试验就搞不成了,别的事我都可以忍,不让我搞小麦试验,我决不能忍,我一定要和他们斗到底!"经过多次交涉,已经到原子能研究所的杜振华终于回来了!金善宝的小麦科学试验,就这样在重重阻力下坚持了下来。

在夏繁小麦生长期间,金善宝多次到现场检查指导,每次外出考察,

---

① 陈佩度访谈,2017年2月24日,南京。资料存于采集工程数据库。

都要征得院内主管"头头"的批准。有一次,"头头"问他:"为什么你在家待不住,总想往外跑?"他回答说:"遵照毛主席指示,抓革命促生产!""头头"说:"在院里搞不行吗?"金善宝坚定地回答:"不行!搞小麦育种,就必须出去了解不同自然地理条件下小麦的生长情况,所以我总要往外跑!"他每次考察回来,都会向主管的"头头"汇报小麦科学试验的成果,他们的态度总是冷冷的。为此,他也曾苦恼过:"难道我搞小麦科学试验的方向不对?我是不是应该留在家里搞大批判,不该出去搞小麦科学试验?"可是,每当他翻开宋代诗人苏轼的著名词句:

莫听穿林打叶声,何妨吟啸且徐行。
竹杖芒鞋轻胜马,谁怕,一蓑烟雨任平生。
料峭春风吹酒醒,微冷,山头斜照却相迎。
回首向来萧瑟处,归去,也无风雨也无晴。

作者面对人生的风风雨雨,我行我素、不畏坎坷的超然情怀,和那无喜无悲、胜败两忘的处世态度,促使金善宝对人生的沉浮、小麦科学试验中遭遇的重重阻力,有了全新的体悟!特别是当他想起各地政府、人民群众热情支持他一年繁殖三代的小麦科学试验,并敲锣打鼓欢迎他们的时候,他的一切犹豫和苦恼就都烟消云散了!

夏繁小麦获得成功

1967年,已是中年的薄元嘉和周朝飞,听从金老的召唤,分别去井冈山、庐山驻点,播下了夏繁小麦的第一批种子,从种到收坚持在井冈山、庐山两地同时试验。他们住在简陋的房屋里,日日夜夜守护着小麦试验田,对小麦生长的全过程进行认真细致的观察记载,承担了小麦生长季节的全部体力劳动,记录下小麦生长季节的每一个变化,写下了上万字的试验报告。10月份大部分材料成熟，有的杂交后代千粒重达到50克，"碧玉麦"68天就成熟，而且品质很好。"南大2419"长势很好，小区测产亩产200多斤。井冈山、庐山夏播小麦初步获得成功。

1967年12月，中国农业科学院－南京农学院小麦品种研究室作了"小麦高山夏播的初步总结"。总结中写道：

一、试验目的

小麦能否一年繁殖三代，关键在于夏播能否成功。本试验的主要目的是：

（1）了解小麦在高山夏播是否正常生长发育及其在栽培技术上的配套措施。

（2）如何解决小麦夏播、华南秋播、温室栽培、春播以及南京正常秋播，一年繁殖三代在生育期方面的矛盾（即一年三代的生育期能否衔接）。

（3）探索杂种早代材料，在不同的环境条件下种植，对其后代遗传性状形成的影响和稳定性及选择效果。

（4）了解小麦高山夏播的产量和繁殖系数，生产上能否实行小麦夏播，发展山区小麦。

二、试验结果

自1966年起，在井冈山和庐山两处进行小麦高山夏播试验，初步取得了一些成果。

（1）供试材料未经春化处理，有88%的材料能抽穗和成熟，籽粒饱满，品质良好。千粒重30克以上的占96.6%。"南大2419"繁殖试验小区测产208斤/亩，已超过当地小麦生产水平。夏播基本上是成功的。

（2）夏播小麦在6月中旬播种，生育期短的70天，多数110天左右，一般在10月下旬成熟。收获后，可以适时在南京秋播或在华南秋播后，再至北方春播，为春小麦一年繁殖三代建立了基础。

（3）杂种早代（F_1、F_2）材料，尤其是F_2，分离变异范围很大，选择材料丰富。加速繁殖世代，可以提早获得稳定的类型。后期世代

F_4以上材料，分离变异较小，以加速扩大繁殖种子数量为主，可以提早鉴定、品比或示范推广。

（4）偏冬性材料都未抽穗。有12%的材料未收到种子。成熟材料中，成熟百分率在50%以上的，只占总数30%。杂种的遗传变异规律以及选择依据很难掌握。这些问题，需要进一步试验研究，逐步加以克服。①

1968年2月，在南京小麦品种研究室召开了一个座谈会，参加会议的有中国农业科学院江苏分院、镇江农科所、上海农业科学院、湖北农科所、中国农业科学院原子能所、中国农业科学院作物所等7个单位，共同讨论了两年来高山夏繁的经验教训和今后如何进行试验研究。大家一致认为，高山夏播是缩短小麦育种年限的有效方法，方向是正确的。7月间，7个单位分别在井冈山和庐山参加了小麦夏繁试验，同时，中国科学院遗传研究所也在庐山参加了试验。

随着井冈山、庐山的夏繁小麦获得成功，打破了我国小麦育种工作一年只能繁殖一代的局面，为我国小麦育种的快速发展打下了良好的基础。庐山植物园因此项试验成果获得了江西省科技成果奖。此后，高山小麦夏繁经验很快在全国各育种单位普遍推广和应用，据不完全统计，仅到庐山进行小麦夏繁的单位，高峰时就达17个。各省、市、自治区还利用当地的有利条件，广泛进行各种作物的夏播繁殖试验，取得了较好的结果。

小麦秋播冬繁的设想和实施

在高山夏繁小麦成功的基础上，金善宝进一步提出在我国南方进行小麦冬季繁殖的设想。1967年6月，在南京、北京收获小麦后，于6月中下

---

① 中国农业科学院－南京农学院小麦品种研究室：小麦高山夏播初步总结，1967年12月，第1-4页，未刊稿。资料存于采集工程数据库。

旬到江西井冈山桐木岭和庐山牯岭夏播，10月中旬收获夏繁小麦的种子。小麦品种研究室薄元嘉和陈佩度随身带着夏繁收获的种子从井冈山直接赶赴广东湛江，于1967年11月初在广东省湛江地区农科所秋播。

在小麦生长期间，由于接受审查外出受到限制，金善宝常常通过书信和南繁一线的同志保持密切联系。1967年10月8日，他为小麦秋播问题在给薄元嘉的信中写道：

元嘉同志：

  9月30日来信及华南夏播意见收到。湛江与广州两地的选择，决定于收获期的迟早，湛江气温高，小麦收获期可能早于广州，湛江专区农科所来信说，秋播小麦11月播种3月底成熟。我们必须争取2月底3月初成熟，并在北京3月上中旬春播。根据气象资料，湛江1月气温最低1—2摄氏度，10摄氏度以下是常见的。因此，某些年份小麦会受到冻害。为了避免冻害，争取早日成熟，试验地点必须慎重选择。最好选择靠近山头的地方，挡住西北风，温度高成熟可以提早。

  华南秋播和高山夏播不同，华南秋播可能锈病很重，可作为淘汰的标准，生长差一些不要紧，不抽穗的可能性较少，因此，试探性材料或繁殖的品系都可以增加一些，面积可以增至4—5亩。当然，每一份材料，都要留足一部分种子，以防意外。

  李登春今晚乘车去株洲，估计三天后可到达。

  此致

敬礼

金善宝
1967年10月8日

1968年1月，他在回复陈佩度的信中，这样写道：

佩度同志：

  12月25日来信收到。湛江播种的小麦已有个别品种开始抽穗，这样看来，春性杂交的后代，2月底以前或3月初成熟，大概没有问题。但现在还在匍匐状态或尚未拔节的半冬性或冬性的杂交后代，可能会延至4月底前后成熟，有的甚至不能成熟。这些品系，无论在高山夏播或在南方冬播，似乎都需要经过春化处理，不能和春性后代一样对待。春化处理虽然延迟播种期，但成熟期可能会提早一些，这需要以后经过试验才能确定。

我打算2月间去湛江看一看，最好的时间是在大部分小麦达到灌浆阶段，请你预先告诉我。

....

金善宝
1968年1月2日

1968年1月，秋播小麦抽穗，2月中下旬陆续成熟，收获的种子随即送往北京和黑龙江春播，大部分材料于8月收获，实现了小麦一年异地种植三代的尝试。

原小麦品种研究室、南京农业大学教授陈佩度回忆说：

> 我刚出校门，就面临"文化大革命"的"洗礼"。幸运的是，我所在的中国农业科学院-南京农学院小麦品种研究室，在金老的坚持下，顶住重重压力，排除种种干扰，开展了缩短小麦育种年限、南繁北育的试验，使我有幸参与这一开创性的探索。1967年夏，我被派往江西井冈山和广东湛江南繁第一线。在生活艰苦、任务繁重的情况下，我们自己进行田间管理、观察记载，及时向远在北京的金老写信请示汇报，金老也多次用毛笔书信给我具体指导。金老的鼓励、教导、支持和问候，给予我莫大的力量，我们克服了种种困难，使小麦南繁获得成功。

1968年10月9日，金善宝在"关于小麦高山夏播试验出差工作汇报"中，向中国农业科学院的"领导"汇报了一年繁殖三代小麦初步获得成功，由于人员不足，提出要求尽快增派人员去湛江秋播的要求。他写道：

> 目前，庐山、井冈山两地小麦夏播收获工作已临近结束，按照一年繁殖三代的新途径，需到湛江进行秋播。据庐山参加夏播同志的意见，夏播已经成功，这种方法对育种和生产有很大意义，且受到各方面的欢迎，应该坚持下去，夏播材料收获后将部分材料送到湛江种植为好。另外，听中国科学院遗传研究所参加庐山夏播的同志介绍，他们所里的春麦育种材料，在庐山收获后即到湛江秋播（用地8亩），并去专人联系安排。小麦湛江秋播是一年繁殖三代的重要环节，为了尽快选育出优良品种，加速繁殖更多的良种，以满足农业生产的迫切需要，我们认为，我院小麦品种研究室在庐山、井冈山夏播收获的材料和作物所的春麦育种材料，应当尽快去湛江进行秋播。由于时间紧迫，请从速研究，给予指示。

报告上呈后，迟迟未收到任何回答。

由于湛江冬季气温还是偏低了些，于是又想到在云南寻找适合的冬繁地。20世纪70年代初，金善宝从中国农业科学院开了一张介绍信，派当时下放在北京市农科院的陈孝到中央气象局抄录元谋、昆明和西双版纳的气象资料。陈孝受到中央气象局同志的热情接待，他带回一套云南省近20年来的气象资料合订本。金善宝阅看了资料后，决定先去元谋试种。1974年冬—1975年春元谋春麦加代试种是我国在元谋进行加代繁殖的首次尝试。与此同时，在海南岛的通什和崖城等地进行秋播冬繁，次年2月收获。至此，金善宝和他的助手们终于实现了利用我国自然地理条件，一年繁殖三代小麦的美好愿望，为缩短小麦育种年限走出了一条崭新的路子。

在小麦加代过程中，课题组的同志对不同类型杂交组合的杂种一代、分离世代和高代材料进行拔节、抽穗、成熟情况、株高、穗形、粒数、粒重和抗病性等主要特征和农艺性状进行记录，并对异地种植和正常播期的表现进行比对，为继续开展小麦异地加代和性状选育提供依据。在南繁北育试验中，在北京种植时，"京红1号"抽穗期比"京红5号"仅早2—3天，但在元谋种植时，"京红1号"的抽穗期比京红5号早20多天。分析其原因，可能与日照长短有关。小麦是长日照作物，但品种间对日照长短的反应是不同的。由此猜想，小麦在异地不同生态条件下种植，可以发现小麦品种对光照反应的敏感程度。小麦品种在不同生态条件下生长发育的特点，后来成为20世纪80年代立项研究小麦生态的启示。

经过多年试验，提出了小麦一年异地种植三代的基本模式：南京秋播、北京秋播或春播—高山夏播—海南岛或云南元谋（或南京、北京温室）冬繁—北京、黑龙江春繁。在异地主要种植杂交亲本、早世代材料和繁殖有希望的高代品系。北京夏收的春性小麦材料，只要通过休眠期就可以夏播；南京收获的半冬性材料还需要经过短期的春化处理。所以夏繁小麦的播种期一般在6月下旬到7月上旬，收获期在10月份。这条途径为缩短小麦育种年限走出了一条崭新的路子。把春小麦新品种的选育时间，从10年左右缩短为3—4年，它在小麦育种史上具有里程碑的意义[1]。现在"南繁北育、异地加代"已经成为农业科技的常用语，"南繁北育"经验，也在玉米、高粱、水稻、谷子等作物上得到广泛应用，并取得了显著成绩。

一颗赤子心

中国农科院从1970年8月23日起逐渐撤销、下放，全院25个所仅留下农、林、水合并的620人。面对这样的结果，金善宝十分痛心，虽经四处奔波、联名上书，终究无力回天。[2]

1970年8月23日，国务院对"关于农科院、林科院体制改革的报告"

---

[1] 周朝飞访谈，2017年2月24日，南京。资料存于采集工程数据库。

[2] 金善宝：在中国科协主席副主席、书记及部分全国学会理事长学习中央六中全会文件座谈会上的发言记录，1977年7月9日，未刊稿。资料存于采集工程数据库。

批示"同意报告中第三次下放的方案,作为第一步,留下的新机构620人,待再审一次另批。"1970年国务院决定撤销中国农业科学院的建制,与中国林业科学研究院合并,成立中国农林科学院。原农林口各部门所属科研单位68个,职工13963人,组成35个科技服务组,分别到全国有关基层生产单位蹲驻。[①] 对此,金善宝想起周总理在天安门城楼上对自己说的话:"金老,农科院全靠你了!"他感到愧对总理的期望。但是,金善宝作为一名农业科学家,他努力维护农业科学的鲜明态度,使农科院的广大科技人员心中有了一杆秤,在逆境中看到祖国农业科学发展的希望!

1972年1月15日,金善宝向中国农科院核心领导小组(此时已成立院革委会核心领导小组)递交了"春小麦育种计划"报告。报告对这段工作是这样写的:

……几年来的实践证明,春性小麦在北京春播,高山夏播(井冈山或庐山),南方秋播(海南岛或湛江),一年繁殖三代,基本上获得了成功,一年繁殖三代的主要关键在于高山夏播。井冈山4—5月是雨季,6月中旬以后雨季结束;7—8月气候比较凉爽,7月中旬夏播小麦,10月20日大部分品种可以收获。几年来,沪宁、武汉等地的农业科研单位也都到井冈山和庐山进行夏播试验。我国高山比较多,各地区可以就近在适当的山地进行小麦夏播试验,例如,密云水库位于北京以北,海拔约500米,7—8月的气温比北京更低些,可能适于小麦夏播;又如北京以西的门头沟区、斋堂公社的塔河,海拔700—800米,可能也适于夏播小麦。这些地区应该进行调查。

小麦一年繁殖三代有几点好处:

(1)大大缩短了育种年限,原来需要9年育成的新品种,一年繁殖三代,3年就能完成了。

(2)一个杂交后代,在3个地区试种,既是繁殖后代的过程,又起到区域试验的作用。例如,"69-741"这个新品种,在北京地区抗

---

① 中国农业科学院大事记(1957—2006),2007年,内部资料。

倒、抗三锈，但某些年份白粉病严重，而在海南岛却生长很好。

（3）从3个不同地区培育出来的新品种，适应性往往比较好。例如，在北京、海南岛生长好的新品种，一般在宁夏、晋北、内蒙古等地都能适应。

（4）春小麦生育期不过一百天左右，一年繁殖三代，育种工作者可以常年保持紧张的工作，便于在实践中获得更多的知识。因此，春小麦一年繁殖三代，既是一种育种方法，又是加速育成新品种的途径。几年来，我们推广了京红系列5个品种，在生产上的反映良好。其中，"京红4号"抗三锈，在银川的瘠薄地区，与15个优良品种比较，列为第一，亩产约700斤。"京红5号"抗条秆锈，从海南到晋北表现都好，在晋北的大同市，亩产近700斤。"京红1号"，矮秆、抗倒伏、抗条秆锈，是个早熟品种，利于间作套种。现在有些杂交后代，穗大、产量高，出穗期比"京红1号"早几天，但成熟期并不比京红1号早。1969—1970年育成的新品系，在北京、海南各地试种也比较好，如69-741、70-5655、70-5321、69-915、69-917等品系，海南省军区和农科所都在大力推广。

报告中，金善宝坦言试验过程中遇到过的失败：

去年冬季，我们找到一些新的小麦亲本，想在温室做杂交工作，我几次冒着半夜的严寒去温室看小麦的生长情况，有时不小心摔倒在沟里……由于对温室栽培小麦缺乏经验，没有得到什么结果。但是，我们并不灰心，失败乃成功之母，如有可能，今年冬季我们还想再试试。

他明确提出下一阶段春小麦育种的目标：

根据我国农业生产的需要，在3—5年内育出更多更好的春小麦新品种，分3个方面进行：

（1）早熟性。增加复种指数是粮食增产的重要条件，近年来南方两熟地区逐渐向三熟制发展，北方一熟制逐渐变为两年三熟或一年两熟。因此，在生产上对早熟品种要求越来越迫切。

（2）高产性。近年来，我国灌溉面积逐年扩大，化肥生产也在迅速增加，在生产上要求供应耐肥、抗倒的高产品种，在冬麦区能否育成高产的春小麦新品种有待实践来证明。我国还没有大面积亩产千斤以上的春小麦品种，这应该是我们努力的方向。

（3）抗病性。选育高抗三种锈病、白粉病的新品种，在保证小麦高产的同时，改善春小麦品质，提高蛋白质、赖氨酸含量，育成更多更好的优质小麦。

为此，金善宝请求中国农业科学院核心领导小组给予支持：

（1）增加试验地，今年春小麦的杂交后代从一代到七八代，第一二代种子较少，以后各代种子较多，所占面积比较大。有几十个亲本加入作对照。以行数计，约有四五千行，总共约需试验地5亩。另有几个新品种和一些老品种需要繁殖，每个品种约需试验地半亩或一亩，共需试验地10亩。

（2）增加试验研究力量，春小麦育种工作原由杜振华和陈孝两位同志具体执行，并随时由作物所派人协助工作。作物所下放后，只有杜振华一人在孤军作战。我们希望增加两名研究人员，并希望农场老工人罗松贵一同参加，组成一个工、青、老三结合的春小麦小组，在院生产组和试验农场的领导下，积极开展春小麦育种工作。

金善宝含着热泪，在报告结尾满怀激情地写道：

毛主席的伟大指示：中国人民有志气、有能力，一定要在不远的将来，赶上和超过世界先进水平。这一指示大大地鼓舞了我，使我勇气百倍，甚至不知老之将至，下决心要在3—5年内培育出一批赶超世界先进水平的新品种,为社会主义祖国争光。3—5 年的时间不算很长,我或者还可以看到它,我总希望能够看到它。这就是我的一点愿望!①

这样一篇发自肺腑、词恳意切的报告,充分表达了一位老科学家在"文化大革命"中"革命"压倒一切的形势下,仍然饱含着对小麦育种事业的无比热爱和为祖国争光的热切真情。

成立春麦室

可是,金善宝并没有盼来当时中国农科院核心领导小组的任何回复。

图 8-2　春麦室全体成员(左起　前排:刘书旺、张文祥、辛志勇、杜振华、尹福玉,后排:杨华、徐惠君、黄惠宇、金善宝、郭丽、陈孝)(资料来源:春麦室)

---

① 金善宝:春小麦育种计划。1972 年 1 月 15 日。未刊稿。资料存于采集工程数据库。

随着形势的发展和南繁北育小麦科学试验的迫切需要，机构精简合并后，终于盼来了中国农林科学院农业所的支持，连续增补了辛志勇、郭丽和尹福玉，于1972年成立了春麦组，同年春麦组改称春麦室；下放北京市的陈孝和张文祥也于1978年归队；

图8-3 金善宝和春麦室4人在麦田（左起：郭丽、辛志勇、金善宝、尹福玉、杜振华）（原载"党领导下的科学家"主题展览）

80年代初始，又陆续调进了黄惠宇、刘书旺、杜丽璞、徐惠君、杨华等同志。研究力量壮大了，研究工作也取得了较快进展。几年来，在金善宝的带领下，全室研究人员克服了种种困难，坚持不懈地活跃在小麦南繁北育的战线上。

当时，从北京到海南出差，按财务制度规定一般干部不能乘飞机，他们从北京出发，先坐火车到南宁住一宿，第二天再乘火车到湛江住一宿，第三天乘汽车到海安，轮渡过海到达海口市再住一宿后，第四天天不亮就乘汽车，需要一天到达通什自治州，再换乘汽车到达通什农科所。前后需要一周的时间，一路上因旅途劳累，以至于在简陋的旅店里疲倦得全身被蚊虫叮咬了50多个红包都不知晓。到了试验地，除亲自完成播种、观察、记载、杂交、选种等必须的研究工作外，还要参加浇水、除草、喷药治病虫、收获、脱粒等劳动。春节，是全国人民家庭团聚的传统节日，而此时也正是他们南繁加代小麦选种、收获、脱粒最紧张的时刻，好多年都在当地忙碌中度过。这段南繁小麦的往事，是当年所有"南繁"人的经历。

1972年1月，刚从安徽萧县郭庄驻点回来的辛志勇即被"应征入伍"。1972年麦收后，就要奔赴江西庐山夏繁基地了，临行妻子刚刚生产家中无人照顾，生平第一次为人父的辛志勇，不顾新生婴儿的啼哭、妻子的眼泪和百般阻挠,坚定地带上育种材料和简单的行装登上了南下的列车,奔赴江西庐山马铃薯育种站进行夏季加代。同年10月麦收后,再赴海南岛通什农科所进行南繁加代,连续3年。1976年冬,转到云南元谋县进行南繁,又是一个连续2年。

1965年毕业于北京农业大学的张文祥,先后10多次到海南通什黎族苗族自治州农科所、云南省元谋县良种场、四川省凉山自治州米易县良种场做南繁小麦试验。他说:

> 有一年,我独自一人在四川省凉山州米易县的良种场,一天夜里突降大雨,山洪暴发、河水猛涨。天亮后,我跑到试验地看见大水淹没了小麦,心里很紧张,立刻到县城给课题组发了电报,说明供试材料已被水淹没。金老指示立即返回北京,但当我下午回到麦地时,发现洪水正一点点消退,部分被淹没的小麦慢慢地露出水面。大水过后,及时追施了肥料、中耕除草,不久,小麦又恢复了生机,正常抽穗、脱粒、收获。
>
> 回到北京后的一天,有人通知我:金老在地里等你。我赶忙来到试验地,金老果真坐在地头的水渠台上等我,我坐在他老人家身旁,金老面带笑容,细声地和我攀谈起来。问了我在米易县夏繁的经历,小麦生长情况,加代效果;又问了我的身体情况,有什么困难,等等,我们谈了近一个小时。最后他老人家再三叮嘱我出差在外要注意安全。这令我深受感动,终生难忘。[①]

春麦组组长杜振华说:

> "文化大革命"时期,我常去南方进行小麦加代育种工作。有一年我在江西井冈山茶场做夏播小麦试验时,腰疼病犯了,金老知道后,特派黄伯强来支援我,并给我捎来治腰疼的中药和一封用毛笔写

---

① 张文祥访谈,2019年10月,资料存于采集工程数据库。

的慰问信，深切表达了对我的关心和鼓励。①

金善宝的助手尹福玉说：

  20世纪70年代，根据南繁北育试验工作的需要，我们每年冬季都要去海南岛或云南元谋县加代繁殖小麦，金老不止一次去看望和慰问我们。当时，发放到每个人的粮食定量低，副食品供应紧缺，南繁工作十分艰苦，田间劳动和所有的试验工作都由我们自己承担。金老自掏腰包购买食品慰问我们，关心我们的工作和生活情况。金老不顾年迈和长途旅行的劳累，亲自到试验地，仔细观察每一份试验材料，和大家一起讨论。1976年1月，他到云南元谋考察，由于旅途劳累，到了元谋县就病了。第二天还坚持去试验田看小麦，我们考虑试验田分散在两个小山村，山路崎岖难走，劝他休息一天，他坚决不肯。在元谋县逗留的几天里，他走遍了每块试验田，仔细听取了汇报，还参观了附近社队的麦田，调查了当地种植小麦的情况，并与有关领导和科技人员座谈。金老这种不怕苦、不怕累的精神，给了我们极大的鼓舞，进一步激励了我们团结一致，通过异地加代，先后育成了"京红6号""京红7号""京红8号""京红9号""京春6082"等春小麦新品种。②

这批品种的共同特点是：产量高，品质好，高抗小麦条锈、叶锈病和秆锈病，抗干热风，不早衰，深受春麦区广大农民的欢迎。"京红8号""京红9号"2个品种在河南、河北、张家口等地29个点评比结果，产量大多超过了墨西哥小麦。

没有想到的是，正当这2个小麦良种准备进一步选育、试验的时候，有的人利用自己手中的权力，抓住了在品种试验过程中尚待完善的某些问题，就武断地认为这两个品种含有腥黑穗病菌，责令2个品种立即停止试

---

① 杜振华：我敬仰的金老。见：孟美怡，《金善宝》。北京：金城出版社，2008年，第279页。
② 尹福玉：深情的缅怀。见：孟美怡，《金善宝》。北京：金城出版社，2008年，第282页。

图 8-4 1973 年 1 月,金善宝在海南通什小麦地里(右 3 金善宝,右 1 郭丽,左 2 陈佩度)(陈佩度供图)

图 8-5 1976 年 1 月,81 岁的金善宝(中)在云南元谋考察春小麦冬季繁殖情况(左 1 信乃诠、右 2 郭丽、右 6 辛志勇)(金善宝家属供图)

验，甚至给金善宝下了一道"书面建议"，把这 2 个品种的 3 万斤种子，全部磨成面粉吃掉！面对强权，金善宝只好忍气吞声地说：

> 现在还不能断定谁是谁非，要到明年把这些种子播下去，小麦出穗成熟时才能断定。

结果经评比试验证明，这 2 个品种各方面都超过了当时风靡世界，号称绿色革命的墨西哥小麦品种。

南繁北育结硕果

春麦室育成的品种

20 世纪 60 年代末，我国开始引进墨西哥国际玉米、小麦改良中心（Cimmyt）的春小麦品种，这些品种在北京地区试种，大多数表现矮秆、大穗，抗叶、秆锈病，但是晚熟、不抗干热风，易早衰死熟，雨水多的年份易感赤霉病。1969 年课题组在北京选择了矮秆、大穗、多穗的"墨巴 66（Mexipak66）"与"京红 4 号（南大 2419/NP798// 南大 2419/Minn II 50-25）"配制了单交组合，经过北京－海南 1 年两代的南繁北育，于 1973 年获得了各种性状稳定遗传的高产春小麦新品种"京红 8 号"和"京红 9 号"。同期出圃的还有早熟的"京红 7 号（京红 1 号 /Narino59）"。1975 年在全国 10 省（市）29 个试点的对比试验中，它们一般比"墨麦"增产 5%—10%，高的增产 20%。1976 年的对比试验，据 26 个试点资料分析，"京红 8 号"在 22 个试点中，产量位居第一，"墨麦"仅在其中 1 个试验点排名第一。另据中国农林科学院分析室对当年收获的全国 231 个小麦推广品种籽粒粗蛋白质和赖氨酸含量的测定，"京红 8 号"分别达到 15.39% 和 0.37%，是参试品种中的佼佼者。

"京红 8 号""京红 9 号"选育历程图

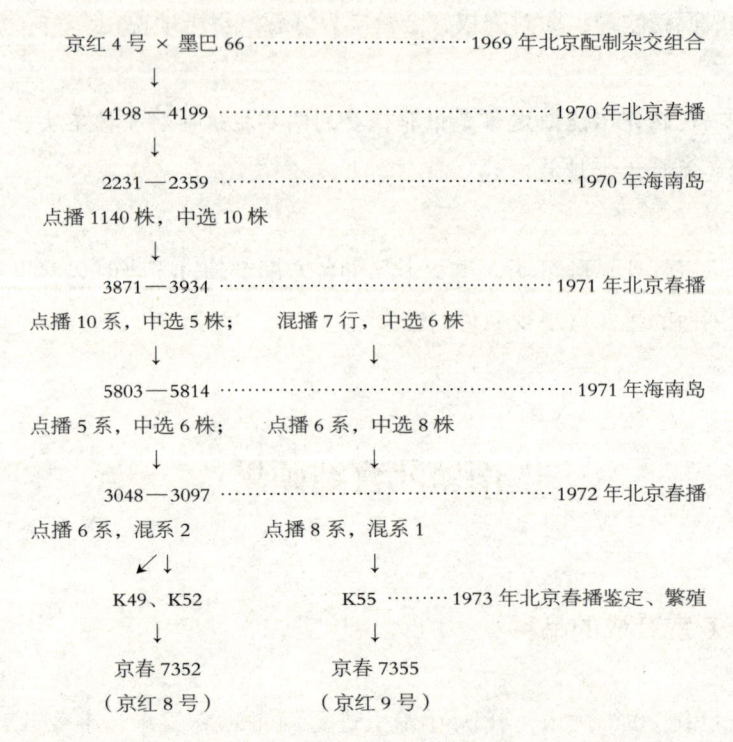

```
京红 4 号 × 墨巴 66 ·················· 1969 年北京配制杂交组合
        ↓
   4198—4199 ························ 1970 年北京春播
        ↓
   2231—2359 ························ 1970 年海南岛
点播 1140 株，中选 10 株
        ↓
   3871—3934 ························ 1971 年北京春播
点播 10 系，中选 5 株；    混播 7 行，中选 6 株
        ↓                ↓
   5803—5814 ························ 1971 年海南岛
点播 5 系，中选 6 株；    点播 6 系，中选 8 株
        ↓                ↓
   3048—3097 ························ 1972 年北京春播
点播 6 系，混系 2      点播 8 系，混系 1
     ↙ ↓                ↓
   K49、K52              K55 ········ 1973 年北京春播鉴定、繁殖
        ↓                ↓
   京春 7352            京春 7355
   （京红 8 号）        （京红 9 号）
```

"京红 8 号"春小麦（京红 4 号 × 墨巴 66），生育期 82 天，较早熟，长芒，红壳、红粒，千粒重 37 克左右，粒饱、质佳。蛋白质含量 15.39%，赖氨酸含量 0.37%，这两项指标是全国 231 个推广品种中（包括墨麦）的品质分析综合表现最好的品种。株高 90 厘米，秆硬抗倒、抗三锈、丰产性好、适宜在中上等肥力条件下种植。

"京红 9 号"春小麦（京红 4 号 × 墨巴 66），生育期 84 天，中熟，长芒，红壳、白粒，千粒重 31 克，秆矮、秆硬、抗三锈、抗干热风、粒饱、丰产性好、适应性广、适于中上等肥力条件种植。

"京红 8 号""京红 9 号"两个春小麦新品种在全国 13 个省、市、自治区 30 多个科研、生产单位试验种植，一般亩产 400—500 斤，高的 700—800 斤，有的亩产超过 1000 斤。①

此外，春麦室育成的小麦，还有"中 7606""中 791"优质面包小麦。

---

① 中国农业科学院春麦组，春小麦的早熟性选育和异地加代。资料存于采集工程数据库。

图8-6 "京红8号""京红9号"穗形（资料来源：春麦室）

图8-7 "京红号"小麦荣获1978年"全国科学大会奖"（金善宝家属供图）

京771的选育

金善宝的助手陈孝、张文祥、王锡栋在20世纪70年代下放北京市农科院期间，秉承金善宝制定的南繁北育的技术路线，经北京春播—宁夏银川王太堡夏繁—云南元谋秋播—北京春播……，从"科春14/YecoraF70"的组合中选育出早熟优质春小麦品种"京771"。蛋白质和赖氨酸含量分别达到20.05%和0.40%。1981年获北京市科技成果奖三等奖。

中国农业科学院曾道孝主持的硬粒小麦育种课题组以"京771"为优质种源，先后选育出优质春小麦"中作8131-1"、冬小麦"中优9507"和"中优9701"。开创了我国北部冬麦区冬小麦优质品种选育的先例。

小麦品种研究室育成的品种

小麦品种研究室经过几年多代追踪比对，发现春性较强、光照反应较迟钝的材料，高山夏播、北方春播与南京正常秋播，在生育期、株高和穗形大小方面差异较小，可在异地选择。如若杂交组合中有半冬性和冬性类型的亲本，在高山夏播条件下拔节、抽穗和成熟期差异较大，难以在异地加代时进行选择。病害发生在异地种植时在不同年份、不同地点发病情况不完全一致，但可以获得各种材料在不同条件下的抗性表现，有利于选择抗谱更广、抗性更好的材料。在发病情况下可对抗病性进行选择，并可选单株进行回交。几年试验表明，对一些在夏播时生长正常、长势较好、抗病性也较好的材料，一旦在正常秋播时表现突出，即可分出部分种子到异地繁殖，以便这些材料较快进入区域试验和生产试验，并在短期内繁殖出较多种子供推广试种。中国农科院－南京农学院小麦品种研究室选育的"南农701"（后正式定名为"宁麦3号"）就是在井冈山夏繁 St1476/506 的辐射处理种子，进行加代选育出的耐肥、高产品种。[①]

"宁麦3号"（"南农701"）选育经过

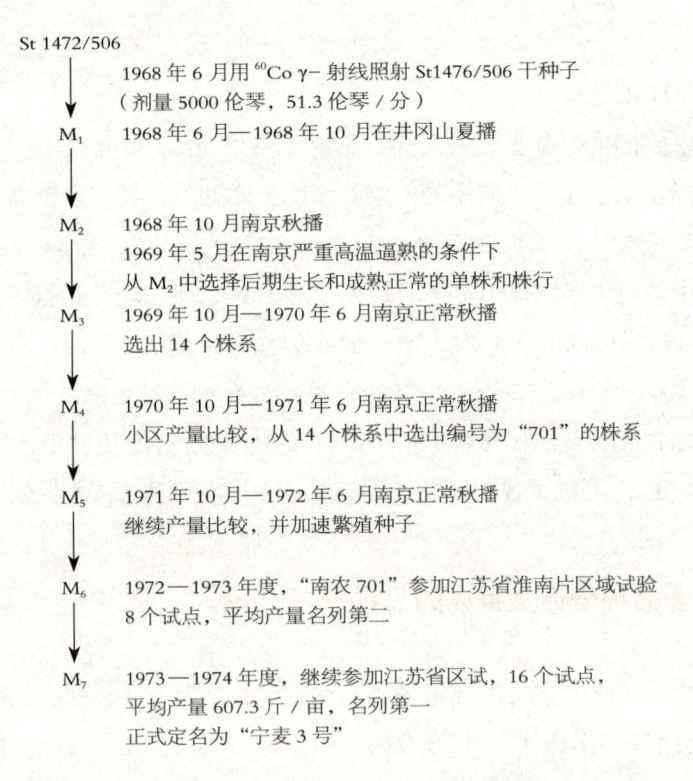

St 1472/506
↓
1968年6月用 $^{60}Co\ \gamma-$ 射线照射 St1476/506 干种子
（剂量 5000 伦琴，51.3 伦琴／分）

M_1 1968年6月—1968年10月在井冈山夏播
↓
M_2 1968年10月南京秋播
1969年5月在南京严重高温逼熟的条件下
从 M_2 中选择后期生长和成熟正常的单株和株行
↓
M_3 1969年10月—1970年6月南京正常秋播
选出 14 个株系
↓
M_4 1970年10月—1971年6月南京正常秋播
小区产量比较，从 14 个株系中选出编号为 "701" 的株系
↓
M_5 1971年10月—1972年6月南京正常秋播
继续产量比较，并加速繁殖种子
↓
M_6 1972—1973年度，"南农701"参加江苏省淮南片区域试验
8 个试点，平均产量名列第二
↓
M_7 1973—1974年度，继续参加江苏省区试，16 个试点，
平均产量 607.3 斤／亩，名列第一
正式定名为 "宁麦3号"

"宁麦3号"，春性，长芒，白壳、白粒。中晚熟，茎秆粗壮，株型紧凑，耐肥抗倒，病害轻，属大穗型品种。适于稻麦两熟的高肥地区种植。

---

① 陈佩度访谈，2019年10月17日，南京。资料存于采集工程数据库。

1976—1978连续三年，在南京高产栽培试验中，亩产均在千斤以上，最高达1101斤。1984年达到年种植最大面积350万亩，累计推广种植3000多万亩，是当时长江下游地区仅次于"扬麦3号"的主栽品种之一，1983年该品种获农牧渔业部技术改进奖一等奖。

图8-8 "宁麦3号"穗形
（原载《江苏省农业科学》1982年第17期第27页）

图8-9 1983年"宁麦3号"获农牧渔业部技术改进奖一等奖
（陈佩度供图）

"南农9918"的选育

刘大钧、陈佩度等同志后来回到南京农业大学工作时，仍在继续寻找适宜小麦夏繁的新地点。他们发现昆明是一个不错的夏繁地。他们利用南京正常秋播和昆明夏播一年两代，用兼抗白粉病和条锈病的簇毛麦6VS/6AL易位系作亲本，通过与丰产适应性好的"扬麦158"杂交、回交，选育出抗病高产品种"南农9918"。该品系在南京品比和区试中初露头角，它在昆明夏繁时也表现很好，因此大胆在昆明夏播扩繁种子，大大加快了品种的推广速度。

南农0686的选育

在昆明夏繁过程中，云南省农科院粮食作物研究所看到簇毛麦

6VS/6AL 易位系兼抗白粉病和条锈病，随即用作杂交亲本与当地优良品系杂交，选育出高产、抗病的"云麦52号"。后来又用"云麦52号"作恢复系与温光敏感型小麦核不育系杂交，选育出高产抗病的"云杂5号"小麦，在云南省大面积推广种植，它在我国杂交小麦种植面积中位居前列。

春小麦一年繁殖三代的成功，使金善宝感受很深，10多年之后，他在1987年8月参加冀西北夏播小麦座谈会上，回忆这段曲折的经历，深有感触地说：

> 一个新生事物的发生、发展，总要经过一段迂回曲折的过程，如果它是错误的，就会在中途夭折；如果它是正确的，坚持下去，总会取得成功。夏播小麦就是一个很好的例子。

奔波在广阔的麦海献计献策

金善宝在开创缩短小麦育种年限、主持育成多个优质高产小麦品种的同时，仍然不辞辛劳地奔波在金色小麦广阔的田野上。1972年6月26日—7月3日，77岁的金善宝参加了在宁夏银川召开的全国春小麦现场经验交流会，参观了吴忠县（今吴忠市）、宁夏农科院王太堡试验场的春小麦丰产田。

同年8月22日—9月8日，金善宝在南京参加了南方10省市冬小麦育种协作座谈会，26日在会上作了"关于南方冬麦区小麦育种工作"的发言。

1973年5月，参加农林部在石家庄召开的全国小麦现场会议，在石家庄的正定、栾城、藁城等县，到处见到的是小麦丰产田，而且生长整齐，远远望去是一片金灿灿的麦海，他越看越高兴。[①]

[①] 金善宝："庆祝中国共产党成立52周年"报告，1973年6月，未刊稿。资料存于采集工程数据库。

图 8-10　1972 年 6 月金善宝（中）、杜振华（右）在王太堡试验场考察春小麦（金善宝家属供图）

建立全国锈病测报网，抗病、防病保丰收

1973 年，我国黄淮流域、西北和东北麦区普遍发生锈病，山东受灾面积 3000 万亩，损失小麦 7 亿多斤；长江流域赤霉病蔓延，江苏省损失小麦 10 亿斤。金善宝于 1973 年 11 月 6 日给周恩来总理写信[①]，说明这两种病害的严重性和对小麦生产的危害，并向总理提出 3 点建议：

（1）加强锈病的预测预报工作、恢复锈病测报网，与气象部门配合，开展锈病中期预报。

（2）组织有关省区联防协作，特别是对病源地和早发病地区，要集中力量尽早防治，以防蔓延。

（3）加强抗锈育种和其他抗锈措施的研究，特别要加强抗叶锈病

---

① 金善宝给周恩来总理的信，1973 年 11 月 6 日。资料存于采集工程数据库。

第八章　动乱中南繁北育创新路

品种的选育工作。

育种工作要坚持不懈，经常要有5%的接班良种取代感病品种。同时，做好良种繁育，防止抗锈性退化，改善栽培管理，品种合理搭配，防止单一化。对于抗锈、抗赤霉病药剂的研究、生产、储备，要安排落实。

这个建议得到了周总理的大力支持，农牧渔业部及时召开了全国小麦抗锈防病电话会议，各省区都成立了抗锈防病领导小组，协同作战，使各省区叶锈病、赤霉病得到了有效控制，保障了全国小麦生产。

为广东种麦荐良言[①]

1974年2月17日—3月1日，金善宝受王震同志之托和林山、梁勇、李君凯等人到广东省考察小麦生产，先后看了广州、湛江、佛山三个地区、6个县（市郊）共18个大队和单位的小麦，两次在省农科院召开了干部、工人、技术人员座谈会，针对当时、当地粮食生产情况和人民生活的需求，金善宝作了全面细致的剖析。关于广东小麦生产问题，他说：

> 广东能否发展小麦？过去有一个概念，广东是水稻区，小麦不多，现在看了一下，小麦面积很大，长得也很好。我查阅了广东20年的气象资料，4—9月雨量很多，而10月到来年2—3月，雨量少。小麦不喜多水，广东11月播种小麦，到来年3月收，可以避过雨季，对小麦是有利的，一般不会受害。
> 从群众大面积种植小麦的实践和广东的气象资料分析，广东这里发展小麦大有前途，不仅可以种小麦，而且可以高产，发展潜力很大。在布局上，不同地区可以用不同方法，如雷州半岛，温度高，历史上

[①] 广东省农业科学院办公室整理：中国农林科学院金善宝同志对广东小麦生产问题的指示（根据记录整理，未经本人审阅），1974年，未刊稿。资料存于采集工程数据库。

种冬薯，现在种小麦，在薯畦北边种上小麦，薯麦间作。

小麦可挡北风防冻害，也方便收割。还有烤烟、花生与麦间套种都可以。要注意的是，小麦在高温条件下，容易早衰。

对小麦育种研究和生产上品种的安排问题，他说：

广东现在生产上推广墨西哥小麦100多万亩，品种主要是"波塔姆"。这个品种早熟、高产，但注意品种要搭配，不要单一化，不要"波塔姆"好，就统统种"波塔姆"。假如一种新的病出来，波塔姆如不抗这种病，品种单一，一旦病害蔓延，损失就大了。所以，一个地方有几个品种，虽然产量有高有低，但要搭配种，可以起到相互隔离的作用……

关于进口麦种的问题，他说：

我不主张大量进口外国种。西方人为了做生意，会把一些带病的种子卖给我们，导致本地种子染病。要根据洋为中用的原则，可以少量引进外国种，先经试种，逐步在生产上使用。重要的是，要把外国种作为材料，经过改造，选育适合我国种植的新品种。如广东可否用"波塔姆"与方穗种杂交，然后再用抗白粉病的材料与它杂交，从中选出适合广东种植的新品种来……

金善宝分析广东种小麦的主要问题：

广东扩种小麦，搞两稻一麦，主要是肥料问题。种一季麦，消耗地力三分之一，只要补上地力，产量就可以上去。要广辟肥源，养猪积肥的经验很好。南海盐步公社九村生产队，170多亩小麦，估产在500斤以上，肥料从哪里来？主要是养猪积肥。花县（今花都区）和广州郊区准备小麦收获后,养两次红萍增加肥料,这就可以补充小麦消耗的地力了……

黄淮麦区移苗补栽保丰收

1977年2月,当他了解到安徽、山东、河南、江苏等省干旱,造成小麦大面积缺苗,将会严重影响小麦的产量时,立即向农林部部长提出"抓好麦田移苗补栽的建议"。他写道:

> 我国常年小麦面积4亿多亩,其中冬麦有3.5亿亩。历年由于土壤干旱、整地不良、越冬冻害及病虫害等,缺苗断垄的现象经常发生。今年皖、鲁、豫、苏等省干旱缺苗严重。河南省去年入秋以来持续干旱,据12月中旬统计,全省小麦缺苗面积达1700万亩,占28%。特别是周口、驻马店地区旱象严重,有40%的麦苗因旱致死。江苏省徐淮两地区,干旱加之降温又早,1200万亩麦田中有450万亩出苗不齐,普遍缺苗15%—20%,这是影响增加小麦产量的重要因素之一。
>
> 我们推算,如3亿多亩冬麦中,缺苗面积按1%—5%计算,就等于少种300万—1500万亩小麦。若把缺苗、断垄的地方,补栽补齐,每亩地以200斤计算,就等于增加小麦6亿—30亿斤。这是不容忽视的问题,应该引起足够的重视。
>
> 据生产和科学实验表明,北方小麦一般在春季土壤化冻后,趁早移栽补苗,亩产也可以达到700—800斤,不过最迟不能超过小麦起身期。另外,丛籽麦(密度过大)一般比正常密度的穗头小,减产20%—30%。旺苗也容易造成倒伏减产。因此,把过稠的麦苗,间挖一部分移植到缺苗的地方,不仅能减轻旺苗造成的倒伏减产损失,而且可以避免缺苗的损失。目前,全国大部分麦田正处于或将近于移栽补缺的季节,为了提高成活率,可以带土移栽。干旱的麦田,在起苗前先浇水再移苗。随栽随浇水,适当深栽,踩实也是好办法。去冬今

春，各地采取这个办法，促使全苗齐苗，为进一步加强冬季麦田管理打下了基础。如山西省在播种后至冬季，已查苗移栽517万亩麦田，是历史上少有的。山东省移苗补栽、镇压保墒，也是历史上最多最好的一年。

为此，建议农林部召开紧急电话会议，发动群众在加强麦田管理的基础上，抓好移苗补栽，消灭缺苗断垄，力争全苗增产。①

---

① 金善宝给农林部沙部长，杨、罗副部长的信，1977年2月。资料存于采集工程数据库。

第九章
第八十二个春天

1977年8月,邓小平召开科学和教育工作座谈会,给全国知识分子、科学教育的发展指明了方向。1978年3月18日,第一次全国科学大会在北京友谊宾馆召开,这是我国科学史上一次空前巨大的盛会。1978年7月18日,《人民日报》记者纪希晨,以"第八十二个春天"为题,采访报道了82岁高龄、科学大会最年长的代表金善宝:

"一子入地,万粒入仓"

1978年的春天,是科学的春天,是历届全国人民代表大会代表、小麦专家、中国农业科学院院长金善宝的第八十二个春天。同是春天,今年不同往年。对许多老科学家来说,这是"枯木逢春"百花盛开的春天。

逢 春

3月27日下午,全国科学大会进入大会发言。当执行主席宣布金善宝发言时,这位坐在主席台的老人,立刻在雷鸣般的掌声中站了起来,健步走向铺着红地毯的讲台。

他毕生献身农业科学和农业教育事业,是我国用现代科学方法培育小麦良种的开创者之一。

他选育的"南大2419"等小麦良种，遍及13个省区，许多人食用过这种小麦的面粉。

他著作的《实用小麦论》、主编的《中国小麦栽培学》，总结了广大群众生产实践和科学研究成果，为发展我国农业科学作出贡献。

许多人读过他的书，吃过他选育的小麦面粉，可是没有见过他本人。今天，见到老人戴着花镜，白发苍苍，精神焕发，声音朗朗地在人民大会堂的讲台上庄严发言，心中感到由衷的崇敬和喜悦。当他讲到，在实现四个现代化的长征路上，他要把82岁当作28岁过，决心把余生贡献给我国小麦育种事业时，辉煌的大厅里，再次响起暴风雨般的掌声。

……

金善宝的"第八十二个春天"是从邓小平召开全国科学教育工作座谈会之后开始的。

重建中国农业科学院科研队伍

1977年8月，邓小平召开"科学和教育工作座谈会"。金善宝作为农业科技界的代表，荣幸地参加了这次会议。会上，邓小平对大家说明了召开这次座谈会的目的，主要是想听听大家的意见，了解一下要赶上世界先进水平从科学教育入手，当前首先应该解决的问题。座谈中，金善宝汇报了农业口是受"文化大革命"影响的"重灾户"，如中国农业科学院研究所全部下放、南京农学院被拆并等，认为对农业科教当前最重要的是，把这些被拆并的农业科研单位、高等农业院校尽快恢复并逐步予以加强。这个意见得到了邓小平同志的认可和支持。

座谈之后，邓小平同志作了重要讲话，他正确评价了以往的教育路线，肯定了绝大多数知识分子在党的领导下、辛勤劳动、努力工作取得的成绩，他强调尊重知识、尊重人才、改善知识分子待遇、调动知识分子的积极性、充分发挥知识分子的专长。为中国科学技术、高等院校的发展，指明了方向。

会后，金善宝根据会议精神，积极上书中央，要求收回各个下放研究所，并和农业部副部长何康一起找到国家农委主任王任重，反映中国农业科学院下放研究所的问题，要求尽快收回下放在全国各地的研究所，得到了王任重等同志的大力支持。此后不久，农林部先后以（78）农林（科）字第 15 号文、（79）农林（科）第 7 号文下令，收回了中国农业科学院下放的研究所。1979 年 3 月，国家科技委又以（79）国科发计字第 185 号文下达了同意恢复中国农业科学院兽医研究所的通知。

作物育种栽培所下放北京市农林科学院 8 年，研究工作所需的仪器设备，无论是带去的还是下放期间购置的，一律留在北京市农林科学院，被称作"人员净身回院"。下放所收回来了，可是有的下放人员却不愿意再回来了。据说，金善宝的学生、著名小黑麦专家鲍文奎也有类似想法。金老得知后，心情很沉痛，他说："'文化大革命'的影响是深远的！鲍文奎不回来，我用绳子绑也要把他绑回来。我们要为国家解忧，工作条件是可以争取和创造的。"为此，他亲自写信给当年被迫调离的技术骨干鲍文奎等人，诚心诚意地邀请他们以发展祖国农业科学事业出发，重新回到全国农业科学研究的中心——中国农业科学院。有人问金善宝：你把鲍文奎叫回来，将来他再挨批斗，你有能力保护他吗？对此，金善宝无言以对，可是他坚信，"极左"思潮一去不复返了。鲍文奎接到金老的信后说："金老叫我回去，那我一定要回去的。"随着鲍文奎的回来，带动了作物所下放的一大批科研人员回到中国农业科学院。

1982 年，金善宝被任命为中国农业科学院名誉院长，卢良恕接任院长时，院属研究所及下属机构，在京内已有 15 个；京外，河南、湖北、山东、浙江、上海、南京、镇江、黑龙江、吉林、四川、甘肃、内蒙古共有 8 个研究所，全院职工已达 8223 人。

金善宝在参加了邓小平同志召开的"科学与教育座谈会"之后精神焕发，在农牧渔业部何康等领导同志的支持下，对中国农业科学院在恢复中的建设和发展，倾注了大量心血，收到了令人敬佩的成效。

迅速发展农业科学技术的建议

1978年3月18日,第一次全国科学大会在北京友谊宾馆开幕。邓小平同志在开幕式上说,四个现代化关键是科学技术的现代化。没有现代科学技术,就不可能建设现代农业、现代工业、现代国防。没有科学技术的高速发展,也就不可能有国民经济的高速发展。他动员全党、全国,重视科学技术、制定规划,向科学技术进军。

图9-1 金善宝(右3)在全国科学大会领奖台上(原载《民族画报》1978年第6期第6页)

在这次大会上,金善宝以他优异的科研成就受到了大会表彰,荣获先进科学工作者奖、两项重大科技成果奖……

在大会上,他提出了迅速发展农业科学技术的6点建议:

(1)建立两类农业科学研究中心:专业性的研究中心和区域性的研究中心。从中央、省、地到四级农科网的各级农业科研机构,应该分工合作,各有侧重,形成一个布局合理、专业设置齐全的全国农业科学实验网。作为全国农业科研中心的中国农业科学院,应该面向全国,突出全国性重大科技问题和基础性理论工作,迅速填补空白、加强薄弱学科,根据需要恢复、扩建和新建畜牧、果树、农业经济、农业机械化、作物品种资源、农业工程、农业化学、农用仪器仪表以及水稻、大豆等专业研究机构。同时也要根据我国自然区划的特点，有重点地建设区域性的和专业性的研究中心。

（2）研究落实技术政策。技术政策长期以来无人过问，如在种子问题上，优良品种没有专门机构登记、鉴定，确定其适宜推广的区域。良种繁育体制不健全，推广速度慢。我国农业科技工作者培育出不少优良品种，得不到大面积推广，与社会主义大农业的发展有些不相适应。因此，需要尽快提出与之相适应的种子计划。

（3）迅速培养建设一支宏大的农业科技队伍。加速农业科学技术现代化，必须有一支数量足够、专业配套、拥有世界一流科学家的队伍。因此，培养人才刻不容缓。全国重点农业院校不应是一所、两所，因为农业的地域性强，应当每个大区都有。同时，要通过在职提高，抽调干部进修，提高现有干部的业务水平。

（4）搞好重大农业科研项目的协作研究。目前我国农业生产上还有一大批重大问题需要解决，如南方麦类赤霉病的问题，1973年仅江、浙、沪三省（直辖市）就损失20亿斤麦子；东北每隔几年就要发生一次低温冷害，造成粮食产量在百亿斤上下的幅度波动。这些问题应该组织有关力量，早日获得解决。

（5）重视农业科学的基础工作和理论研究。新中国成立以来，我们针对农业生产上存在的问题，加强了基础研究，如对蝗虫生活习性和发生规律的研究、对黏虫的研究等，使蝗灾、黏虫得到了有效控制。但在杂交育种方面，还需注意遗传规律和种质来源的深入研究，以避免盲目和重复，提高科研成效。

（6）农业科学研究必须保持相对稳定。鉴于农业科学研究的特点，一是实验周期长，育成一个品种，即使采用加代繁殖，一般也需要三四年时间，家畜、果树周期更长；二是农作物和畜禽生长发育受各种外界条件影响，因素复杂、地域性强；三是研究对象是活体，认识生命活动规律比非生物要困难得多。因此，农业科学研究更加需要注意机构、课题和人员的相对稳定。

图 9-2　全国先进工作者奖
（金善宝家属供图）

图 9-3　"南大 2419" 获奖
（金善宝家属供图）

3月30日,《人民日报》全文刊载了这6项建议，受到了中央的极大重视，并陆续得到了采纳，对发展我国农业科学教育起到了很大作用。仅就农业教育来说，1978年以后农业部、教育部逐步按各大区建立了重点农业院校；改革开放初至2000年全国高等教育宏观体制改革前，全国重点农业大专院校（不含林业）的布局为：华北地区的北京农业大学、北京农业工程大学，1995年两校合并为中国农业大学；东北地区的沈阳农业大学；华东地区的南京农业大学；华中地区的华中农业大学；华南地区的华南农业大学；西南地区的西南农业大学，2005年与西南师范大学等校合并为西南大学；西北地区的西北农业大学，1999年与西北林学院等单位合并成立西北农林科技大学。[①] 各大区重点农业大学的建立，有利于农业教育和农业生产相结合，极大地推动了各地区农业生产的发展，取得了农业教育和农业生产双丰收的效果。

---

① 董维春（南京农业大学副校长）访谈，2019年9月29日，南京。资料存于采集工程数据库。

第九章　第八十二个春天

赤子之情报母校

1972年1月，南京农学院被迫迁到了扬州与苏北农学院合并，搬迁时，很多仪器设备被摔烂，书籍资料散失无存，损失惨重。搬迁后，由于南京农学院师生员工人数大大超过了苏北农学院，苏北农学院原有的教室、宿舍、实验室无法容纳，以致学生没有教室上课、教师无法教学，科学研究更是无从谈起，搬去的仪器设备也无处存放，露天任凭风吹雨打。有人形容这种合并方法，就像把一个大瓶子装进一个小瓶子，是根本不可能的。唯一的办法是，把大瓶子砸烂，才能把大瓶的碎片装进小瓶里。这就是说，南京农学院与江苏农学院合并，实际上是砸烂了南京农学院，原来南农的校舍、场地、农场都被强行分割、霸占……

金善宝听到这个消息后十分痛心，也十分无奈！

1977年8月，金善宝在"科学与教育工作座谈会"精神的鼓舞下，想到了被砸烂的南京农学院，他当即写信给南京农学院的沈丽娟教授，希望他们到北京来，把情况直接反映给中央，争取早日恢复南京农学院。

沈丽娟教授收到信后，立刻和南京农学院原校长、教务主任、教授们商量，起草了一份报告，详细陈述了南京农学院与江苏农学院合并以后的种种弊端，要求恢复南京农学院。他们到北京后，金善宝和他们一起研究了报告内容，作了一些修改和补充。报告一式三份，分送农业部、教育部和江苏省委。与此同时，他为南京农学院的复校问题，给邓小平同志写了一封亲笔信，信件草稿如下：

敬爱的邓副主席：

最近先后收到江苏农学院部分教职工（原南京农学院职工）要我转呈给您的两封来信，信中谈了"文化大革命"期间江苏的代理人恣意拼、砍原南京农学院的事情，表达了他们渴望恢复该校的请求。现随信送上，请审阅。

我在南京农学院及其前身工作了多年，因此，对南农亦较了解与关心。南京农学院在"文化大革命"前是农业部领导的重点高等学校，这个学校既是"文化大革命"中被破坏，现在就应该恢复，和北京农业大学等院校一起作为农林部重点院校，为国家培养农业技术骨干和农业科研人才，如有需要，仍可招收一些留学生。

　　南京农学院历史较久，师资图书设备等较好，过去在培养农业技术人才和科学研究等方面都有一定贡献，今后在农业现代化工作中也必将有所贡献。

　　以上意见，如您同意，可否批复农林部办理。

　　顺致

敬礼

金善宝
1977 年 9 月 20 日 [①]

　　信件上呈之后，金善宝多次找到农林部的何康、郝中士、邹秉文、杨显东等同志，力陈南农复校的必要性，得到了他们的大力支持。

1978 年 5 月 4 日，为南农复校，他又第二次上书邓小平。

敬爱的邓副主席：

　　我完全拥护您在全国教育工作会议上的重要讲话，拥护您关于办好重点学校的指示。办好重点学校是培养人才的重要措施，也是新中国成立以来教育战线的一条成功经验，农业科技战线现在后继无人，迫切需要人才，"文化大革命"前重点高等农业院校有 8 所，现在只有基础较好的华北农大和新建的大寨农学院两所，与形势发展很不适应。我国地大物博，自然条件差异很大，农业的地区性又很强，很需要恢复过去的一些重点农业院校，今后至少每个大区应有一所。

　　1958 年前，我一直在南京农学院工作，南农是 1952 年院系调整

---

① 金善宝给邓小平同志的信，1977 年 9 月 20 日。资料存于采集工程数据库。

时，由旧中央大学、金陵大学农学院和浙江大学园艺系合并成立的，基础比较好，专业比较齐全（6个系7个专业），师资力量雄厚，为农业部的部属学校，是全国64所重点学校之一。1965年起由农业部投资约300万元，在江浦农场建立了一个教学、科研、生产的三结合基地，过去不仅每年招生约2500人，而且面向华东，负责农业部培训干部的任务，为各地输送人才。

1971年，在林彪"四人帮"的反革命文化修正主义路线干扰破坏下，不顾当时南农的主体已迁到江浦农场的现实，决定南农与苏北农学院合并，限期迁到扬州，成立江苏农学院，苏北农学院原有3个系4个专业，南农并入后校舍、实习农场等都十分紧张。苏北农学院原有学生宿舍256间，已被教师住了138间，在校学生1000人，安排已然困难，1977年只招收400名新生，而两院合并前每年可招生4000人。因此，不能充分发挥现有师资的作用。由于校舍紧张，仪器设备无处安装备用只好成箱堆放，损坏严重，原南农的四十余万册图书及资料，借用扬州渡口桥石油指挥部的宿舍堆放，无法查阅。实习农场只有二百多亩耕地，校园基本上四面被围，没有发展余地，严重影响了教学和科研工作的开展。

为此，我建议两院分开，恢复南京农学院，仍作为全国重点农业院校之一，校址可迁至江浦。考虑到原校址（南京中山门外卫岗）具备实验室等试验研究条件可供充分利用，建议被江苏省委党校占用的一部分校舍腾出来，仍如过去一样，在卫岗办研究生院和招收外国留学生。

以上建议当否，敬请批示。

此致

敬礼

金善宝
1978年5月4日 [①]

---

① 金善宝给邓小平同志的信，1978年5月4日。资料存于中央档案馆。

1978年10月，在江苏省委继续阻止复校的情况下，原南农的广大教职工推出代表团上访北京，他们于18日抵京，到金善宝宿舍拜访，金善宝表示完全同意复校，提醒他们尚需拜访中央科、教委的领导，并由中国农业科学院提供方便，早日实现中央领导接见代表团。10月25日晚7时，在中国农业科学院院长办公室二楼会议室由秘书处贾士荣同志安排了会场，贾士荣对大家说："大家是金老请来的客人，在会上希望畅所欲言"。

当时有教育部正副部长刘西尧、高矶，农林部正副部长杨立功、何康及两部秘书等参加了接见，在听取了代表团的老教授们介绍南农的悠久历史、恢复重建后将发挥重大作用的发言后，两位部长都表示，同意大家的意见，答应上报国务院，同时转达江苏省委……[①]

1979年1月2日，中共中央做出了恢复南京农学院的英明决定，并由中共中央办公厅给农林部、江苏省委发出"关于南京农学院复校的电报指示"。1月11日，农林部、江苏省委又发出"贯彻执行中共中央关于南京农学院复校的指示"。[②] 至此，南京农学院在被砸烂了整整8年之后，全校师生员工终于如愿以偿地复校了！

南京农学院复校后不久，金善宝怀着十分复杂的心情从北京赶到南京，看望久别的母校。他看见刚刚复校的南农，原有校舍被5个单位占用，江浦农场、卫岗农场也分别划归江浦县和南京市农场，归还工作十分艰巨。全校师生员工的工作和生活条件十分艰苦，"文化大革命"前86个实验室只恢复了一半，教师一家三代住在一个房间，可是全体师生员工没有一句怨言，决心团结一致渡过难关，恢复学校面貌。金善宝看到了南农恢复和发展的希望，颇感欣慰。

学校经过努力，通过各种渠道呼吁和交涉，各单位占用南农的校舍从1979年开始迁出，直至1983年才按协议归还了部分土地和房屋（个别单位一直拖到1986年）。1984年，学校新盖了一批教学和生活用房，学校面

[①] 沈丽娟：记南农复校的一次上访。见：南京农大党委宣传部，《辉煌历程、时代见证——纪念改革开放三十年、复校三十年征文选编》，2008年，第229页，内部资料。

[②] 农林发（1979）第5号、苏委发（1979）第13号，贯彻中央关于南京农学院复校问题的实施意见。资料存于采集工程数据库。

貌才开始转好。1984年7月，经教育部、农牧渔业部同意，南京农学院改名为南京农业大学。在国家改革开放方针的指引下，南京农业大学从此走上了蓬勃发展的道路。

这个时候的金老，已经年逾90，他离开南农已经30多年，他和南农这种与生俱来、血浓于水的深情，不但没有中断，反而与日俱增。20世纪80年代以来，他每次去南方出差，总要绕道南京，到南农走走看看，每次去，都能看到南农有很大变化，发现南农有很大进步，他感到极大的欣慰！

1986年10月，他怀着十分兴奋的心情来到了改名以后的南京农业大学，学校在大礼堂举行了全体师生员工参加的欢迎大会，会上，金善宝向全体师生员工敬礼，全体师生员工报以长时间的热烈掌声；党委书记费旭，请金

图9-4 1988年10月28日在南京农业大学全体师生大会上金善宝向大家敬礼（资料来源：南京农业大学档案室）

善宝坐着给大家讲讲话，可92岁的金老坚决要站着讲，这一讲就讲了两个多小时。他回忆了南农建院、从城内迁到城外卫岗、复校等问题，展望南农的未来，信心百倍，勉励大家努力把南京农业大学办得更好，越来越好，一定要把南京农业大学办成世界一流、现代化的农业大学，为祖国农业科学教育作出新的贡献……

讲话中，金善宝的言谈笑语，字字句句，无不透露出这位老院长对南京农大的一片挚诚，对祖国农业科学教育的无限热爱，对莘莘学子寄予的厚望，还有他老骥伏枥、锲而不舍的精神，给全校师生员工留下了深刻印象。

为"六五"至"八五"攻关改善科研条件而奔波

中国农业科学院建院时，周围大部分是农民的蔬菜地。本院不仅在墙外有东、南、北三个试验用的圃场2000多亩地，而且院内也可以安排两三亩地的玉米隔离区。

"文化大革命"后期，解放军总后勤部派来的军代表执政，随着1971年中国农科院各研究所、室的下放，原有的试验场地也被不同单位占用。到1978年7月，被下放到北京市的"两所一室"（作物育种栽培研究所、蔬菜研究所和农业气象研究室）回到中国农科院时，通过农林部和国务院，几经周折才收回外语学院占用的600亩地，其他已有建筑物的用地已成不动的事实，后又因拓宽马路占地，原作物所的试验用地所剩无几了，难以满足水稻、小麦、玉米、大豆和小黑麦等作物田间育种栽培研究课题的需要。原下放北京市农科院的科技人员回院后，克服了试验地不足，住在北京林学院骑自行车来中国农科院内上班；1976年冬天在搭的防震棚、靠蜂窝煤炉取暖的木板屋子里工作……他们一致要求早日解决试验地问题。

1982年12月，金善宝带领作物所副所长吴景锋和秘书尹福玉，去拜会王震副总理，在汇报考察工作后，金老即提出院里试验地被占去绝大部分，作物所难以开展研究工作。王震副总理说："我向紫阳同志说，争取早日解决"。金老说："他们已经在昌平县（今昌平区）物色了一块地，只要部里批准和拨款，就可以和北京市办购地手续了。"王震副总理了解了作物所的工作困境，表示要尽快通过农业部给予解决。

1983年春节的大年初二，主持农业部工作的何康副部长来给金老拜年。金老立即通知吴景锋（曾任他的秘书，时任作物所副所长）和李奇真所长一起到家里来。在互贺新春的气氛中，何部长说："金老，良恕院长，作物所目前的困难我们都知道，要求征购的1000亩试验地和计划申请修建的实验办公楼，我们考虑申请世界银行第二期农业科技教育项目，用国内配套经费购地、盖楼，贷款中有较大比重的经费可以直接从国外购进一批仪器设备……"临别下楼时，何部长握着金老的手说："老人家，请放心吧！作物所的事，1000亩地、5000平方米的楼，我们一定抓紧办好。"

正月十六，何部长带领有关司、局领导到中国农科院邀集院领导和有关职能部门负责人一起，由作物所人员带领，去昌平县马池口公社实地踏看预征购的试验地。

1983年5月24日，农业部正式下达了"关于中国农业科学院昌平试验基地计划任务书的批复"（［83］农（计）字第85号）同时批准基地编制30人隶属作物所领导。1983年6月2日，北京市政府（京政地字［1983］80呈）批准作物所在昌平县沙河镇西沙屯征购试验地农田。1983年北京市规划局核发昌平试验基地"建筑用地许可证"。9月6日—12月21日，吴景锋和惠茂桃受作物所党委委托，代表作物所与西沙屯、马池口和白浮三个村分别签订征地协议，共计70.24公顷。

1983年3月17日，部［83］农（计基）14号文，批准作物所建筑面积为5000平方米的实验楼，投资247.1万元，1984年9月动工，1986年6月竣工。一层为计算机和中心实验室，书库和档案室，附有500人的学术报告厅及外宾接待厅；二层为生理生化实验室和部分办公室；三层为无菌接种室、多倍体和花培实验室；四层为细胞和重点作物遗传实验室。

利用世界银行贷款，作物所在20世纪80年代中后期，先后派出科技人员出国读学位、访问学者、考查和参加国际学术会议人员累计100多人次，增强了研究人员在本领域内的国际交流能力，购入一大批先进仪器设备充实了相应的实验室，增强了研究能力，全面提升了作物所科研水平。作物所主持和承担了"六五""七五""八五"国家攻关项目和"863"课题，获得国家和部级多项奖励，被评为农业部实施第二期世界银行贷款先进单位，"七五""八五"国家"500强科研所"之一。

作物所的全体职工都说："如果没有金院长为我们的基本研究条件奔走，请求王震副总理和何康部长等领导的直接支持，作物所回到中国农科院的建设和发展不可能这样快！"

为壮国威，实现了"建一栋新大楼"的夙愿

1966 年前，从北京城内出了西直门，便能够看到一栋"飞机式"三层土黄色的楼，这就是中国农业科学院的办公大楼。它是 1943 年日本人修建的华北农事试验场的旧址，1945 年日本投降后，"国民政府"的中央农业实验所北平农事试验场也在这里。

1949 年 4 月 20 日，华北人民政府将"中央农事实验所""中央林业实验所"等合并，成立了华北农业科学研究所，所址仍在这座日式大楼；1957 年 3 月 1 日，经国务院批准，在原华北农科所的基础上成立了中国农业科学院，办公机构和作物所、土肥所都在这栋楼里。

1965 年，日本一个农业考察团来华考察，他们在这座大楼前合影，回国后发表在一个刊物上，写着"现中国农业科学院即原华北农事试验场址"。当时的几位院领导看到这张照片后，心情都难以平静！一致认为这是对我们的嘲弄和讽刺："二十多年过去了，国家级的农业科研单位，还在利用他们建的试验场旧址……"，这件事深深地刺痛了金善宝，当时他就向国家科委副主任范长江和农业部领导陈述，要求建设一栋大楼以壮国威和中华民族志气，得到了上级领导的赞许并列入基建计划，由于紧跟而来的"文化大革命"而被搁置。

1981 年，中国科协要召开中国科学院学部委员会团拜大会，金善宝收到请柬，据知万里副总理出席大会。金善宝让院办公室副主任任志高等，就请求院大楼动工一事，以他的名义给万里副总理写封信，经他审阅后由秘书处处长陈洪鼎用毛笔抄写，他签了名。赴会前放在呢子短大衣右兜里，大家都寄以深切希望。

金善宝是出席这次团拜会年龄最长者，万里副总理邀请他到主席台就座。万里副总理讲完话，金老就把信交给他了，万副总理在主席台上看完信后，深为这位老科学家爱国激情和事业心所感动，当即就在信上批了，并嘱咐金老去找韩光（国家科委主任，时为国家建委主任）。

几天后，中国农科院办公室接到建委电话通知：让一位懂建筑的院领导和具体工作人员去他们那里，去建委开会的人员回来向金老汇报：万里副总理和建委都批准了我院修建大楼，为了解决限额面积问题，经商议，总面积不变，一栋大楼分两期施工。1982年终于动工了，第一期工程9000多平方米，第二期13000多平方米。中国农科院建院30周年时，包括礼堂和图书馆都全部竣工了。曾在日本农业刊物上喧嚣一时的飞机式楼房，在庆祝中国人民抗日战争和世界反法西斯战争胜利60周年声浪中，已被夷为平地，在这个伟大庆典的70周年时，已有一座堂皇壮丽的现代化大楼端端正正地耸立其上。

为河南小麦生产献良策

河南省是我国小麦的主产区，小麦种植面积约6000万亩。自20世纪50年代以来，金善宝多次去河南省考察，对该省小麦品种更换、栽培技术改进方面提出了很好的意见。1981年6月，他在《国内动态清样》第1239期看到美国堪萨斯州农场主认为我国河南省的农业有三大缺点时，就给时任副总理的方毅、万里和农业部部长林乎加写信。就小麦问题谈一点自己的意见，供领导参考。

20世纪50年代初期，河南省小麦由于品种不好，病害严重，加上生产水平低，平均亩产不到100斤。30年来，经过三四次品种更换，加上栽培技术的改进，每次都使单产提高五六十斤。去年河南小麦平均亩产已经超过300斤。

现在河南省小麦种植面积约6000万亩，属于意大利的品种或其系选品种有"博爱7023"种植面积1400万亩，"阿夫"种植面积900多万亩，"郑引1号"种植面积850万亩。超过百万亩的还有"761""741""663""5718""郑引3号"等。因为这些品种具有穗大、秆较矮、较抗倒的特点，适应河南省小麦生长季节天气较为干旱的水浇地种植，对小麦增产发挥了较大作用，所以目前在河南省小麦种植面积占绝对优势。

上述意大利小麦品种易感染秆锈病、叶锈病和白粉病，只是由于河南省小麦生长季节空气湿度不大，没有出现大面积病害的流行，在施氮肥较多的地块，已有白粉病发生。对病害的发生和流行来说，品种单一，确实存在潜在危险。

解决的办法：

（1）加强选育综合性状好、多抗的小麦新品种。如中国农科院植保所选育的"784""791"，经混合接种鉴定，抗小麦三锈兼抗白粉病，在河南、湖北试种都显著增产，应加速繁殖种子，以供生产需要，逐步替换现在种植的外引品种。

（2）有计划、有组织地开展品种区域联合试验，克服盲目引种和品种单一化可能出现的危险，使生产用种在推广前经过全面鉴评并且合理搭配后用于生产……①

鼎力支持"太谷核不育"小麦研究

我国 20 世纪 60 年代末 70 年代初，在异花授粉作物的玉米和常异花授粉作物杂交种选育和生产应用上，出现了杂交优势利用的高潮。自花授粉作物的水稻，由于 1970 年 11 月在海南岛三亚南红农场发现了野生稻败育株，并经南繁加代较快的转育成了栽培稻的不育系，进而实现了具有强杂交优势的籼稻组合的三系配套，有力地促进了自花授粉作物小麦杂种优势利用的研究工作。

从事作物生理研究的邓景阳博士，已随中国农科院作物育种栽培研究

---

① 金善宝给方毅、万里和农业部部长林乎加写的信，1981 年 6 月。资料存于采集工程数据库。

所下放到北京市农林科学院。1976年春,在河北藁城召开的全国杂交小麦研究协作会议上,山西省太谷县水秀乡女技术员高忠丽向大家提供了一株,1972年她在田间发现的雄性不育小麦,请予鉴定。当时她给了邓博士30粒种子,邓博士把这个材料和多种小麦不育材料种在一起,进行比较观察试验,发现不育株的雄蕊没有花粉,它的杂种后代包括用T型恢复系给它授粉的后代,其分离出的可育株和不育株数为1∶1,可育株后代不再分离。

虽然邓景阳对这个材料提出了初步鉴评,但因为当时客观上得到的支持乏力,因而进展滞后。1978年7月,他随作物所回到了中国农业科学院。邓景阳两次向金善宝院长汇报研究进展情况,金善宝也亲自到他的试验地和温室里细心地观察过,对其研究方法和技术路线给予肯定。1979年,邓景阳进一步试验后得到了明确的鉴定结果:这株小麦的不育性是受控于一个显性雄性核不育基因,他把这株小麦命名为"太谷核不育小麦",以"Ta1"作为这个不育基因的符号,后经刘秉华定位,1986年国际登记基因符号正式定名为Ms2。

经查阅大量资料后,认为太谷核不育小麦是世界禾本科作物中,第一次被发现的雄性、显性核不育小麦的突变体,它可以作为小麦育种的工具,应用它提高现行有性杂交的效率,是一项新颖且效率高的小麦育种新技术,但当时国内有关学术界并非完全赞同。经过金善宝院长和院科技管理部主任方悴农,多方向国家科委、农业部汇报,才得到了主持国家科委工作的副总理方毅、农委副主任何康、农牧渔业部副部长朱荣,以及院、所领导的大力支持。

1981年8月16—22日,在北京科学会堂召开了副总理方毅出席并讲话的"全国太谷核不育小麦科研协作大会"。这次会议是一次发扬社会主义制度优越性,在农业科研方面有组织、有领导,集中力量办大事颇有成效的大会,组织23个省市、44个单位120名科研人员参加的全国协作队伍。国家科委拨款26万元专款,农牧渔业部批准作物所"太谷核不育小麦研究和利用"课题,建设"生理遗传实验楼"688平方米、温室800平方米、网室1200平方米。全部工程1983年6月前完工并投入使用。为了加强和深入研究工作，金善宝以院研究生院院长的名义，特批准邓景阳招收六名研究生协助深入研究。

20世纪80年代初，国内科技刊物较少，农业方面的一级学术刊物，如《作物学报》没有专项办刊经费，也不收取版面费，稿费虽微薄也无固定来源。出版印刷费等只能由主办单位到处请求赞助，因此多为季刊，每期页数也不多，发表论文十分困难。太谷核不育小麦异军突起，研究人员热情高，成果较丰、论文也多，金善宝认为研究成果必须争取及时发表，以便在研究方面占领国际高端。因此，他亲自向《作物学报》《中国科学》推荐了邓景阳等人的研究论文。

太谷核不育小麦的发现、鉴定和研究，虽曾在国内刊物上发表过两次，但内容不尽相同。这篇文章是在不久前召开的全国协作会上，学术报告的修改稿，内容略有补充，对过去作者有些过头的提法已经纠正。正如方毅副总理所说："第一，要承认是中国发现的，世界上第一次发现的，不是洋人发现的，是我们发现的；第二，我们要承认这个工作，一直到现在还很不完善，还有大量工作要做。"

他着重强调：在世界上，中国人第一次发现显性雄性核不育小麦突变体，应该在中国第一流的科学刊物上正式发表为宜。

邓景阳鉴定确认的太谷核不育小麦，由于国家科委、农业部的直接支持，党和国家领导人邓小平、胡耀邦、赵紫阳等都有相应批示，《内参》上也有相应报道。物理学家杨振宁也对太谷核不育小麦有赞誉性的评价。因此，工作进展较以前大为顺利，除邓景阳亲自选出"轮抗6号"和"轮抗7号"抗盐碱小麦品种外，他的研究生刘秉华，1986年在《中国科学》上正式发表了太谷核不育小麦其显性雄性不育基因 $Ms2$。基因定位明确后，刘秉华又以"矮变1号"小麦为标记性状，将其转育成矮败小麦，保持了太谷核不育小麦的优点，克服不足。他们经10年的努力工作，矮败小麦群体改良的成果显著，抗倒、抗病、产量、品质和熟期的改良指标都得到了提升。从其轮选群体中选获的"轮选981"，表现矮秆、大穗、抗病，推

图 9-5 1985 年 7 月 2 日，太谷核不育小麦专家邓景阳（右）、黄泳沂（左）夫妇贺金善宝九十大寿（金善宝家属供图）

广前景广阔。

由于矮败小麦在全国小麦育种中的广泛应用且成效喜人，矮败小麦曾被推荐同"三峡大坝""大庆石油"一起参评国家科技进步奖特等奖。至 2008 年，全国利用矮败轮回群体育成的优良品种，通过省级以上审定的已达 42 个，在生产上作出了突出贡献。2010 年，矮败小麦获得国家科技进步奖一等奖。

庄巧生院士在《梦里麦田是金黄》的自序中写道：

> 如能利用矮败小麦作为接受外来优异基因（花粉）的受体工具，则较为省事、方便，若辅以分子标记进行选择，收效当更快更好。

庄院士之所见，已成我国小麦育种者之共识，在此技术路线的指引下，我国大批优良小麦品种的育成指日可待。

金善宝院长鼎力支持的太谷核不育小麦研究，邓景阳博士用心血浇灌的中国人发现和鉴定的太谷核不育小麦，已在中华大地结出了硕果！

对"三江平原"考察的建议

20 世纪 80 年代初，位于黑龙江、乌苏里江和松花江之间，北起黑龙江、南抵兴凯湖的我国最大沼泽地"三江平原"，为该地区的进一步垦荒，王震副总理建议金善宝去看看。

1982年8月10—19日,吴景锋陪同金善宝前往实地考察。此行,到了三江平原的腹地,距国境线只有百里左右,一望无际的大平原,心旷神怡。

金善宝为了深入实地考察,坐着吉普车在洪河农场地里颠簸了一天,几乎所有的田块、渠道和林带都看到了,晚间就住在了农场大田里一个小火车车厢改建的临时招待室里,夜里既有蚊虫叮咬,又能听到青蛙的鸣叫,陪同一起考察的姜相春场长,为这位87岁的老专家的敬业精神感动不已!

回京后,金善宝给王震副总理写了《三江平原观感》,[①] 着重指出:

> 三江平原土地多、地势平坦、肥力高、作物生长季节日照较长、雨量较多、地下水资源丰富,发展农业生产具有一定优势。但由于地面坡降缓、河槽窄而浅、泄水能力很差,四周封闭,排水困难。大部分黏质草甸土,透水性很差,外水加降雨形成内涝,上层滞水与地下水又隔绝,造成土壤"水分库容"小,既不耐涝也不抗旱。因此,垦荒时必须妥善治水,不仅要排水治涝,还要蓄水防旱。大气环流作用是该区雨量的主导因素,人为作用对生态环境的影响必须予以十分重视。
>
> 垦荒使原来宿根的自然植物小叶樟、丛桦、沼槐、苔草等,被季节性生长的小麦、大豆、水稻等作物代替,在缺少树木的平原上,耕翻后的土壤,在春季甚至播种后幼苗期,存在风蚀危险,所以垦荒同时就应该营造防护林。洪河农场在大块条田格中修建了420多公里的排水渠,其旁栽了防护林带,预计成林后使林网格覆盖面积达8%—10%。这种水、路、林、田综合治理的规划安排是可取的,为了使林带尽早发挥作用,尽可能选栽速生树种,以后再有计划地逐步更新。
>
> 在解决内涝问题上,基本措施是农田水利工程,但农业措施也应予以重视,如合江地区农科所试验成功的机械深松土、加厚耕层打破滞水层、开鼠洞沟等也要结合进行。要注意用地养地结合,因土种

---

① 金善宝:三江平原观感。见:金善宝文选编委会,《金善宝文选》。北京:中国农业出版社,1994年。

植，因土施肥。三江平原垦区，大部分已做到秸秆还田，还要适当种植绿肥，在一部分土地上种植饲草搞草田轮作，要避免大豆重茬、迎茬。对黑土层较薄、透水性很差的白浆土，要创造蓄水条件或打机井筑晒水池，发展水稻的种植是更为适宜的用地途径。

对已垦多年的耕地，投入必要的基本农田建设资金，不仅可以大幅度提高单产，而且能使商品粮基地稳定充分发挥增加总产的潜力。凡属开垦荒地都应纳入国家规划，开一块、保一块，垦建结合，逐步建立起三江平原优良农田、森林、草地、沼泽地和河流的生态系统，造福子孙后代。

经过20多年的开发建设，2014年国家决定停止三江平原的再垦荒，国家多位领导人曾去视察，现在三江管理局生产的大米，可供全国吃一周。2011年世界银行行长罗伯特到这里参观，他说："全世界最先进的现代化农业机械在这里集结，这里堪称世界现代化大农业的典范。"

图 9-6 1982 年夏，金善宝（左 4）与吴景锋（左 1）在三江平原黑龙江友谊农场考察（金善宝家属供图）

福建农业有特色

1983 年,金善宝已是 89 岁的老人。他从 3 月 25 日开始,在福建省进行了为期 11 天的农业考察,参观了 6 个科研单位、1 个高等院校、1 个县良种场、3 个生产大队,行程 1000 多公里,对发展福建农业提出了很好的建议。他认为,发展福建农业,要根据福建的特点,从经济效益着眼。他对福建省农科院的研究人员说:

福建是八山一水一分田,山多海阔,潜力很大。福建省委提出念好"山海经"是完全正确的。民以食为天,粮食很重要,在福建尤其要把水稻生产与科研搞上去。我是研究小麦的,福建小麦育种工作是有成绩的,育成了不少小麦良种,在华南麦区有较大面积的推广,在青海甘肃等春麦区也有一定面积。我希望适当多种一些小麦,但也要因地制宜,讲求经济效益。根据福建的气候和土壤条件,很适合发展果树、茶叶,甚至还可以种桑养蚕。因此,建议在抓好粮食生产的同时,积极发展多种经营,因地制宜多种果树、茶、桑等及其他经济作物,积极发展畜牧业,尤其是食草动物。福建山多海阔,但目前出产的东西不多,如果我们把山和海都利用起来,水果、肉类多了,粮食消费就会减少一些,逐步改善食物结构。福建是经济特区,要争取多出口、多创汇,果品、

图 9-7 1983 年金善宝(前左 3)在福建考察(金善宝家属供图)

茶叶、蚕丝都可以出口换外汇，应该很好地进行研究。

当前值得注意的问题是，要根据福建的特点，在摸清农业资源的基础上，认真做好区划和规划。果树、茶叶、桑树等在哪里发展，发展什么品种等，都有大量的工作要做，有大量的科学技术问题要解决，如柑橘黄龙病问题、荔枝成年树不结果的问题，都要好好研究。我们要根据自己的特点进行建设，不要照搬外国的经验，要有福建的特色。①

一块试验地成为"北京市永久绿地"

1993年4月的一天，中国农科院基建处接到北京市规划局的通知：让他们和作物所的领导到规划局一趟，他们到规划局后，接待的同志拿出一张绘制清晰完整的"双榆树地区集中供暖热力中心修建蓝图"，指着图解释说：这是国际贷款项目，冬季供暖、夏季发电，市建委已同意，争取麦收后开始施工，现在正式通知你们。

作为名誉院长的金善宝，得知此事后反复考虑，他深知试验地对种植业科学研究的重要性。不为个人、不为单位，要为国家的农业和农业科学的发展着想。他给江泽民主席、李鹏总理和朱镕基副总理写了一封信，陈述了院东门外作物所这块试验地的情况，多年来作物所承担着国家作物育种攻关任务、"863"课题、国际合作研究项目，已经取得了国家发明奖一等奖等多项成果，今后的工作任务只会增加不会减少，而且一些年事已高的专家不便远行，要进行相应的较为精细的农作物科学试验研究，很难离开就近的试验地。为了国家长远的农业发展和科技创新，恳请保留这块经多年培育，地力均匀、田间设施完备，便于专家们工作的试验地。

他邀集五位院士征求意见，包括金善宝本人共六位院士在信上签了名上书中央。

---

① 刘志敏：中国农业科学院名誉院长金善宝在我省考察后说，发展福建农业要从经济效益上着眼。福建日报，1983年4月7日。

6月26日下午，原海淀区区长、时任北京市副市长的胡昭广，在海淀区政府召开中国农科院的六位院士和有关领导的座谈会。市政府有关单位的几位领导都发言谈了建热力中心的重要性，试图说服六位院士同意占用试验地。

金善宝上午冒着烈日去郊区小麦新品种展示田查看试验情况，午饭后未休息就驱车到会。在鲍文奎院士发言后，金善宝又详细地陈述了中国农科院必须继续使用这块试验地的理由，他还指出：在美国、印度的大城市中，迄今都保留有城市建设初期开辟的农业试验地。几位院士和有关负责人发言后，胡副市长表示市政府根据专家们的意见，要进一步慎重研究供暖中心的选址问题。

6月28日，首都规划委员会办公室函复金善宝等六位院士，并附[93]首规办秘字107号文"关于双榆树地区集中供热锅炉选址问题的报告"，主要内容为：市领导对双榆树地区集中供暖热力中心选址问题十分重视，考虑到这块地从1940年起就已成为科研试验地，新中国成立以来为我国农业科技发展作出了贡献，"八五"期间，一些农业科研项目还要在此地出成果，经市规划系统联席会议研究，一致认为，只有多花钱另选地址，不再占用农科院的试验地。

后来传出，朱镕基副总理把六位院士的信批转北京市政府时，已明确批示："要尊重专家们的意见，保留农科院试验地，热力中心另择地址"。

至此，中国农科院东门外这块试验地，在首都的建设规划中，作为一块"永

图9-8　1986年夏金善宝在中国农科院东门外小麦试验田
（金善宝家属供图）

久绿地"被明显地标注出来。

二十多年来，这块农作物"绿地"，冬小麦、大豆、玉米轮作种植，决不逊色于"草坪绿地"。作物所在党的各项政策指引和各级领导的关怀下，没有辜负六位院士的期望，充分发挥了人尽其才、地尽其力的作用，取得了多项科研成果。太谷核不育小麦转育成功的矮败小麦、优质小麦和"中黄13号"大豆优良品种，均获得了国家科技进步奖一等奖，为国家农业生产的发展和科技创新作出了突出贡献。

第十章
小麦品质育种的探索

关注小麦品质改良已久

金善宝对小麦品质改良的关注已经很久了,究竟有多久呢?翻看他的著作,查阅了他的手稿,发现早在20世纪30年代初期,他就已经关注小麦品质育种了,特别是面粉的加工品质。

1934年,金善宝在中国第一本小麦专著《实用小麦论》中,就有两处提到小麦的品质问题。

在第九章第二节中,论述了气候与小麦品质的关系。

气候、土壤随地而异,故小麦之品质亦各处不同。唯土壤影响小麦之品质,不及气候远甚。气候之势力,不特能增减麦粒之成分,而于麦粒之大小、肥瘦、软硬、色泽、穗之长短、形状,均有密切关系。

成熟期内温度与雨量各趋极端,则麦粒硬而红,含氮白粉率增加,唯麦粒则多瘦小耳。若在生长之晚期,遇温燥之气候,充分之日光，则麦粒之色泽鲜美，制粉之品质较佳。

空气湿度之多寡与小麦之品质有密切之关系，凡湿度高而时期又延长者，大抵不利于小麦之生长。在成熟期内，尤为不利。盖湿度过高，每至延迟成熟期，减少蛋白质；而淀粉则有过剩之弊，故麦粒极为柔软；且麦秆软弱，病菌容易寄生。在潮湿区域栽培小麦，品质往往恶劣者，并非多雨之故，实因湿度过高，缺少日光也。在干燥境内，小麦生长期，须有充分之雨量。故适当之雨量，为小麦所喜，而过高之湿度，则为小麦所忌……多数之农作物，遇过度之湿气，往往有损于子实之品质，此固吾人所深知，作物之种子，其大部分为蛋白质或糖分，如小麦之类者，尤为重要。盖小麦品质以蛋白质多者为优。开花至收获期，湿度较低者，蛋白质较多。否则反是。我国北部所产之麦，其品质优于南方所产者，职是故也[①]

第十章第三节中，论述了土壤与小麦品质之关系。

小麦面粉之膨胀性，与种植物生理性质，如成熟期、抗病性等相同，常随其生长情形而异，非历年不变者也。环境之势力，能左右小麦之生长者，除气候外，当推土壤……[②]

1938年，他在农业职业学校教员暑期讲习班"作物学"讲稿的第三讲中专门论述了种子之品质及作物品质之检定。谈到小麦之品质，他说：

小麦之品质可由两方面言之：①制粉品质即出粉率高者为佳。②制面包品质，即面包发酵体积大者为佳。对于消费者，更应注意面包之色泽，如色白且性质柔软者为佳。小麦每石重量大，且麦粒丰满者，出粉率必高，蛋白质之含量亦需选择高者为佳。

---

① 金善宝：《实用小麦论》。上海：商务印书馆，1934年，第179页、185页。
② 同①。

关于小麦品质与环境的关系：

气候对于小麦蛋白质之含量极有关系，例如干燥高温下之小麦，其蛋白质含量必高；低温多湿之地，则较少。英国产麦区域，多湿多雨，故不及加拿大小麦之品质。我国气候，南方多雨，故不及北方小麦。由此观之，气候影响小麦之品质，乃为重要之因子矣。

小麦由出穗起，至收获止，其间如遇多湿季，则品质必减退，仅可改良栽培方法，促其早熟一法补救之。美国加州曾将春小麦提早在冬季播种，结果颇佳，即其例也。

对于小麦之品质与产量之关系：

品质佳，则产量低，二者颇难并进，例如普通冬小麦产量高、品质低，普通春小麦产量低、品质高，故品质与产量之关系适成反相关。

对于小麦之品种与品质之关系：

品质视品种而异，如普通小麦之品质为最佳，适于制面包之用。密穗小麦之品质次之，硬粒小麦之品质亦较软粒小麦之品质为优。硬粒小麦之胚乳角质颇坚硬，虽蛋白质之含量较普通小麦高，但不宜制面包之用也，仅可制作管状面而已。[①]

讲稿中，他还介绍了在当时条件下，检定小麦品质的各种方法。如：面包体积法、面筋测定法、面粉发酵时间测定法等。

1944 年，他在"新时代小麦改良应采的技术"一文中，对"品质的改进"一段，从社会各个不同的角度分析了人们对小麦品质的要求，分析了

---

① 金善宝：农业职业学校教员暑期讲习班"作物学"讲稿的第三讲，1938 年。

气候与小麦品质的关系、斑粒与品质的关系、减少或阻止斑粒发生的方法。文章明确指出，欧美各国评定面粉的优劣，多半以能否制造面包为标准。①

综上所述，足以证实，金善宝对小麦品质育种的关注确实已经很久。但是，在那战火纷飞的年代，无论是前线战士还是后方饥寒交迫的百姓，都急需粮食填饱肚子，争取小麦高产是育种工作的主要任务，也是金善宝奋斗的目标。为此，他只能把小麦品质育种挂在心头。

1958年，他调到中国农科院开始筹划小麦育种时，又提到小麦品质育种问题。据小麦专家庄巧生院士回忆：

> 1960年前后的一天，金老专门嘱咐我设法引进美国检测小麦品质的主要实验室仪器设备，外汇由他负责申请。我将在美国堪萨斯州立学院小麦制粉产业实验室所用的有关综合检测面粉吸水率、搅拌时间、面团延伸性、面筋强度和弹性的仪器名称，德国 Brabender 公司的 Farinograph 和面仪和堪萨斯州立大学 Swansen 教授主制的 Mixograph 和面仪呈上。因为，购买这些仪器设备都需要外汇，在当年的条件下，是很难的……②

这件事受当时年代背景的影响最终不了了之。当年虽然不是战争年代，却是农业三年灾害时期，很多农民依靠野菜度日，城市居民粮食定量供应，没有人敢于奢望吃一块面包，品质育种连想都不敢想！自然，金善宝的外汇申请也就泡汤了！

到了60—70年代，金善宝在各种学术会议的讲话中，或是在倡导加速小麦世代育种的进程中，对于改进小麦品质仍然念念不忘。

1961年1月25日，他在中国农科院所长会议上作了"如何利用品种资源改进作物育种工作"的讲话。其中，专门提到小麦的品质。

> 作物育种要提高产量，也要注意品质。过去的作物育种，对提高

---

① 金善宝，新时代小麦改良应采的技术．中农月刊，1944年，第5卷第4期。
② 庄巧生访谈，2017年4月25日，北京．资料存于采集工程数据库。

产量做出了一定成绩，但对品质方面注意不够。在小麦方面，有些品种虽然产量很高，但其品质如何？出粉率大小？蛋白质含量多少？都不清楚。去年（指1960年），在印度展出的农展会上，参观的人问我们展出的小麦蛋白质多少？我们就答不出来。一般说来，我国改良小麦的品种，蛋白质含量是不够高的，一般只有7%—13%，要提高它的品质，必须从选种和杂交着手。要从研究小麦品种资源着手，要创造快速测定蛋白质含量的方法，在这方面，育种工作者应和生理、生化工作者联合起来进行……①

图10-1　1978年金善宝在中国农科院小麦试验地看小麦苗期长势（左起：辛志勇、郭丽、金善宝、杜振华）（原载《农业科技通讯》1978年1期封面）

1973年9月10日，他在"我国小麦发展的前途及其有关问题"一篇手稿中，专门提到小麦品质问题。

小麦不但要高产，还要注意品质。小麦的蛋白质含量一般为

---

① 金善宝，"如何利用品种资源改进作物育种工作"的讲话。中国农业科学院所长会议，1961年1月25日。

第十章　小麦品质育种的探索　　225

12%—13%，我国小麦的蛋白质含量不清楚。因此，1960年编写《中国小麦栽培学》缺少品质的一章。蛋白质是由几十种氨基酸组成的，人体需要的氨基酸约有20种，其中18种来自小麦，但缺点是赖氨酸含量少。育种的任务，不但要育成蛋白质较高的新品种，还要提高赖氨酸的含量。国外不少国家都在做改进小麦品质的工作，加拿大的小麦品质比较好，蛋白质含量最高的达到25%。美国的内布拉斯加州试验场曾搜集和分析了世界普通小麦10500个，硬粒小麦3500个，蛋白质含量最低的6.9%，氨基酸0.29%，其中10个品种最高，蛋白质含量18.4%—21.4%，赖氨酸0.55%—0.62%。这些事实说明，要育成优质的小麦新品种，首先要具备大量的品种资源和开展大量的分析工作，否则就会陷入盲目性，而且劳而无功……

1962年，浙江农科院作物育种所对浙江12个品种作了品质分析，蛋白质含量最低的是"金华早小麦"，为8.75%，最高的为"临海早赤麦"，为17.03%。由此可见，我国农家小麦当中具有高蛋白的品种，应该予以重视，好好搜集、保存，进行分析研究。①

中字号小麦的选育

金善宝的助手杜振华回忆：

金老对课题研究很有远见，常谈小麦的品质育种问题。他指出，"要先从普通小麦中筛选，再进一步做远缘杂交"，介绍了国外育成的一些优质小麦品种以及小麦近缘的高蛋白种质。他还明确地说："我的意思是把品质放在重要地位。"当时，全国粮食生产不足，主要强调"高产"和"吃饱"的问题，众多课题组都没有把品质作为重要的育种目标，尤

---

① 金善宝："我国小麦发展的前途及其有关问题"手稿，1973年9月10日。

其是加工品质。可见，那时金老的想法是有导向性和远见的。从此，我们研究室在小麦新品种选育过程中，特别关注了品质问题。①

春小麦育种第三阶段（1973—1983年）的主攻目标是，选育高抗三种锈病、白粉病，产量比京红1—6号提高10%以上的春小麦新品种。同时强调春小麦品质选育，要求小麦籽粒蛋白质含量在15%以上，赖氨酸含量在0.3%以上。

与此同时，鉴于黄淮平原是我国冬小麦的主要产区，历年来小麦播种面积占全国小麦播种面积的40%左右。自20世纪60年代末期以来，由于作物复种指数不断提高，生育期长的棉花、水稻等前茬作物面积不断增加，加上这个地区旱、涝灾害频繁，影响了小麦及时播种，以致晚播小麦比例逐年增大。据河南省周口地区统计，1983年全区晚播小麦面积达380多万亩，占全区小麦播种面积的47%；南阳地区晚播小麦面积500万亩，占全区小麦播种面积的60%；一般地区也都在20%—30%。由于小麦播种期推迟，相应地带来耕作粗放、施肥不足、小麦生长发育不良，产量下降。晚播小麦一般减产20%—30%，有的达50%以上，严重影响了这个地区农业生产的全面发展。为此，迅速解决晚播小麦的低产问题，是黄淮地区农业生产的当务之急。② 针对黄淮地区小麦生产上存在的这一问题，从1973年起，金善宝的春小麦育种，除了继续面向北部春麦

图10-2　1984年5月金善宝在河南新野南张营"中字麦"麦地（金善宝家属供图）

---

① 杜振华访谈，2017年4月28日，北京。资料存于采集工程数据库。
② 史锁达，任志高：《著名农学家教育家金善宝》。北京：农业出版社，1985年，第75-76页。

区外，同时积极为黄淮地区服务。为此，他们的育种目标，要求新品种对光照反应不敏感、耐迟播，而且高抗小麦 3 种锈病、白粉病，高产，且有优良的食用品质和加工品质。

春小麦育种组 1973 年以"洛夫林 13"（Lovrin13，它是小麦/黑麦的 1B/1R 易位系）为母本和国际锈病鉴定圃的 IRN68-181 杂交，通过北京春播—海南岛通什或云南元谋秋播，一年两代，于 1976 选育成姐妹系"中 7606"和"中 7605"。

1977 年配制了"中 7605/中 7402"组合（"中 7402"是"St1 476/506"×"京红 5 号"的后代）。经过北京春播—云南元谋秋播，南繁北育，于 1979 年育成了"中 791"。

这些新品系对光照反应不敏感，耐迟播，表现抗病性强、稳产、高产、适应性

图 10-3　1984 年 5 月金善宝在河南访问农家，征求对"中字麦"的意见（金善宝家属供图）

广。在黄淮地区经过 4 年试种，增产效果显著，一般比当地推广品种增产 10% 以上，高产地块亩产可达 800 多斤。由于这批品种耐迟播，在一般情况下，可比其他品种晚播 15—45 天，大大缓解了这个地区秋收播种时机具、畜力和劳力紧张的矛盾，受到了广大农民的欢迎。为解决这一地区因小麦晚播造成低产的问题闯出了一条新路。"中 7606""中 791"等品种，群众统称为"中字麦"，无论是深山、浅山、丘陵、平原，还是水田、旱地都适宜种植，增产效果都比较明显。

1984 年 5 月，中原大地传来了金善宝主持研究的"中 7606""中 7902"等小麦优良品种丰收的捷报。几年来的辛勤耕耘，终于换来了丰收的喜悦。89 岁的金善宝激动得顾不上病重的老伴，立刻赶往河南。在灿

烂的阳光下，他头戴草帽、精神饱满地对新野、邓县（今邓州市）、内乡、南阳等县考察。数日里，他奔走田间，访问农家，走访了各县农科所，充分征求对"中字麦"的意见，了解到这些品种经过几年试种，充分显示了它的增产优势，已经在中原大地开花结果。

这一年，《泰安日报》《济南日报》先后发表散文诗"当小夜曲弹响的时候"，热情赞颂金善宝的迟播小麦：

> 秋，扔下个金色的喜悦，
> 匆匆走了，竟忘记
> 带走她那支装在蛐蛐罐里的
> 柔情的小夜曲。
> 当小夜曲弹响的时候，
> 我就扭亮台灯，用目光的犁
> 像秋天那样
> 耕耘那片发光的
> 散发着油墨芳香的"土地"。
> 我把小夜曲和金善宝的迟播小麦
> 一起播下，
> 生活的原野，
> 顿时长出了丰收的希冀。[①]

优美的诗句，表达了广大农民对迟播小麦无限喜爱的心情。在沉甸甸的麦穗上，在丰收的麦田里，育种家的心怀和广大农民的思想感情完全融为了一体。

[①] 仇涧芝：当小夜曲弹响的时候。泰安日报，1984年12月23日。

面包小麦品种的展示和鉴定

1981—1987 年,"中 7606""中 791"两个小麦品种,在河南省各地示范推广种植。1982—1983 年度,周口地区冬播"中 7606"平均亩产 601.6 斤,位居第一,比当地对照种增产 14.7%。1983—1984 年度和 1984—1985 年度,河南省种子公司主持的省区试验中,"中 7606"名列第一,比"宛 7107"增产 9.1%。从加工食品看,农民普遍反映做面条口感很好,这引起有关部门关注。1985 年和 1986 年河南省南阳地区优质麦系列技术开发组(简称协作组)组织较大规模的面粉、面包、面条的加工试验和评价。结果"中 7606"制作的面包,体积、弹性、色泽和口味都优于其他参试品种,加工的挂面断条少、食味好、有咬劲、不糊汤。1987 年春节前后就组织加工 11 万斤专用优质面粉,分别送到几个大、中、小城市进行小批量试产、试销。1987 年 3 月 10 日在北京义利食品公司用"中 7606"和"中 791"小麦面粉制作面包,烤制的面包体态丰满,超过模具,外皮薄而光洁度好、表皮色泽焦黄均匀、面包心洁白细腻、口感麦香味纯正、纹理均匀、气孔一致。

优质小麦面包品质鉴评会

在以上试验基础上,1987 年 3 月 16 日,中国农科院作物所和河南南阳行署联合在北京召开了我国第一次优质小麦品种"中 7606"和"中 791"的面包品质鉴评会。应邀参加鉴评会的有国家科委、农牧渔业部、新华社、中国种子公司、河南省农牧厅、商业部谷化所、北京市粮科所、北京市粮食工业公司、北京农业大学、中美示范面粉厂、钓鱼台国宾馆、义利食品公司、北京饭店、建国饭店、西苑饭店等 28 个单位的领导、专家、教授、记者、名师和科技工作者共 84 人。其中副部长级 1 人、司局长级 12 人、学部委员 3 人、高级职称 16 人、中级职称 15 人。会议由中国农科院作物所所长李奇真主持。时年 92 岁的金老首先在会上讲话，他兴致勃勃地说：

> 同志们的工作都很忙，今天能够放下自己的工作来参加这次鉴评会，充分说明大家对我国优质小麦科研和生产是十分重视和关心的。我国是 10 亿人口的大国，也是个落后的农业国，长期以来，吃饭问题相当突出，在农业生产中只注重数量而轻视质量。作物育种工作者早就想开展品质育种工作，但受到我国社会现状的限制，一直摆不到应有的位置。党的十一届三中全会以来，由于各项政策的贯彻落实，农业生产得到了发展，城乡人民生活有了进一步的提高，不仅要吃饱而且要吃好。随着我国对外开放政策的贯彻执行，旅游业的大力发展，每年都有大量外宾来我国观光。所以我们不仅要发展优质麦生产，其他优质农产品也应大力发展，组织优质农产品进城。

金老讲完话后，鉴评会主持人李奇真宣布：我们组成了一个鉴评小组，准备采取专家鉴评和群众鉴评相结合的方法，按照统一的鉴评方法打分。鉴评组成员包括：中国农业大学教授，中国农科院小麦专家，商业部谷化所的专家，钓鱼台国宾馆面包组长以及北京市中美示范面粉厂、粮食工业公司、义利食品公司的工程师等专业人员。

随后，鉴评组组长、中国农科院作物研究所小麦育种家庄巧生发言说：

> 河南南阳经过三年的努力，取得了很大的成绩，在优质小麦品种方面开了个好头，现在进展不错，我们过去没有很好对烘烤品质进行测定和筛选，现在从上到下都重视了，有基础了。1 号和 2 号能与国外强力粉的品质相比是不简单的。今后有计划地开展品质育种工作，肯定会好起来。今天看来，我们拿出来两个品种，希望是很大的。我国北方小麦蛋白质含量高于黄淮地区，黄淮地区小麦蛋白质含量高于南方。所以建议分区建立品质实验区，配合育种、加工部门开展工作是很重要的。今后商业、农业要加强横向联系，多交换意见，推动这

第十章 小麦品质育种的探索

方面的工作向前发展。

中国农科院作物所麦类系主任杜振华在简单介绍了"中7606""中791"两个优质小麦品种的综合特点和培育过程之后说：

> 随着人民生活水平的提高和国际交往的增多，人们对面粉品质的要求越来越高，我们和南阳地区的种子、粮食以及研究单位的技术人员及时地注意到提高小麦商品价值的重要性，在加工品质上下功夫。在南阳地区领导的关怀和支持下，成立了南阳地区优质麦系列开发协作组，对南阳地区的小麦品种进行了普查筛选，并就小麦的营养品质和面粉、食品加工品质开展了加工测试研究，经过多次的加工面包、面条试验，"中7606""中791"的品质已接近或达到了国宾馆使用的进口强力粉水平。这样，我们就可以用我国自产的优质小麦做面包专用粉了。这已成为现实，而不仅仅是停留在实验室阶段或仅仅是品尝而已，因为南阳地区是个小麦集中产地，每年可以外调50多万吨小麦商品粮，可以生产大量的专用粉供应外地。

鉴评小组副组长商业部谷化所主任周卫发言：

> 这个鉴评会上，看到用自己的小麦面粉做的面包很高兴，我们很早就希望有自己的优质麦品种，这次有了，大家都看到了……随着旅游业的发展、外宾增多和城市人民生活习惯的变化，面包的发展很快，但是，适合加工面包的面粉还得靠进口。
>
> 河南南阳的专用粉，与进口强力粉比较差距很小，效果比较好，希望很大。

钓鱼台国宾馆面包师张荣生发言：

> 我们用中国面粉烤制面包还是第一次，质量相当不错，从打分

结果看只差 0.4 分，如果将制作面包的工艺加以改进，可能会超过强力粉。

希望"中 7606"超过强力粉，填补国家空白，面包业的发展越来越快，需要的量很大。从义利食品厂投放市场情况看，群众对面包的需求量大了。

图 10-4 "中 791"和"中 7606"面粉制作的面包（资料来源：1987 年 3 月"北京面包小麦品质鉴评会"）

实验面包是第一次，不敢肯定哪一种比较好，评委的看法和我们看法大致相同，"中 7606""中 791"在面包行业中是可做面包的。希望今后能保证质量，质量一定要稳定。强力粉有时不稳定，做出的面包也不太好，好的工艺完全可以做出好的面包。

农牧渔业部农业局副局长曹庆农发言：

今天到会的单位很多，面很宽、很广，大家都很认真地对面包进行鉴评。正如钓鱼台国宾馆师傅所说的，与强力粉相比不相上下，说明我国也有可做面包的优质小麦品种了！南阳的经验很有价值，有很重要的现实意义。

最后，经鉴评小组的专家们认真打分鉴评，最终宣布，"中 791"（代码 1）、"中 7606"（代码 2）名列前 2 名。鉴评意见是：

（1）鉴评小组对"中 7606""中 791"两个春小麦品种的面包品质进行了认真的鉴评，一致认为，供鉴评的两个春小麦品种所烤制的面包，其综合指标已接近或达到了用进口小麦所烤制的优质面包的水平。

（2）根据测定面包体积、形状、纹理结构、弹性、色泽、口感等

第十章 小麦品质育种的探索

指标，综合评分为："中7606" 88.8分，"中791" 86.3分，"强力粉" 89.2分，三者相差不多，特别是"中7606"与"强力粉"无甚差异。

（3）对照粉是由北京中美示范面粉厂用进口小麦磨制的高精度粉，出粉率为35%—40%；而"中7606"和"中791"则由河南省邓县面粉厂磨制的，出粉率为52.5%，粉粒较前者为粗。如果用统一精度的面粉进行试验，则"中7606"和"中791"的烘烤效果可能还要好些。专家认为，烤制品质达到优质指标的面粉，还可针对品种特点，相应改进制粉工艺，调整配方和改善技术，使烘烤出的面包品质更佳。[①]

会后，有三家报纸对这次鉴评进行了连续报道：

1987年3月18日，上海《文汇报》第一版"瞭望角"刊登新华社稿"我国两个小麦新品种适合制作优质面包。"

1987年3月20日，《中国日报》英文版，第3版刊登新华社稿"New wheat, better bread"。

1987年3月23日，《科技日报》第一版刊登"我国培育出烤制优质面包的小麦新品种"。

南阳优质小麦"中7606""中791"鉴定会

1987年5月12日，河南省科学技术委员会再次对"中7606""中791"小麦品质进行了鉴定。

我国具有丰富的小麦资源，但是，关于小麦品质的研究和利用，特别是在优质麦的开发利用方面，国内长期处于空白状态。为了制作优质面包等高档食品，国家每年要从国外进口优质小麦或相当的强力粉。为了改变这种落后的面貌，适应我国人民生活水平逐步提高的需要，南阳地区于1984年成立了优质麦系列技术开发协作组，按照"纵

---

① 1987年优质小麦品种面包鉴评会资料汇编。资料存于中国农业科学院作物科学研究所档案室。

向贯通，横向联合，面向生产，突出效益"的指导思想，经过农业、粮食、加工、科研等部门的科技人员的共同努力，在充分酝酿论证、组织准备的基础上，对全区小麦品种

图 10-5　1987 年 5 月在南阳召开优质小麦鉴定会（左起：尹福玉、金善宝）（资料来源：南阳优质小麦鉴定会）

进行普查，进而对各种小麦品种和籽粒、面粉及食品加工品质进行一系列测试。经过 9 次化验分析、8 次测试比较、13 次生产性试验、4 次现场鉴评和 1 次试产试销，筛选出 2 个适宜加工强力粉、可供烤制优质面包的小麦品种"中 7606"和"中 791"及 3 个适宜加工普通面包和其他食品的中、薄力型品种。

鉴定意见：

该研究课题设计合理，研究方法和手段先进，测试数据准确，资料系统也较完整，在北京、上海和南阳三市分别进行的鉴评与鉴定结果基本一致，表明用"中 791"和"中 7606"两个优质小麦品种所烤制的面包，其综合指标已接近或达到了进口小麦磨制的强力粉所烤制的优质面包的水平。[①]

鉴评会再一次证实了金善宝和他的助手们在南繁北育、再创新高的道路上，不仅完成了春小麦一年繁殖三代的创举，而且向国人公布了这群多年来对小麦品质育种的探索者，终于培育出了适合制作优质面包的小麦新品种，开启了国产面包小麦之门。

---

① 河南省科学技术委员会对"中 7606""中 791"小麦品质鉴定，1987 年 5 月 12 日。

第十章　小麦品质育种的探索

第十一章
小麦科学理论的创新及相关著作

金善宝从事小麦科学研究长达 70 余年，主编和组织编撰了多部小麦等农业科学著作。他的科研工作不仅奠定、开拓了我国小麦育种科学的道路，也对我国整个农业科学的发展作出了重要贡献。

主编《中国小麦栽培学》

1959 年 2 月，全国农业科学研究工作会议讨论决定：以金善宝为主编，组织全国著名小麦专家共同编著《中国小麦栽培学》。承接任务后，金善宝于 1959 年 3 月亲自带队，率领戴松恩、卜慕华、庄巧生、梅籍芳、蔡旭、吴兆苏、王玉成、曹尔昌、吴董成、黄佩民等全国著名小麦专家到四川省农科院集中一个月，全面查阅有关小麦的研究档案（抗战时期，中央农业实验所迁至该院，过往的研究资料仍保存在此）；接着组织专家参观丰产田，访问生产能手，召开座谈会。4 月在成都、5 月在河南偃师分别召开南方、北方的小麦科研现场会。同年 6—8 月开始正式编撰工作。金善宝强调"集体创作"，他把编撰者集中到北京香山饭店，集体讨论，分工执笔；后由黄佩民协助卜慕华负责统稿，金善宝最后审稿、定稿。①

当时正值"大跃进"期间，农业上的浮夸风也刮到了农业科研单位。在编写《中国小麦栽培学》过程中曾有一段小插曲。对此，金善宝在"文化大革命"交代材料的手稿中这样写道：

> 1958年的浮夸风不仅仅在农村，也刮到了农业科研单位。有的科研单位的领导盲目追求粮食产量，……不顾"合理密植"的合理二字，说"越密越好"，甚至大肆鼓吹"小麦要密植，每亩播200斤种子"。对此，我反驳说：现在，全国4亿亩小麦，平均每亩产量不过100多斤，每亩地要播200斤种子，请问，到哪里去找这么多的种子啊？何况土地肥力是有限的，怎么能越密越好呢？
>
> 1959年，中国农科院在成都召开小麦科技工作会议，有人对我说：密植问题应该在科学上有一个新的提法，现在决定采用"依靠主穗"这个口号，向全国农业科研单位发出号召。我认为分蘖是小麦、水稻等作物的重要特性，对增产稳产有重要意义。过分抑制分蘖，不利于作物的发育。"依靠主穗"就是意味着愈密愈好，势必要过多地增加播种量，那样做，我国栽培的水稻、小麦作物都将成为光秆作物，粮食产量将会大幅度下降，甚至造成灾荒。
>
> 后来在编写《中国小麦栽培学》的会议上，"依靠主穗"的问题成为大家辩论的焦点。我在会上强调科学问题要百家争鸣，让大家不要有顾虑，充分发表自己的意见。会议刚开始，发言的人大多数是反对"依靠主穗"的论点的，但是第二天，受到外来干扰，气氛就急转直下了，有人还指名批评我，说我反对"依靠主穗"的观点是错误的。于是，在《中国小麦栽培学》快要定稿的时候，里面充斥了"依靠主穗"的材料，我是该书的主编，却不准我改动一个字。幸而郑州小麦会议的总结在《人民日报》上全文发表了，在这个总结里，北京、郑州等地的大量小麦材料证明，高产小麦都是具有1—2个分蘖穗的，

---

① 黄佩民访谈，2017年2月24日，北京。资料存于采集工程数据库。

完全反映了客观真实的情况。最后，我把《人民日报》的材料编进了《中国小麦栽培学》的定稿里。

为了这件事，在中国农科院三楼会议室的领导干部会议上，我被指责为"现在有苗头，有人反对我们的'大跃进'！反对党的领导！以后，又在多次会议上对我进行了不点名批评……"①

由此可见，金善宝实事求是、坚持真理，冒着被扣上"反对'大跃进'""反对党的领导"罪名的危险，坚决把"农业八字宪法"中合理密植的理论编进了《中国小麦栽培学》的定稿里。

该书在序言中写道：

此书比较系统地论述全面贯彻"农业八字宪法"的小麦丰产栽培的成就，特别是合理密植和田间管理在理论上的发展，着重指出合理密植是小麦丰产栽培的中心环节，合理增株、增穗，依靠主茎穗并争取部分分蘖穗是当前获得小麦大面积丰产的可靠途径。在阐明小麦苗、株、穗、粒相互关系的基础上，明确以"苗全苗壮、穗多穗大、粒多粒饱"为目标，从播种到收获抓住小麦生长发育过程的每一个环节加强管理，才能确保丰产丰收。

余松烈在《中国农业科学》发表了《中国小麦栽培学》的读后感。

全书共分15章，约60万字，1961年农业出版社出版，是一本思想性和科学性较强的理论著作，对当时小麦生产上存在的问题及其解决途径和方法，从理论上进行了探讨，对指导生产有着重要的现实意义，同时也为树立和发展我国小麦栽培理论奠定了坚实的基础，②为今后类似专著的出版起到了开篇启后的作用。

---

① 金善宝："文化大革命"交代材料，1968年，未刊稿。资料存于采集工程数据库。
② 余松烈：《中国小麦栽培学》读后感。中国农业科学，1962年，第6期。

主编中国第一部农作物品种志
《中国小麦品种志（1—3辑）》

1960年，时任中央农业部种子局局长的刘定安考虑对中国生产上应用的小麦品种进行整理，以提供给农业生产管理者、经营者和科技工作者选择利用。农业部于1961年正式向中国农科院作物所下达编撰《中国小麦品种志》的任务，请金善宝任主编。为此，金善宝组织全国小麦领域权威专家，成立《中国小麦品种志》编委会，请各有关单位的精兵强将参加编写。金善宝在编委会上强调指出："品种志是历史文献，是历史的记录，要经得起历史的考证。每个品种的名称、特征、特性要详尽的描述，由熟悉该品种的专家来写。"在编写过程中，他倾注了大量心血，亲临指导，并亲自在红楼安排了一间办公室，供编撰者工作。因任务重，编写人员常常不能按时用餐，又适逢困难时期，他专门请食堂留好饭菜。第二辑编写时，各单位把有关品种稿件送到北京，由编委会编审定稿后，11月份在江苏太仓召开审稿会，与会专家、学者颇多，江苏省农业领导部门十分重视和支持，派专人协助安排住宿。当时金善宝已是90岁的耄耋老人，仍然参加了审稿会。第三辑编写时，主要由董玉琛研究员协助金善宝完成组织编撰工作。当时老一辈专家虽年事已高，但他们都尽心尽力地做好自己负责的那份工作。金善宝的助手吴兆苏教授负责写绪论，当时他重病在身，在医院的病床上打着吊针来写，草稿纸上还留有他的血迹。因此，三辑《中国小麦品种志》的编写和出版，是我国几代小麦专家和科技工作者心血的结晶，是重要的科学著作。[①]

除第一辑由金善宝、刘定安共同任主编外，第二、第三辑均由金善宝主编。先后参加编写的有200多人。第一辑于1964年出版，入志品种624个（有标本照片139幅），为1962年以前生产上使用的品种。其中普通小

---

① 钱曼懋访谈，2017年4月27日，北京。资料存于采集工程数据库。

麦 597 个，密穗小麦 13 个，圆锥小麦 9 个，硬粒小麦 3 个，东方小麦 1 个；地方品种 505 个，育成品种 88 个，国外引进品种 30 个。第二辑于 1986 年出版，入志品种 472 个（有标本照片 162 幅），为 1962—1982 年期间生产上使用的品种，其中普通小麦 469 个，密穗小麦、圆锥小麦和新疆小麦各 1 个；地方品种 23 个，育成品种 430 个，国外引进品种 19 个。第三辑于 1997 年出版，入志品种 413 个（有标本照片 133 幅），为 1983—1993 年期间生产上使用的品种，有地方品种 5 个，国外引进品种 18 个。每辑都写有"序"，对小麦特征、特性描述都有统一的标准和规范。书后有录选小麦品种，所属种和变种的缩影。《中国小麦品种志》是我国第一部农作物品种志，它在编写形式、内容要求等方面成为以后各种作物编写品种志的样板。[①]

图 11-1 《中国小麦品种志》（1962—1982）定稿会议（1 排：左 1 钱曼懋、左 5 金善宝、右 1 董玉琛、右 2 张树榛、右 3 庄巧生）（金善宝家属供图）

[①] 董玉琛：《中国小麦品种志》序。见：金善宝文选编委会，《金善宝文选》。北京：中国农业出版社，1994 年，第 431 页。

主编中国第一部作物品种及系谱分析
《中国小麦品种及其系谱》

20世纪80年代初，金善宝想编写一部新中国成立后30年的小麦品种改良的成就和主要经验，它不是"品种志"也不同于一般的"育种学"，而是以分析论述我国小麦育成品种及其系谱为中心内容，总结我国利用国内外小麦种质资源和选配亲本的经验，探讨主要经济性状的遗传传递关系，使依靠经验为主的育种上升为更有科学预见性的育种，为日后的品种改良提供有价值的经验和建议。

此书由金善宝任主编，庄巧生、吴兆苏、黄佩民、薄元嘉任副主编，邀请了全国知名小麦专家、学者30多人，经参会专家、学者多次商讨，认为该书应根据新中国成立后30多年来小麦种植区自然气候、栽培条件的变迁和小麦品种的更新换代，以及以往分区受当时认识上的限制所产生的不够确切之处，在参照金善宝等早期研究成果的基础上，作必要的调整，将中国小麦品种区划分为10个麦区：北部冬麦区、黄淮冬麦区、长江中下游冬麦区、西南冬麦区、华南冬麦区、东北春麦区、北部春麦区、西北春麦区、新疆冬春麦区、青藏春冬麦区。

每个麦区为一章。每章内容包括三个方面：①概述本麦区的地理范围、自然条件和小麦的生产与品种；②简要回顾本麦区小麦生产使用品种的演变；③对主要育成品种按其特色或组合特点，分析其系谱和性状遗传关系。

在编写大纲确定后，由各章主笔征集原始资料。随后在中国农科院招待所、北京体育大学招待所、友谊宾馆集中编写，最后在北京展览馆宾馆进行审、定稿。在每个编写阶段，金善宝都亲临现场指导，帮助解决编写中的难点、疑点。有时还自掏腰包，请大家吃顿"大餐"。

此书的开篇第一章是绪论，概括了我国小麦地方品种的基本特性和利用国内外小麦种质资源的效果。第十二章论述了亲本选配的基本经验：

①种质资源的利用，提出地方品种是改良的基础；②明确育种目标，及时抓住骨干亲本（包括"燕大1817""江东门""蚰子麦""蚂蚱麦""碧蚂4号""成都光头""五一麦""西农6028""北京8号""南大2419""阿夫""阿勃""欧柔""早洋麦"14个）；③对抗锈性、早熟性、矮化高产育种的基本经验作了全面总结，并指出育种工作中有待改进的问题。

此外，在附录中列有我国育成的大约1000个小麦品种及其重要亲本的系谱表，以及50多个主要小麦育种点的自然条件和基础资料，以供查阅。

这本58万字的专著，充分体现了中国的特色，在世界小麦品种演变史的文献中，填补了我国在这方面的空白，对进一步提高我国小麦育种科学水平，促进小麦生产发展和实现农业现代化都有积极意义。此后，水稻、玉米等作物的育种家们也相继编写出版了相应作物的品种及系谱分析，大大推进了我国作物育种学科的发展。

《中国小麦品种及其系谱》1983年由农业出版社出版发行后，受到了国际同行专家的好评。时任中国农科院院长的卢良恕应邀出访设在墨西哥的"国际玉米小麦改良中心"，曾携带数册作为礼品相赠，该"中心"小麦计划主任柯蒂斯博士当即提出，将本书翻译为英文本和西班牙文本，以便广泛交流。

《中国小麦品种及其系谱》1984年获全国科技图书奖一等奖，1985年获农牧渔业部科学技术进步奖一等奖，1994年获第一届国家图书提名奖。

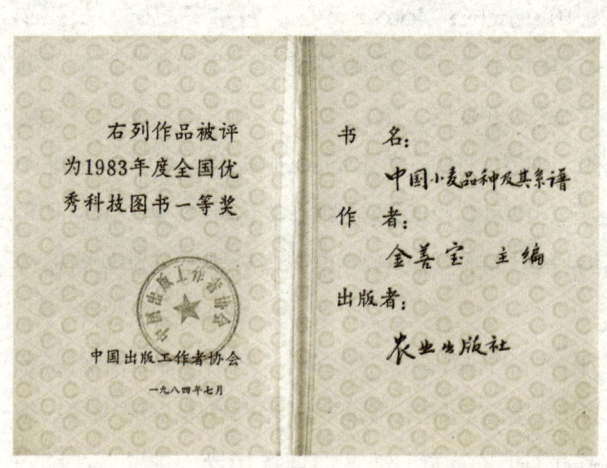

图11-2 《中国小麦品种及其系谱》1983年获优秀科技图书一等奖（金善宝家属供图）

主编《中国小麦学》

1982年9月,农牧渔业部宣传司针对新中国成立30多年来,特别是近20多年来我国农业生产各方面发生的变化,在科研和生产中出现了许多新成果、新经验、新问题。拟组织编写一套反映我国主要农作物栽培科学研究的重要成果和生产实践经验的科学理论著作。为此协同农业出版社和上海科学技术出版社组织中国农业科学院部分直属研究所和有关省、市、自治区科研单位以及部分高等院校的科研、教学人员编写一套《中国主要农作物栽培学》,共22个分册,《中国小麦学》名列其中,并委派金善宝为主编,庄巧生为第一副主编,黄佩民、余松烈和王恒立为副主编,组织全国50多位知名专家、学者共同撰写。

图 11-3 1989年9月金善宝(右5)参加在北京召开的《中国小麦学》第一次编委会 (左起:陈孝、范家骅、王琳清、黄佩民、庄巧生、金善宝、董玉琛、杜振华、陈坚、xxx)(资料来源:《中国小麦学》编委会)

1989年9月14—18日,在北京召开第一次编委会。金善宝在会议上确定了本书编写的指导思想。

要在较高的起点上，全面论述我国小麦生产的发展，育种、栽培和相关学科的成就，以及国外在这些领域的新进展。写一本具有中国特色的、理论联系实际的、体现国家水平的小麦学专著。即立足中国，洋为中用，它比大学教科书更富有实用性和针对性，比专题文集更富有整体性和系统性，比技术专著和工具书更富有理论性和独创性，能给读者在从事创造性的小麦生产活动和科学实验中，起到高屋建瓴、触类旁通的指导作用。

在编著过程中，依靠全国从事小麦科研、教学、生产和科研管理的专家、学者，在总结各地小麦生产技术经验、科研成果和借鉴国外先进技术的基础上，力求处理好理论与实践、基础与应用、历史与现状、当今与展望等方面的关系。该书成稿后，根据金善宝和庄巧生的意见，黄佩民携带全部稿件到山东农学院，同余松烈副主编历时1个月逐章逐字进行商议定稿。在全体编委、撰稿人、审稿人的共同努力，以及中国农业出版社的大力支持下，历时五年，完成了本书的编著出版工作。

在编写小麦种植区划章节时，对主区的划分和亚区的分界进行了适当的调整。主区是以播期（即春、秋播）而定，把冬麦区改称秋播麦区，春麦区改称春播麦区。亚区的名称和范围与中国小麦品种区划相似，只是强调了麦区的播种期。

中国小麦播种区划

主区	亚区
冬（秋播）麦区	①北部冬（秋播）麦区、②黄淮冬（秋播）麦区、③长江中下游冬（秋播）麦区、④西南冬（秋播）麦区、⑤华南冬（晚秋播）麦区
春（播）麦区	⑥东北春（播）麦区、⑦北部春（播）麦区、⑧西北春（播）麦区
冬、春兼播麦区	⑨新疆冬春麦兼播麦区、⑩青藏春冬麦兼播麦区

本书共28章，第一章至第三章分别介绍了我国小麦生产概况、种植历

史和现行种植区划。第四章至第七章为基础理论阐述，包括小麦生长发育与器官建成、生理生化、育种的遗传学基础和种质资源，其中适当应用和借鉴了国外的科学资料。第八章至第十五章为育种部分，其中第八章是带有概括性和指导性的一章，专门论述了小麦的育种目标和育种策略；其余各章是按不同的育种途径（包括品种间杂交育种、轮回选择、诱变育种、远缘杂交、双单倍体育种和杂种小麦）阐述目标性状选育的原理、方法、成就和经验。第十六章至第二十一章为栽培部分，其中第十六章专门论述了小麦栽培的基本原则和技术体系，也是带有概括性、指导性的一章。其余各章分别论述了麦田土壤耕作、培肥与灌排、麦田种植制度、北方和南方冬小麦栽培技术，以及春小麦栽培技术。第二十二章至第二十八章论述了小麦主要气候灾害、病害、虫害、草害、产量预测预报、收获与干燥、品质和大规模机械化生产。这样的框架结构基本上体现了以总论引路，理论奠基，育种栽培为主体，有关学科紧密配合的思想体系。

《中国小麦学》1996年8月由中国农业出版社出版，获1997年第8届全国优秀科技图书奖二等奖和1998年第十一届中国图书奖。

图 11-4 《中国小麦学》获第十一届中国图书奖
（金善宝家属供图）

主持"小麦生态研究"重大课题
编撰"中国小麦生态"相关专著

金善宝在半个多世纪小麦育种研究的过程中，深刻体会到气候条件、地理环境，对不同小麦类型生长发育的影响。我国是一个幅员辽阔、气候、土壤、生物资源极为丰富多样而又复杂的国家，小麦品种类型丰富，生态环境类型齐全而独特，为研究小麦生态提供了少有的宝贵条件。他认为，深入探讨我国不同地理、气候条件下，不同品种类型小麦的生长发育特点，科学地划分小麦品种生态类型，对于科学地制定全国小麦区划具有十分重要的意义。为此，他同作物所研究员张锦熙带领的小麦栽培研究课题组和中国农科院气象研究室崔读昌课题组草拟了"小麦生态研究"申报书，向国家科委申请，将这项基础理论性的课题列入国家重大科研项目。

1980年1月，金善宝接到国家科委批准"小麦生态研究"列入国家自然科学基金课题的通知时，十分高兴。为了课题研究的需要，他又积极争取中国农科院院长基金的支持。

此后，"小麦生态研究"重大课题，经历了12年的艰辛历程，于1993年3月完成。1993年3月8日，《人民日报》以"耄耋老人 科研不辍，全国小麦生态研究成果瞩目"的题目报道了该研究的完成，同年3月18日，《农业科技剪集》第二期，就"我国'小麦阶段发育理论'获突破，小麦生态学研究结硕果"为题作了报道。此项成果内容，主要总结在以下三本书之内。

《小麦生态研究》

1982—1985年，在金善宝主持下，由中国农业科学院作物育种栽培研究所牵头，农业气象研究室配合，组织了全国41个农业科研单位和农业院校，在北纬49°26′至北纬23°08′、东经86°34′至东经127°21′的范围内，布设了从海拔8.9米至3836米的42个试验点，开展了3个年度的小麦生态联合试验，用代表不同类型的31个参试品种进行多年异地分期播种的田间试验，包括秋、冬、春、夏各种播期，辅以室内有关试验。

试验结束后，每个试验点都获得了丰富的试验资料和大量试验数据。在各自的研究总结过程中，提出了一些新观点，揭示了一些共同规律，并根据试验结果，撰写了一批研究论文。

对完成第一轮试验、已通过技术鉴定的研究报告，挑选了 64 篇，涉及小麦品种生态型分类研究方法、指标选择和分类结果、不同类型小麦品种在不同生态条件下的生育特征、生长发育与温光反映、生育阶段划分、完成春化反映的形态指标、生理过程和温光条件探讨、日长效应、幼穗分化与温光反映、主茎叶数的变异、株高的变化及其影响因素、产量性状变化的生态效应、温光条件对籽粒蛋白质含量的影响、不同地区适宜品种类型和播种期的论证、小麦生态研究与小麦生产的关系等方面。全书72.3万字，定名为《小麦生态研究》，1990 年由浙江科技出版社出版。本书的出版，为全国小麦生态研究的系统总结作了有益的尝试和准备，也为国内外同行的学术交流提供了资料。[1]

《中国小麦生态研究》

在总结 1982—1985 年"全国小麦生态研究"试验结果的基础上，在参加田间和室内试验、收集和整理试验资料和数据、拟定写作提纲、利用电子计算机处理试验数据、研制信息系统过程中，共涉及 46 个研究单位，试验研究人员 116 人，涉及专业包括作物生态、小麦栽培、小麦育种、小麦品种资源、农业气象、生理生化、数理统计、电子计算机技术等。

《中国小麦生态研究》是我国第一部反映小麦温光生态为主的小麦生态研究专著。除绪论外，全书分成十五章，书后附索引。这部专著全面且系统地提出了普通小麦品种生态型分类体系，揭示了不同类型品种的生育特性和温光反应特征，归纳了夏播小麦的生育表现和温光反应。阐述了低纬度、高海拔地区小麦的生育规律；概括地提出了海拔高度和纬度所引起的小麦生育期间温度变化规律和生育期变化规律；分析了穗分化的变异和温光反应；从气候因子和地形因子等方面，全面论述了小麦生育期的变化规律，并找出了定量关系，把小麦的一生划分了 6 个生育阶段；从小麦主茎叶数、株高、产量性状、籽粒蛋白质含量等方面的变化规律上分析了气

---

[1] 曹广才：《小麦生态研究》简介。见：金善宝文选编委会，《金善宝文选》，北京：中国农业出版社，1994 年，第436 页。

候因子的作用；介绍了电子计算机技术在小麦生态研究中的应用。《中国小麦生态研究》初步提出了以温光生态为主的小麦生态学科体系，总结了一些有价值的成果，既丰富了我国小麦生态学内容，也为世界小麦生态学研究提供了重要的参考。

《中国小麦生态研究》1991年由科学出版社出版。

《小麦生态理论与应用》

在上述试验研究和编撰专著基础上，1988—1990年在全国14个试点进行了试验研究，参试品种由31个增加到61个，试验仍以田间分期播种作为主要研究手段。中国农业科学院作物育种栽培研究所为课题主持单位，中国农业科学院农业气象研究室为课题合作单位，全国14个农业科研单位和院校参加了协作研究。探讨不同地理位置和气候条件下，不同品种类型小麦的生长发育特点及其温光等生态因子的反应，科学地划分小麦品种生态型，探索小麦生长发育的变异规律和产量构成因素的变异规律以及小麦发育生态的其他有关问题。

《小麦生态理论与应用》全书50万字，分15章叙述。内容包括小麦品种生态型分类，小麦生育期的变异和预测，不同类型小麦品种在我国不同纬度范围和特殊生态环境地区的生育特性和温光效应，小麦品种生态型的特殊温光效应，小麦的日长反应，在温度因子影响下幼穗分化过程的生化指标变化，温光因子对植株性状和产量性状的影响，籽粒品质生理生化变化的生态效应，小麦品种的生态适应性，生态研究和发展小麦生产的关系，我国种麦季节气候生态因子的分布特征，小麦生态学研究方法等。不仅丰富了"六五"期间的研究内容，充实了小麦生态基础理论，也突出了应用价值和前景。①

《小麦生态理论与应用》1992年由浙江科技出版社出版。

---

① 金善宝，曹广才：《中国小麦生态》简介。见：金善宝文选编委会，《金善宝文选》。北京：中国农业出版社，1994年，第440-443页。

"小麦生态研究"重大课题结果证明,日照的作用不只在"春化"以后,也不存在单独的"光照"阶段,在小麦对温度、光照的反应互补和叠加作用方面提出了新的见解。突破了在我国流行多年的小麦阶段发育理论,为小麦育种、引种、小麦区划、栽培以及种植制度的改革提供了科学的依据,既丰富了我国小麦生态学的研究内容,也为世界小麦生态研究提供了重要参考。

正如金善宝在《小麦生态研究》序言中所述:

我国幅员广阔,跨越几个气候带,地理环境错综复杂,生态条件千差万别。我国是小麦生产国,品种繁多,类型丰富,栽培广泛且有明显的区域性。深入探讨不同小麦类型及其生长发育对主要环境因素的反应特性,研究气候生态因子对品种性状的形成和选择效应,光、热、水资源对小麦阶段性生长发育的关系,小麦生物学特性与生态环境变异的规律,对于制定全国小麦生态规划、明确各麦区小麦品种的适宜生态类型、提出充分发挥品种遗传优势和生态环境潜力的栽培技术、丰富和发展我国小麦栽培和育种的生态学基础,都有十分重要和深远的意义。

金善宝百岁华诞之时,由他参与主持的"小麦生态研究"成果,获1995年国家自然科学奖三等奖。

组织编撰《中国农业百科全书·农作物卷》

1984年,金善宝受命任《中国农业百科全书》总编辑委员会副主任,《中国农业百科全书·农作物卷》编辑委员会主任,邀集了全国知名的农作物专家学者,组成了以金善宝为主任委员,庄巧生为第一副主任委员,李竞雄、卢良恕、黄佩民、杨守仁为副主任委员的农作物卷编委会,组织

图 11-5　1993 年获《中国大百科全书》编纂荣誉奖（金善宝家属供图）

70 多位有关专家、教授和科技人员，历时 7 载，撰写出第一部包含多种农作物、多种学科领域、辞书性质的《中国农业百科全书·农作物卷》。这是列入国家图书出版骨干工程的大型工具书，也是农业部重点项目之一。《中国农业百科全书·农作物卷》是一部集古今中外传统农业知识和现代农业知识的经典之作，也是农作物科学技术知识的全面汇集。全书共分成 19 个分支，每分支有 1 名主编、1—2 名副主编和 1—2 名主编助理分工撰写。全书共收条目 1684 条，配有插图 1620 幅、彩图 250 多幅，共 225 万字，分上下两册，1991 年 4 月出版。1997 年获全国优秀科技图书奖一等奖。

《农作物卷》内容有农作物总论、农作物遗传育种、农作物耕作栽培、农作物试验设计及统计分析、农作物农产品贮藏及加工、粮食作物、经济作物等。

金善宝因主持并参与编写《中国农业百科全书》1993 年获《中国大百科全书》编辑出版荣誉奖，《中国农业百科全书》1997 年获全国优秀科技图书奖一等奖。

《农业哲学基础》
填补了我国哲学领域中农业哲学的空白

由著名农学家金善宝、沈其益、陈华癸三位教授任主编，中国自然辩证法研究会农业科学哲学委员会组织全国 25 所高等农林院校的 35 位教授、副教授撰写的《农业哲学基础》一书于 1991 年由科学出版社出版发行。该书在研究中国以及许多国家农林科学技术历史经验、广泛吸收近年农林科学成果的基础上，从哲学上加以阐释概括，观点新颖，填补了我国科学哲学领域中农业哲学的空白，具有开创性。全书 53 万字，从理论与实际结合的角度阐述了：农业的本质及其发展规律，农业发展中的若干辩证关系，农业科学及其研究方法，农业决策和管理，农业发展前景和发展战略，农业子系统中的辩证法概述等问题。给农业领导干部、教师、科技人员、推广工作者学习研究农业哲学、不断提高思想方法和工作方法，提供了好教材。

我国第一部"实用农业小百科全书"
《现代农艺师手册》

金善宝在 20 世纪 80 年代末，组织了中国农业科学院和北京农业工程大学有关专家、教授等编写了《现代农艺师手册》。金善宝在序言中写道：我国以文明古国著称于世，农业历史源远流长，有着十分宝贵的经验。新中国成立后，农业生产几经周折仍然取得较大进展。近年来，党和政府制定了一系列加速农业发展的方针政策，调动了广大农民的积极性，农业由自然、半自然经济向有计划的商品经济转化，开始了现代化的进程。当今世界科学技术日新月异，自然科学的各个基础学科向农业渗透，与农业结合，使农业科学体系不断丰富、充实和完善。特别是生物技术在细胞和分子水平上的研究应用，诸如细胞工程、基因工程、发酵工程、酶工程等方面，已成为现实生产力。我国农业现代化要走具有中国特色的农业现代化道路，实现生产技术科学化、生产工具机械化、生产组织社会化。

我虽已 92 岁高龄，但愿与农业科技战线广大同志共勉，为我国农业现代化竭尽绵薄之力，故此主编这部农业"小百科"。力求使其内容全面而新颖，包括农业各学科、农业生产各领域的基础知识，国内外近年来农业科学新的理论知识、应用技术和新机具、新方法以及农业技术经济、农村商品经济的有关知识和分析认证。它是奉献给县、乡农业科技人员自学进修、一专多能、增长知识、掌握资料、提高基本技能的日常工具书。①

全书分 22 个章节，共 100 多万字，1989 年 4 月由北京出版社出版发行。

《中国现代农学家传》

1985 年 8 月，《中国现代农学家传》由湖南科学技术出版社出版。该书较系统、较完整地介绍了百余名中国农业科学家生平、学术成就和对我国农业发展作出贡献的传记丛书，是我国有史以来第一部介绍农学家的书。

1982 年年初，湖南科学技术出版社委托金善宝主持编纂《中国现代农学家传》，他觉得这是一件十分有意义的工作，欣然接受了这一任务。他同副主编吴景锋一起讨论了这部传记入选人员的专业范围和基本条件。确定入选人员的专业包括农业、林业的各有关专业。入选人员的条件主要是两条：一是爱祖国、爱人民；二是在农业、林业科学上有卓越建树，治学严谨、联系实际的专家学者。

约稿信发出后不到半年时间，全国各地先后寄回文稿和补充材料 300 多份，近 57 万字。材料之丰富、速度之快超过预期。

北京农业大学党委统战部和南京农业大学党委宣传部接到约稿信后，迅速为已故的列传人确定了合适的撰稿者；河南省委有关领导同志亲自审阅了农民小麦栽培专家刘应祥的传记稿；山西农业大学党委派专人查阅档案，为已故校长、生物统计学家王绶搜集材料；中国农业科学院原子能所党委负责同志还亲自为该所老专家撰写传记稿；作物栽培育种学家、广西农学院名誉院长孙仲逸，不顾八旬高龄，从南宁专程赴京，亲自把文稿交给金老审阅。这是一项十分细致而又严谨的工作，吴景锋同志主动承担了很多琐事；金老逐篇过目传记稿，其中还有不少人是他早年的同学或学

---

① 金善宝，王德槟：《现代农艺系手册》简介、序。见：金善宝文选编委会，《金善宝文选》。北京：中国农业出版社，1994 年，第 444-445 页。

生，作为见证人，一些史实需要他慎重审定。工作量较大，金善宝为此倾注了自己的心血。①

前后历时6年，完成了审稿和定稿工作。列传人中，既有20年代以来，为祖国农业建设作出了重要贡献、已故和健在的农业科学家、教授，也有目前正在农业战线上担负重任，为建设农业现代化做出新成绩的后起之秀，本书内容涉及农业领域的广度和近百年的长度，客观上构成了中国现代农业科技和教育史的一个重要部分。对于追溯我国20世纪20年代以来农业科技教育发展过程，具有重要的参考价值。时任国务院副总理的方毅同志为之作序。序中写道：

> 我国是一个历史悠久的农业大国，积累了丰富的农业生产知识，拥有世界上最丰富的农业典籍，出现了贾思勰、王祯、徐光启等著名的农业科学家，在人类文明史上占有重要地位。虽然近代，我国农业的许多方面都落后了，但是，一些先进的知识分子，出于爱国之心仍做了不少努力。例如列入本书中的农业科学家，有一些人早在20世纪20年代或30年代，就开始探索现代农业科学技术，为我国现代农业的发展做了开创性的工作。新中国成立以来，我国的知识分子虽然受到一些不公正的待遇，但他们热爱祖国、热爱人民，不论在任何艰难困苦的条件下，献身祖国农业的决心始终没有动摇，并为之作出了重要贡献，这是十分难能可贵的。对于这一切，我们都应该牢牢记住。当前，我国要进行四个现代化建设，需要许许多多的科学家、发明家，要实现农业现代化，需要有更多的农业科学家献身于这项伟大的事业。为此，编纂一本现代农学家传是十分必要的。从这本传记里，可以追寻老一代科学家奋斗的足迹，了解他们走过的艰难历程，以激励和教育后人……

《中国现代农学家传》第一卷于1985年8月出版，第二卷于1989年8月出版。出版后，受到广大读者的欢迎和好评。

---

① 贺晓兴：智慧在绿色王国闪光——金善宝教授主编的中国现代农学家传. 作物学报，1985年，第12期，第118页。

第十二章
百岁人生家国情

"小麦是我的宝" 踏遍山川人未老

有人说，金善宝的一生是和小麦打交道的一生，他将自己的一生都献给了我国的小麦科学事业。

"每当春小麦生长季节，在中国农业科学院东门外的小麦试验田里，经常可以看见一位鬓发皆白的老人在碧绿的麦海里走走瞧瞧，有时还带着7岁的小外孙，一起跨越田间的沟沟坎坎，有时弯腰仔细观察，有时在笔记本上记点什么……"这是1972年记者在《大公报》上的一段报道。凡是中国农科院的职工，一看这段报道，就知道这位老人是他们的老院长、小麦育种家金善宝。

金善宝培育小麦良种，就像母亲抚育婴儿一样，十分认真、仔细，几十年如一日，在中国农科院内传为佳话。

1971年冬，金善宝几次冒着夜晚的严寒去温室看培育的小麦品种。有一天，他刚刚入睡，忽然被窗外呼啸的寒风惊醒，立刻想到：这么大的风,温室里的春小麦材料会不会受冻,温室的窗户关严了没有,万一出了问题,今年的试验就全部失败了。想到这里,他再也躺不住了!瞒着老伴悄悄下了床,摸着黑、顶着风,向千米之外的温室走去,忽然一脚踩了空,一个跟斗摔倒在沟里,他忍着痛从沟里爬起来,又继续往前走。当他看见温室的窗户已经关好,温室内的小麦在补光灯下安然无恙时,心里的一块石头才落了地……

1976年初夏,小麦生长发育正处于灌浆阶段,半夜里下了一场大雨。一夜的雨水会不会把试验地的小麦泡倒了?这一夜,金善宝的心一直嘀咕着,没有睡好。第二天,天刚蒙蒙亮,他就穿着胶鞋赶到试验地,顺着麦垄,一行一行地检查小麦的倒伏情况,鉴定每一个品系的抗倒伏能力。当春麦研究室的同志来到试验地时,他已经把试验地的小麦全部检查完了,正迎着朝阳返回宿舍。大家看到他两脚泥泞,满头银发在晨风中飘动,很受感动,异口同声地说:"金老,您早!您不要太累了!"

小麦生长季节,金善宝天天顶着骄阳去试验地看小麦,老伴见了十分心疼,对他说:"不是年轻时候了,80多岁的人了,为什么还要天天往地里跑呢?"金老听后笑着打趣:"我们的小外孙寄托在邻居家里,不是很好吗?你为什么还要天天去看呢?因为小外孙是你的宝贝,而小麦是我的宝贝,我也要天天去看!"[①]

以上这对老夫妻之间的玩笑话,废寝忘食关怀小麦生长发育的事例,无不形象地展现了这位小麦育种家对小麦科学事业的热爱。

他和劳动人民同欢乐、共忧患

1962年3月,金善宝去浙江省绍兴、宁波、舟山等地考察。他写道:"在我经过的地方,山上绿荫丛丛,蔚然成林,和中华人民共和国成立前的童山濯濯,成了鲜明对比。中华人民共和国成立前,我国渔民的生活是最苦的,几乎没有自己的家,常年随处漂流、依船而生。"文中,他调查

[①] 史锁达,任志高:《著名农学家教育家金善宝》,北京:农业出版社,1985年,第72-73页。

了舟山县（今舟山市）、蚂蚁岛1949年前后的人口，各类鱼产品的产量、耕地、旱地、水田面积，机船、帆船、木船数量，历年捕鱼、产粮、生产蔬菜数量，社员历年收入，进行对比，用大量的数据、生动的实例，说明新中国渔民生活水平提高的程度。用渔民的一首歌谣"蚂蚁岛，机船对对照，产量年年高，生活天天好，公社红花开，人人齐欢笑，党的领导好，穷岛变成黄金岛"①歌颂新中国的幸福生活。字里行间处处表露出他的兴奋之情！可是，早在1958年大刮浮夸风之时，他在农村看到面黄肌瘦的乡亲吃不饱饭时，自己也难过得吃不下饭。

重视农民的生产经验

新中国成立后，金善宝多次撰文介绍农民的生产经验，1959年7月20日，他在《文汇报》"下乡见闻"一文中说："我国小麦，几千年来，经过农民长期培育选择，筛选出不少优良的小麦品种，主要特点是多花多实性。有一穗的粒数达百粒左右的。一种普通小麦，一个穗达到这样多的粒数，在世界小麦中是很少见的。"文中他介绍了河南、山东的小麦品种抗倒伏、抗病能力很强，推广面积达百万亩以上的品种有"平原50""蚰子麦"，江苏的"铜柱头""红葫芦头"，安徽的"白和尚头"，浙江的"白蒲麦"等。他认为"我国小麦，分布很广，品种之多，是我国在农业生产上极其宝贵的财富。""如何把我国的农家小麦品种很好地保存和利用起来，是我国农业科技工作者共同的责任。"金善宝在"我国农民选种家在育种上的成就"一文中，②满怀欣喜地介绍了全国劳模陈永康选育的水稻晚粳"老来青"，山东农民选育的花生良种"复花生"，黑龙江农民选育的大豆良种"荆山朴"，河南农民选育的小麦"内乡5号"等。"从总结农民经验的基础上，来提高我国的农业科学"一文中，③金善宝热情洋溢地介绍了河

---

① 金善宝：浙东调查。1962年，未刊稿。资料存于采集工程数据库。
② 金善宝：我国农民选种家在育种上的成就。1959年，未刊稿。资料存于采集工程数据库。
③ 金善宝：从总结农民经验的基础上，来提高我国的农业科学。1958年8月1日，未刊稿。资料存于采集工程数据库。

北农民创造的马铃薯双季栽培法、淮北地区农民利用猪粪尿改良沙矼土的方法和豌豆麦的栽培方法等。

五次考察内蒙古草原

"天苍苍，野茫茫，风吹草低见牛羊"的内蒙古草原，金善宝先后去过5次。第一次是1963年8月，他和林山等人去内蒙古哲里木盟，考察农业；第二次是1973年6月，考察呼和浩特、集宁地区丰收小麦长势；第三次是1983年9月，去呼和浩特考察中国农业科学院草原所；第四次是1988年8月，和秘书尹福玉代表九三中央参加九三学社内蒙古自治区区委第二次社员代表大会；第五次是1991年8月，到昭和草原考察草原所，并应邀参加内蒙古首届"那达幕"大会。作为一个农业科技工作者，他热爱祖国的每一块土地，热爱祖国建设的巨大成就。1963年的哲里木盟，农业很少；1973年再去时，那里的农业已经有了很大的进步，原来的呼和浩特，十分荒凉；现在处处高楼林立。昭和草原"那达木"大会的盛况，蒙古健儿的骁勇，使他进一步领略了草原风光，更加热爱这片大草原了。

塔尖放眼望丰收

金善宝的老伴常对他的助手们说："以后再有关于小麦丰收的消息，千万要瞒着他，他只要听说哪儿有小麦高产经验就控制不住自己，一定要去看看，他岁数大了，会吃不消的！"

可是，谁又能拦得住这位视小麦科研事业重于生命的人呢！

1980年6月，金老刚从呼和浩特、集宁、丰镇和雁北地区考察小麦回来，又突然接到山东省莱阳县良种场的邀请电报称，山东省小麦主产区大面积小麦亩产突破千斤，这是个破天荒的纪录，对于一辈子从事小麦研究的金善宝来说，是一个天大的喜讯。为了弄清楚千斤麦的真实情况，他立即带领助手们，风尘仆仆地踏上了开往济南的夜车。从济南到位于胶东半岛的莱阳县有350多公里，为了能在沿途多参观学习各地小麦丰产的经验，金善宝决定乘汽车，沿公路东行向莱阳驶去。一路上，他不顾疲劳，边赶路、边参观学习，认真听取各地小麦生产经验，如饥似渴地向胶东人民学习，把这些宝贵经验点点滴滴地汇集到《中国小麦学》的知识宝库中。金善宝这种孜孜以求、老骥伏枥的精神，深深教育和感动了周围的同志，中国农科院情报所高级编审郭哉善赋诗赞扬金老的这种精神：

登攀更上一层楼，壮志凌云忘白头。
雁北遍栽春小麦，塔尖放眼望丰收。

天山山下麦浪滚

1992年8月，97岁高龄的金善宝，在儿子金孟浩的陪同下来到乌鲁木齐，第二天驱车前往位于石河子新城的新疆农科院，农科院的同志拿出新疆最甜美的哈密瓜和葡萄，热情招待这位京城飞来的老寿星；在石河子农学院任教的原南京农学院毕业生许秉钊、王必强闻讯后，立即赶来看望他们的老院长，使这位年近百岁的老寿星，在祖国的大西北，不仅尝到了鲜甜的水果，也感受到人世间最美好的师生情和亲友情。在新疆农科院同志的陪同下，他参观了该院的小麦试验田，看见试验田里的麦浪滚滚，又听说他们培育的冬小麦品种种植面积约占新疆冬小麦种植面积的三分之一，十分高兴。从石河子返回，他登上海拔1900多米的天山，看见那宛如一面镜子的天池，映照着周围青山雪峰的倒影，真是"碧山玉岭翠满池，浓绿直到眉目边"。面对祖国如此壮丽的河山，他深深感到祖国的伟大。[①]

金善宝这个出身山村的农家子，他的心里，永远装着广大农民。为了提高全国小麦的生产水平，他的足迹遍及祖国的山山水水、大江南北（除西藏、台湾之外），为各地农业、小麦生产献计献策，他那壮志凌云忘白头、踏遍山川人未老的精神，永远为后人铭记。

---

① 金作怡：《金善宝》。北京：中国农业科学技术出版社，2015年，第217-220页。

关爱年轻一代　鼎力创新人才

作为一代农学家、教育家，金善宝十分重视农业科技人才的培养。在四个现代化建设的高潮中，他经常想的是，"文化大革命"期间，大量的农业科技人才流失，要实现农业现代化，当务之急是培养一支世界一流的农业科研技术队伍。

1978年在全国科学大会上，金善宝提出"迅速培养一支宏大的农业科技队伍"的建议。在他任中国农业科学院长期间，兼任研究院院长，关心青年成长，主张不拘一格培养人才，为年轻人创造条件，充分发挥年轻人的聪明才智。

曾任金老秘书的吴景锋说：

> 1980年，我从阿拉伯也门共和国农技援外专家组回国，被中国农业科学院党组选定为金善宝院长的专职秘书。开始，我担心自己是搞玉米的，金院长是著名的小麦专家，业务肯定跟不上，只能做事务工作，玉米专业也要扔掉了。金老知道我的想法后，明确地告诉我："你还可以抽时间去参加玉米研究工作，不要把专业荒废了……"为此，我除了拟写各种文稿、处理相应的日常工作外，金老支持我与作物品种资源研究所国外引种组合作，继续对从也门带回的100多份玉米材料进行种植鉴评、筛选和试用研究，绘制了我国第一张主要玉米杂交种亲本自交系的系谱图。为了支持我实现继续搞玉米研究的愿望，他还亲自给作物所玉米专家李竞雄先生打电话，请他支持我在玉米课题方面的研究。我回作物所后，被任命为业务副所长，被聘为"六五"至"八五"国家玉米攻关项目专家组成员，[①]成为中国农科院作物科学研究所作物栽培科学学科的带头人。

[①] 吴景锋访谈，2017年4月29日，北京。资料存于采集工程数据库。

原华北农科所的宋槐兴同志，1955年响应党的号召，自愿支援西藏，到拉萨后工作几经变动；1965年调到西藏农科所；1973年回到中国农林科学院；1978年才回到中国农业科学院作物所。1981年评定技术职称时，他未能晋升。金善宝了解情况后说："他虽然是农业中专毕业，但在西藏那样困难的条件下，深入实际搞农业技术推广，持续了'苏武牧羊'那么长时间，很不容易！他还选育出'拉萨1号'蚕豆品种，是有一定技术水平的，不能只看学历，要重视实际工作能力……"同年12月，宋槐兴同志晋升高级农艺师后，工作热情更加高涨，无论是担任科研处副处长或所办公室主任，都尽心竭力做好科研管理工作，在管理岗位上作出了贡献。

1983年中国农业科学院研究生院在招考研究生时发生了这样一件事：院里作物育种栽培研究所助理农艺师赵广才，1973年毕业于北京农业学校，毕业后他一边工作一边刻苦自学。1983年，他参加了研究生考试，以总分324分的成绩名列第三，达到了研究生录取标准。但是，他却因为没有大学文凭而落选了。这件事传到了当时兼任研究生院院长的金善宝耳中，他认为，录取考生不能单看学历，要看实际的水平，不能以"学历不符合要求"来处理。他在该考生的材料上批"自学成才，应优先录取"。三年后，赵广才以优异的成绩获硕士学位，又再接再厉获北京农业大学博士学位。多年来，从事小麦生长发育规律及优质高效栽培理论与技术研究，先后主持多项国家及省部级科研项目，成为中国农业科学院作物栽培学科的带头人，全国知名的小麦专家，国务院授予全国粮食生产突出贡献先进个人。

1982年，金善宝退居二线，被任命为名誉院长，《人民日报》记者就此事采访他。他用"实者虚之，虚者实之"八个字回答："过去，我虽然身任院长，但我只关心小麦研究，实际上只是一个'名誉院长'；现在真正做了名誉院长，职位虚了，却能干一些力所能及的实事，如春小麦育种研究，不仅能培育出一些增产优质的小麦良种，还可以带出一批春小麦育种的人才来，这才是我一生最大的乐趣。"[①]

[①] 金作怡：《金善宝》。北京：中国农业科学技术出版社，2015年，第268-269页。

金善宝的助手们也不负所望，分别在不同的年代为祖国农业科学教育事业作出了杰出贡献。

金善宝的第一任秘书、小麦科研的第一位助手杜振华说：

> 1963年，我被分配当金老的秘书，我的办公桌和他的办公桌面对面。金老见我天天到他办公室来上班，就对我说："这里的事我自己会做，你不用天天到我这里来，年轻人还是到科研第一线去为好，不要把时间荒废了。你主要的任务是做好试验研究工作，有事我会叫你。"这是他有意让我有更多的时间进行科学研究，以培养我独立工作的能力。我明白了他的意图以后，更加严格要求自己，努力把工作做好。①

在科研第一线艰苦锻炼、钻研的杜振华，团结春麦组全体成员，先后育成多个京红系列春小麦品种，荣获1978年全国科学大会奖（第2名）。并参与育成了耐迟播、早熟、适于加工优质面包的小麦品种"中7606""中791"。1988年被农业部授予部级有突出贡献的中青年专家称号，任作物研究所副所长等职务。

春麦组的重要骨干辛志勇，在连续5年南繁一线的工作中积累了丰富的小麦育种经验。此后，他和国外有关生物专家合作研究，掌握了世界先进的生物技术，将生物技术与常规育种密切结合，育成了易为小麦育种计划利用的异源小麦新品系，发表论文100多篇，成为荣获国家多项奖励的小麦专家，任中国农科院作物育种栽培研究所所长、博士生导师。

张文祥曾先后十多次去海南通什黎族苗族自治州农科所、云南省元谋县良种场、四川省凉山自治州米易县良种场，做南繁小麦试验，在和春麦组成员一起育成了多个优质小麦品种之后，进一步在小麦遗传育种、小麦外缘基因导入研究方面作出了贡献。1992年获部科技进步奖一等奖，1995年获国家发明奖二等奖。

原小麦品种研究室、江苏省农科院研究员周朝飞，1966—1990年参加

---

① 杜振华：我敬仰的金老。见：金作怡，《金善宝》，北京：中国农业科学技术出版社，2015年，第363-364页。

江西井冈山桐木岭、庐山植物园、云南省昆明桃源村的春小麦夏繁试验，经多年、多点试验，不仅证实了南繁北育、异地加代的成功，也使周朝飞在艰难的南繁北育试验中，育成早熟丰产"南农大黑芒""钟山2号""钟山6号"等高产优质的小麦品种，成长为小麦育种专家。

原小麦品种研究室、南京农业大学教授陈佩度，在艰难的南繁小麦实践中，和小麦品种研究室的成员一起育成了"宁麦三号"，该品种成为20世纪80年代淮南麦区的主栽品种。在此基础上，他不断进取创新，在小麦分子细胞遗传学、植物遗传工程方面作出了重要贡献，荣获国家奖励多项，成为南京农业大学颇有知名度的教授、博士生导师、江苏省遗传学会理事长。

金善宝在倡导春小麦南繁北育的同时，从不限制小组成员的研究方向，并积极支持他们的新思想、新思路。

春麦室的骨干陈孝在"回顾以往的点滴成绩难忘金老的指教和关怀"一文中写道：

> 20世纪70年代末，我在完成金老主持的春小麦常规育种课题任务的同时，想进行一些小麦远缘杂交创造新种质的试探性工作，这个想法同金老汇报后，他很支持，金老告诉我，大麦花期比小麦耐低温，晚播且早熟，这优点若能转育到小麦上是很有价值的。在具体选材上建议我向鲍文奎先生请教。为了提高远缘杂交的成功率，必须进行杂种幼胚的离体培养，这就需要超净工作台和体视显微镜，可我们没有。金老为此打报告，从农业部申请到几块钢板，从天津换回作物所第一台超净工作台，金老还让我和黄惠宇出差去上海买回两台体视显微镜。有了这两样硬件，我们的远缘杂交工作就开展起来了……

在金老的支持和关照下，陈孝的远缘杂交育种研究越做越深入，前后发表100余篇论文，成长为荣获国家多项奖励的小麦专家、博士生导师，1997年获国家级有突出贡献的中青年专家称号。

金善宝十分关心农业创新人才，向领导举荐他们的业绩，鼎力支持他们的创新研究。

"文化大革命"期间,金善宝最心爱的学生之一、小黑麦专家鲍文奎被"批斗"后,下放在北京市农科所。1973年9月27日晚,农业部部长沙风临时召集金善宝等人去开会,了解农业科技干部情况。因事先不知会议内容,未能畅所欲言。当晚,他一夜无眠,思来想去,觉得这是推荐有真才实学者发挥其专长的大好时机。第二天一大早,他即挥笔书呈沙风部长,信中,他介绍了鲍文奎把六倍体的小麦(42个染色体)和二倍体的黑麦(14个染色体)杂交,育成了八倍体的小黑麦(56个染色体),创造了一个新种。它的特点是抗锈、抗旱、抗白粉病,产量高的可达七八百斤。种子的蛋白质含量17%—21%,比一般小麦高三分之一以上。在此基础上,又积极创制了近5000个小黑麦品系,这是我国小黑麦种质资源极其宝贵的财富,是任何其他国家所不及的……①

"文化大革命"结束后,中国农业科学院下放的研究所收回,金善宝给鲍文奎写信,劝他以农业科学的事业为重回到农科院来。因为鲍文奎的回归,带动了一大批下放的科技人员回到了中国农业科学院。

鲍文奎回到中国农业科学院作物所后,几年间,他培育的"小黑麦2号""小黑麦3号"迅速在沂蒙山区、凉山、秦岭、伏牛山、大巴山、六盘山等地区种植,面积达40多万亩。他主持选育的四倍体水稻优良选系产量接近水稻二倍体推广品种,并最先提出快速繁殖四倍体水稻无性系的技术体系。1978年异源八倍体小黑麦获全国科学大会奖,鲍文奎本人获全国科学大会先进工作者称号。1979年被选为全国劳动模范。

在给沙风部长的信中,金善宝还详细介绍了徐冠仁的情况。徐冠仁在美国从事原子能辐射育种十年,1954年回国。徐冠仁出于强烈的爱国热情,冒着极大危险,把亲自参加育成的高粱雄性不育的配套种子,装在牙膏壳里带回国。在中国科学院遗传所经过几年试验,杂交高粱成功了,还拍摄了电影,《人民日报》发布了消息。如今,杂交高粱在全国种植面积已达2000多万亩,在生产上发挥了重要作用。

---

① 金善宝给农业部沙风部长的信,1973年9月28日。资料存于采集工程数据库。

恢复农业原子能学会时，金善宝力荐徐冠仁做会长，他认为徐冠仁是著名的农业原子能专家、二级教授，专业的事应该专业的人做。后来中国科协支持金老的意见，批准徐冠仁做了农业原子能学会会长。① 在上级组织的关怀下，徐冠仁多次参加国际会议、考察，对我国原子能辐射在农业上的应用作出了重要贡献。

1978年7月，致力于植物生理研究的越南归国华侨邓景阳博士，两次向金善宝院长汇报自己的研究进展，金善宝不顾多人的反对，亲自到试验地考察后认定这是世界一流的研究，肯定了这项创新技术。他说："邓景阳博士的太谷核不育小麦研究，是一项投资小、产出多、质量好、效益大的小麦育种新技术；是在世界上中国人第一次发现显性雄性核不育小麦突变体，应该在中国第一流的科学刊物上正式发表，他多方向国家科委、农业部汇报，得到了国家科委方毅副总理的大力支持。如今通过这项技术培育的小麦，已经在中华大地结出丰硕成果。"②

1980年，中国科学院要增选一批新的学部委员（院士）。金善宝推荐鲍文奎、李竞雄、蔡旭、徐冠仁、邱士邦、庄巧生等人，③后来，他推荐的几位创新人才、专家学者，都先后光荣入选中国科学院生物学部委员。

原子能辐射育种专家徐冠仁说：

> 金先生执教数十年，桃李满天下，为我国育种事业作出了卓越贡献。不仅如此，金先生在尊重人才和使用人才方面也是大公无私，忠诚地执行了党的知识分子政策。

小黑麦专家、中国科学院院士鲍文奎说：

> 是金先生引导我走上了小麦育种研究的道路，而在后来的重要阶段，又是在金先生领导下进行稻、麦多倍体的研究工作，如果说我在

---

① 韩林访谈，2018年4月28日，北京。资料存于采集工程数据库。
② 吴景锋访谈，2017年4月28日，北京。资料存于采集工程数据库。
③ 庄巧生访谈，2017年4月25日，北京。资料存于采集工程数据库。

育种研究工作中有什么成就，那都是同金老的指导分不开的。

中国科学院院士、小麦遗传育种学家、2006年国家最高科学技术奖获得者李振声说：

> 在我从事小麦远缘杂交刚刚取得一些成绩的时候，在"文化大革命"受到批判的时候，当工作走向深入开始小麦染色体工程研究的时候，都得到过金老亲切的指导、鼓励和教育。我虽然不是金老正统的学生，也没有跟随金老做过研究工作，但在我心目中，金老是我最尊敬的老师、学习的楷模[①]。

1987年，92岁的金善宝借《神州传人》一角吐露自己的心声：

> 积60多年之经验，深知农业科学的天地最广阔。"民以食为天"，还有什么比十亿人口吃饭更重要的大事呢？四个现代化建设中排在最前面的就是农业现代化嘛！但是老夫耄矣，我寄希望于广大中青年农业科学工作者！振兴中华这个极其艰巨而又光荣的历史责任落在你们肩上，你们能不感到骄傲和光荣吗？海阔凭鱼跃，天高任鸟飞。你们是大有作为、大有希望的！

朴实无华、平易近人

金善宝毕生研究的是小麦，在生活上，他也如小麦一样朴实无华，从不追求绚丽和奢华。

20世纪50年代，他在南京给少年儿童作报告时，鼓励孩子们："一个有志于科学的人，要能吃苦、耐得住清贫，白天三顿饭、晚上三块板就可以

[①] 李振声：在金善宝教授百岁华诞茶话会上的发言，1994年7月2日，未刊稿。资料存于采集工程数据库。

了"。这句话形象地显示出他对科学孜孜以求、淡泊名利、朴实无华的胸怀，也激励了众多的青少年以他为榜样，献身祖国的科学事业。北京师范大学博士生导师霍林东教授至今不忘上小学时，听过金善宝这个报告，他深有感触地说："40多年过去了，金老的话，言犹在耳，时时鞭策着我前进。"①

了解金善宝的人都知道，他的日常生活很简单，常年穿一套中山装，不抽烟、不喝酒，甚至连茶都很少喝一口，仅爱好象棋、书法。抗战时期在重庆，住的是一间纸糊窗户的土坯房；胜利后回到南京，住的是一套屋顶是铁皮的"活动房"。新中国成立后，任南京市副市长时，分给他一套三层楼带有花园的别墅，这是他一生所住最好的房屋，可是，过惯了朴实生活的他却感到很不习惯。1958年调到北京，住的是一套实用面积不足70平方米的住房，南京的朋友来京看望他，看到住房条件差别这么大还以为他犯错误了。多年来，中国农科院党委要把对面的一套住房也分给他，被他婉拒了；农业部部长几次动员他搬到院外高干宿舍去，他也没有同意。他说："还是住在院内好，同志们有事找我方便，我到试验田去看小麦也近。"中国农科院院内盖了新房，要他搬家，他也不搬。这一住就将近40年，直到1996年，他102岁时，因楼上邻居暖气管道漏水，他的卧室内下起了"倾盆大雨"，房顶大面积破裂。为了他的安全，在女儿主持下才搬进了新居。遗憾的是，他在新居住了仅仅一年……

金善宝在南京市任副市长时，是有专车的，但他对专车接送很不习惯，常常悄悄一个人坐三轮车去上班。到北京后，专车取消了，改为用车随叫随到，他认为很好。可是，年代长了，党委书记、前任院长、后任院长都有专车，唯独他没有。他自己没有意见，旁人却有看法了，他的秘书尹福玉说：

> 1986年，金老年过九十，常去人民大会堂开会。当时，由于农科院汽车的质量和档次都比较低，有好几次，车一开进天安门广场就被拦住，金老下车后要步行一段路才能进入会场。考虑到金老自担任院

---

① 金作美：父亲是我终身学习的榜样。见：金作怡，《金善宝》，北京：中国农业科学技术出版社，2015年，第372页。

长以来从未配过专车，现在年事已高，社会活动依然很多，于是，我就和车管科商量，想申请一辆质量较好的汽车方便金老出行。没想到，我们将申请报告交给金老审阅时，金老在报告上画了一个大叉叉，并写了"不同意"。金老曾不止一次地对我们说："我不需要什么专车，我也不管车的好坏，只要有车坐就行了。"金老这种朴实无华的作风，使我深受教育。①

1945 年，前中央大学农艺系毕业生、植保专家汪可宁说：

1964 年我在甘肃甘谷驻点，甘谷在我国小麦条锈病毒防治上是个有战略意义的地区。金老和戴松恩先生亲自下去检查和推动，当时金老已近古稀，到农村锈病防治田查看如何进行防治工作，到海拔一千六七百米的地方查看是否适合盖低温温室等，给我留下了难以忘怀的印象。

"文化大革命"期间，我来院部了解人工光照应用时，金老带我们到温室，亲自介绍，亲切感人。

1978 年 1 月，我得脑出血住院，当时金师母因心脏病也在医院，但他得知我生病的第二天，即到医院来探望，仔细向我爱人询问病情，并亲自找医院领导，要医院重视给我治病，后来还让他的助手几次探望，找医生了解病情。金老的关怀，给了我很大安慰和鼓舞。②

金善宝的小麦科学研究第一助手杜振华说：

"文化大革命"初期，谁不写大字报就会承受"不想革命"的压力。我是金老的助手，不写他的大字报是过不了关的。当时我很

---

① 尹福玉：深情的缅怀。见：金作怡，《金善宝》。北京：中国农业科学技术出版社，2015年，第368页。
② 汪可宁：我心中的金师。见：史锁达，任志高，《著名农学家教育家金善宝》。北京：农业出版社，1985年，第134-135页。

第十二章　百岁人生家国情

苦恼，想不出来有什么可揭发的。有一天，金老对我说："给我贴大字报，你不要有顾虑，你不写是交代不了的。"在这种人人自危的形势下，金老不仅不顾自保，反而关心我、为我解围，让我特别感动。

1982年冬，我还在云南省元谋县"南繁"时，突然接到一封电报，说我爱人因病住院，让我速回北京。当时已是87岁高龄的金老亲临病房去看望她，当皓首苍颜的金老伸出温暖的手握着我妻子的手时，她感动得热泪盈眶，心里充满了无限感激之情！金老走后，同室病友都非常感慨。①

曾任金善宝秘书的吴景锋说：

1981年6月，密云县一个大队的三位农民技术员参观完小麦试验田，又到院办公室，要求见见金院长，请教两个问题。时近中午，我想安排他们下午去作物所小麦室交谈。当我告诉金老时，他当即从椅子上起身，到院办公室，与对方谈了近一个小时。下午上班，金老对我说："他们进城来一次不容易，我怎么能不接待呢？"这是金老对我唯一的一次批评。②

1983年9月3日，宁夏回族自治区召开自治区九三学社筹备大会，金老以九三学社中央副主席的名义到会祝贺。晚上自治区的负责同志去看望他，发现金老和他的助手同住在一间没有卫生设施的普通房间内，当即要为金老调换房间。金老执意不从，恳切地说："我是来参加会议的，是向宁夏的同志学习来的。"会议期间，他坚持与自治区九三学社的代表一同用餐，直到回京。③

---

① 杜振华：我敬仰的金老。见：金作怡，《金善宝》。北京：中国农业科学技术出版社，2015年，第363-364页。

② 吴景锋：铭记金老平易近人、坚持真理的高尚品德。见：金作怡，《金善宝》。北京：中国农业科学技术出版社，2015年，第365页。

③ 史锁达，任志高：《著名农学家教育家金善宝》。北京：农业出版社，1985年，第80-83页。

情牵海峡彼岸

自新中国成立以来，金善宝时刻心系台湾农学界的老朋友、老同事，盼望祖国早日统一，他多次通过报纸、广播电台，向台湾农业科技界的朋友们表达自己的心声。1954年，他在《大公报》发表了《给在台湾农业科学工作者的公开信》，满怀热情地说："台湾农业科技界的朋友们，祖国怀念你们！祖国的农业科技工作者怀念你们！" 1955年7月18日、1957年3月6日，他在中央人民广播电台发表了"对台湾农业科技工作者的广播讲话"，热情洋溢地介绍了祖国大陆经济建设特别是农业建设方面的伟大成就。1958年8月13日，他在南京广播电台又发表了"对台湾农业科技工作者的广播稿"，极其详尽地介绍了祖国农业生产方面取得的巨大成绩。

当改革开放的春风吹遍了祖国大地，1980年新年前夕，他写了《向台湾科教界朋友贺新年》一文，字里行间充满了对台湾友人的思念之情，他写道：

> 我们阔别31年了，南北遥隔，人各一方，每逢佳节，倍增遥想，从白雪皑皑的长白山到郁郁葱葱的阿里山，从千里冰封的乌苏里江到碧波荡漾的日月潭，尽管气候是那么的不同，但是我们的心中却有着共同的愿望，那就是过新年了，大家都惦念着团圆，希望家人、亲友团聚。我们和台湾科学、文教界的朋友们，虽然长期隔绝，但是我们的深情厚谊是任何力量也隔断不了的。你们有亲友在我们中间，我们也有同学、故旧远在台湾……
>
> 我今年已经84岁了，我十分渴望祖国的统一局面早日到来。那时，台湾的科学文教界朋友们到北京参观、访问、探亲、访友，我一定陪同你们参观大陆的农业新成就，欣赏祖国多娇的河山，我也一定要亲自去台湾，交流农业技术的经验，饱览岛上的风光……

这篇文章发表在1979年12月27日香港的《大公报》上，不久，《文汇报》、澳门的《澳门日报》以及美国纽约的《华侨时报》都转载了。

金善宝的一位学生读了老师的这篇文章，心潮澎湃、感慨万千，在给金善宝的信中写道：

> 近读吾师在香港《大公报》发表的《向台湾科教界贺新年》宏文，更为感人，……身居海外，愿见祖国统一早日实现，而旅美学人向往祖国统一者众……①

寥寥数语，道出了海外赤子热爱祖国、热切盼望祖国早日统一，愿为祖国四化建设贡献力量的迫切心情。

这种浓浓的思乡之情，在金善宝与海外亲友的交往中，随处可见。

金善宝早在20世纪40年代毕业的学生，现在台湾农业科学方面的学者王启柱，十分关心祖国农业的发展，经常通过金善宝，了解祖国大陆农业科学的成就，虽然不能亲自回来参加农业建设，但他每完成一本著作，总要寄一份给金善宝，希望能为祖国的农业科学贡献力量。他先后寄来的著作有:《中国农业起源与发展》上下册,《牧地改良与管理》《饲用作物学》《蔗作学》等，金善宝理解这位爱国学者的心意，将他的著作送给中国农业科学院图书馆，以便于两岸学术交流。

中央大学1946年的一位毕业生黄嘉，出生北京，7岁离开故乡后，四海漂泊，直到1995年9月，这位游子终于冲破了重重阻力，回到了阔别60多年的故乡。到了北京，他做的第一件事是去看一看自己童年时代的故居；第二件就是拜访大学时代的恩师、百岁高龄的金善宝。

金善宝在中国农科院灰楼小食堂设便宴招待了这位久别的学生，以及和他同来的胡笃融、张新理、张广学、陈迪一行5人。席间，黄嘉侃侃而谈，叙述了这次北京之行的种种观感，言谈之间，流露出对北京深深的眷恋之情。

---

① 史锁达，任志高：《著名农学家教育家金善宝》。北京：农业出版社，1985年，第80-83页。

图 12-1　黄嘉等 5 人看望金善宝（左起：胡笃融、张新理、金善宝、黄嘉、张广学、陈迪）
（金善宝家属供图）

难 忘 故 土

每个人对自己出生的故乡都有一种特殊的感情，金善宝对故乡的思念，是深深埋藏在心底的！他不会忘记，是故乡的一方水土将自己养育成人，培养成为一代农业科学家；当祖国遭到日寇侵扰、全家面临危难之时，又是故乡的山水保佑了他一家平安。为此，多年来每当他去浙江开会、考察农业时，总要顺便去故乡石峡口走一走、看一看。故乡的一草一木、一砖一瓦，他都感到十分亲切。

1937 年抗战全面爆发，金善宝把妻儿送回故乡避难，回到南京后给梓山小学寄了 100 元钱，让学校买些种子，种些粮食，以备战时急需。抗战胜利后，他听说石峡口造纸业发展很好，梓山小学办得很好，经费也没有问题，十分高兴。

1979 年 4 月，金善宝来到石峡口。看到刚刚经历"文化大革命"的乡亲们，虽然生活困难却没有任何怨言，在"亲贤睦族"之风的沐浴下，相

第十二章　百岁人生家国情

互提携、共渡难关，迎接新的生活！他远眺青山环抱、绿水环绕、苍松翠柏、林茂竹香，不禁深深感叹，多么美丽的故乡、多么淳朴的乡亲、多么好的人民啊！

1986年10月，金善宝到中国农科院杭州茶叶所开会，会后驱车前往石峡口。一路上，田野里绿茵茵的、黄灿灿的庄稼，路旁的柳树迎风摇曳，故乡泥土的芳香迎面扑来，汽车驶入了会稽山区乐山乡，远远看见一座熟悉的山庄，黑色的瓦、白色的墙。金老对司机说："下车吧，前面路不好走。"金老在众乡亲的簇拥下下了车，向村里走去。

后来，从村里出来几位老人，他们远远地看见金善宝就急忙跑过来，亲切地叫着"善宝叔""九斤叔"，金老和他们一一握手问好，坐在村口的大石头上聊家常，一起来到金善宝的老宅余庆堂门口，余庆堂算起来已有150多年的历史了。金善宝在村前村后转了一圈，看见他孩提时代经常抓鱼、捉蟹的小溪仍是碧波荡漾、流水潺潺；看见他少年时代经常去打柴的后山仍是郁郁葱葱，青竹、茶树、柿子树参差其间。

1989年，中国水稻所在杭州正式成立，金善宝应邀参加奠基典礼。利用这个机会，他又回到了故乡石峡口，一个整洁、美丽的山村，苍翠的山峰，潺潺的流水，一切还是那样熟悉、那样亲切……众乡亲们闻讯赶来，将金善宝团团围住，问长问短，述说别情……

乡亲们告诉金善宝，村里实行了联产承包、分田到户后，生活水平有了提高，建造了自来水、重修了村口的余庆桥，生活也方便多了。他们还陪同金善宝一起观光了村容，参观了新建成的水库，重游了石峡胜景。

图12-2　1989年，金善宝和乡亲们亲切交谈（左起：金楼泉、金光仁、金善宝、金大章、金海木）（金善宝家属供图）

这次回乡，让金老感到欣慰的是，石

峡口的生活有了一个好的开端!

以农为本的国际交往

1972年,美国农业服务基金会主席、著名畜牧专家、营养学家、社会活动家 M. E. 恩斯明格(Ensminger)博士,来到了北京,金善宝热情地接待了这位西方来客。之后,恩斯明格博士又先后数次来华,与这位中国著名的农学家、小麦专家结下了国际友谊,并将自己和三位著名专家一起编著的《食物与营养百科全书》赠送给金善宝。20世纪80年代,当国人生活水平日益提高,亟须增加食物营养知识之时,金善宝将此书送交农业出版社推荐出版,并通过出版社

图12-3 1986年受美国农业服务基金会委托,时任农牧渔业部部长何康(右)为金善宝(左)颁发荣誉会员金牌(金善宝家属供图)

组织了50多名专家、教授进行翻译、校审,根据我国国情,针对不同读者的需要和实用价值内容,按专题分成5个专辑,全书2800个条目、300万字、1600张插图。1989年,农业出版社出版后受到了广大群众的欢迎。M. E. 恩斯明格1972年授予金善宝"美国农业服务基金荣誉会员"的金牌,也于1986年历经曲折送到北京,委托农业部部长何康举行颁发仪式。

世界著名农学家、烟草专家、美籍华人左天觉,在祝贺金老百岁华诞的贺电中写道:

祝贺您第一个百年的卓越贡献和道德风范，由于您在农业教育和科技方面的领导和贡献，使我们身在海外的中华民族子孙都为此感到骄傲。乘此机会，请容许我表达私人的感谢，我出国30年后头一次的回国动力是承您所邀请；我在祖国得到的头一次荣誉也是您授予的。以农业后学的身份，更期望您今后多多提携……①

　　1977年，这位世界著名的烟草专家、美籍华人左天觉，接受金老的邀请，来华访问。对故土、家乡的怀念，祖国日新月异的变化，极大地激发了这位客居海外游子的爱国热情。多年来，左天觉身兼中国烟草总公司高级顾问，先后组织50多位世界著名农业专家，撰写了《中国农业：1949—2030》和《透视中国农业2050年》两部著作。1993年，中国国家科学技术委员会授予左天觉"中国国际科技合作奖"，他是荣获此奖项的第一位海外华人。

　　改革开放后，国际交往空前扩大，与西方学术界开始了频繁交往，年事已高的金善宝虽然不再出访，但他不断接待来访的各国代表团，如"日中农业技术交流协会"友好代表团、"扎伊尔原子科学委员会"代表团、"菲律宾国际水稻研究所"代表团、"美国康奈尔大学农学院"访华代表团等，还有美籍华人、著名昆虫专家欧世璜，国际育种专家、诺贝尔奖奖金获得者布劳格等著名国际友人的到访，都使他从中获取了不少国外现代农业科学技术发展的新信息，对促进我国农业科学技术的发展很有裨益。1981年9月，金善宝代表中国农业科学院与意大利农业研究委员会签订"中意两国农业技术合作协议"，合同期5年，合同期满无特殊情况，继续生效；如有情况变化，可修改合同。此协议应属首创，一直延续至今。20多年来，双方合作良好，对促进中国农业科学技术现代化起到了很好的作用。

　　由于金善宝在国内外的声望，美国明尼苏达大学中国问题研究中心刘君若教授于1995年4月专程来华，采访最年长的老校友，并授予金善宝"荣誉纪念证书"一份。回美后，她将金善宝的事迹报道发表在美国明尼

---

① 左天觉给金善宝百岁华诞的贺电，1994年7月2日。资料存于采集工程数据库。

苏达大学校刊"万泉桥"专辑。①

九十三岁贺"九三"

半个多世纪以来,金善宝和九三学社结下了不解之缘,为九三学社的发展、壮大做出了不懈努力。作为一个九三学社的老社员,他在农业科学、农业教育事业上所做的一切努力,他的每一项成就、每一点贡献,都是和"九三"密不可分的!他热爱"九三",积极完成"九三"交给的各项任务,在社内赢得了崇高的声誉。1952年9月和1956年2月,先后当选为九三学社三届和四届中央委员会委员和常务委员;1979年10月和

图12-4 1983年金善宝当选九三学社第七届中央副主席(前排左起:金善宝、严济慈、周培源、许德珩、潘菽、茅以升)(金善宝家属供图)

---

① Building Bridges—The Magazine of The University of Minnesota, September. October 1995 S2.95。

1983年12月当选为六届和七届九三学社中央副主席。年过耄耋之后，仍然积极参加九三学社的各项活动和领导工作。

1983年9月3日，九三学社内蒙古自治区工作委员会筹委会成立，88岁的金善宝代表九三学社中央到会祝贺!

1988年9月3日，九三学社内蒙古自治区第二次社员代表大会开幕，金善宝又以93岁的高龄，再次到会祝贺。

同年10月，九三学社江苏省委召开第二次社员代表大会，金善宝又风尘仆仆地赶往南京。在会上，他十分风趣地说："我很高兴能来南京参加这次大会，我今年93岁了，正好代表九三中央来向江苏省九三学社的换届大会表示热烈祝贺。"讲话博得了全体代表热烈的掌声。大会期间，许多南京的老同志、老朋友都来招待所看望金善宝。江苏省委书记江渭清专门设宴招待，并即席作一首七绝，贺金老：

即席贺金老

九十高龄是我师，老当益壮凌云志。

激情不减少年时，松柏常青郁郁姿。

江渭清

1988年10月26日于南京丁山宾馆[①]

1989年，94岁高龄的金善宝，主动辞去了九三学社中央副主席的职务。他在1989年和1992年九三学社全体社员代表大会上，当选为八届和九届九三学社中央名誉主席。

喜见桃李满园

1985年7月的一天上午，中国农科院灰楼小食堂里，传出朗朗的笑声，

---

① 金作怡：《金善宝》。北京：中国农业科学技术出版社，2015年，第283-284页。

金善宝和他半个世纪以前的学生，久别重逢了！

金善宝的学生大都毕业于 20 世纪 30—40 年代，年纪大的已有 70 多岁了，最小的也已 60 岁开外。他们冒着酷暑，不远千里，从各地赶到北京，祝贺老师 90 岁寿辰！世界上还有什么比这种师生情谊更可贵的呢？！安徽农业大学教授、水稻育种学家李洪模和夫人徐静雯教授，异源八倍体小黑麦新物种的创始人、荣获 1978 年全国科学大会奖的中国科学院院士鲍文奎，一直追随金老学习和工作的南京农业大学作物育种学教授、博士生导师吴兆苏，著名遗传育种学家、中国科学院院士徐冠仁，棉花专家黄滋康、蒋仲良，农业害螨研究专家罗毓权等欢聚一堂。

徐静雯等人捧出一幅油画，揭开上面盖的红色丝绸，展现出在蓝天白云下，一片金色的麦浪中，金善宝正在仔细观察小麦的生长。画上写着："祝贺金老师 90 寿辰"。当金善宝接过这份珍贵的礼物时，无比激动地说："这是我的学生对我一生从事科学、教育事业的最高奖赏。"

庆祝会由徐冠仁主持、致祝寿词，鲍文奎、俞履圻、罗毓权等，满怀深情地回顾了在抗战的烽火中、艰难困苦年代的师生情……

图 12-5　向金老师献油画（左起：徐冠仁、金善宝、徐静雯）

中国科学院院士、著名小麦专家蔡旭，因病住院不能到会，委托他的长子给老师带来了亲切的祝福。这个祝福，令金善宝十分感动！金善宝不会忘记，在战火纷飞中，师生二人共同培育了小麦"中大 2419"，新中国成立以后大面积推广；在敌机大轰炸下，师生二人共同完成了《中国近三十年小麦改进史》；1961 年他们二人又联合发起成立了中国作物学会……

著名小麦遗传育种学家吴兆苏，从上大学开始就受到金善宝的精心培养、百般爱护和信任，吴兆苏近半个世纪以来基本是追随金老学习和工作的。会上，他引用范仲淹《严先生祠堂记》的结语，赞颂金老："云山苍苍，江水泱泱。先生之风，山高水长。"这是金善宝全体学生的一致心声。

金善宝用最古老、简朴的方法接待了他的学生们。他吩咐家人杀了几只鸡，买了几十袋方便面，请大家吃鸡汤长寿面。寿宴虽然简单，大家却吃得十分开心，仿佛又回到了20世纪40年代同窗共读的时候。当年，学生们都是风华正茂的热血青年，都拥有一颗振兴中华、报效祖国的赤子之心，现在几十年过去了，他们把自己的青春献给了祖国的农业建设，献给了祖国的农业科学、教育事业，为振兴祖国农业作出了重要贡献，其中很多人已成为国内外知名的专家学者。作为一名辛勤耕耘的园丁，能亲眼看到学生们的成就，看见学生们青出于蓝而胜于蓝，金善宝无比欣慰；他也同样看重、挂念那些扎根祖国边区建设，把自己的青春、才华，无私奉献给祖国边区农业建设的学生们。当年那些自愿报名到边区的学生们，是他们用自己的青春和汗水，默默地无私奉献，使祖国的粮食年年增产！使一片片黄土地披上了绿装！使祖国的江山变得分外妖娆！他为自己拥有这样的学生感到无比的自豪！在这师生聚会的一片欢乐声中，也让他想起那些在生活中遭受挫折、一病不起的学生们，他每次出差方便，都会去看望他（她）们，这些学生就像他自己的孩子一样。

各地因故未能来京的学生，也纷纷来信来电祝贺：

南京农业大学刘大钧校长暨全体师生寄来一封热情洋溢的信：祝贺金老九十寿辰。

河南省农业科学院寄来的祝贺信，对金老一生作了高度评价：

> 致金老
>
> 金老，您的一生是向往真理、追求光明、为人民服务的一生；无论是风雨如磐的昔日，还是浩劫罕见的昨天，您总像刚强的松柏，怀着赤子之心，毫不动摇地向着光明！
>
> 金老，您的一生，是在科研和教育岗位上，忘我工作、潜心研

图12-6　1985年7月金善宝（前排中）与他的学生、与会者全体合影（金善宝家属供图）

究，取得卓越成就的一生，小麦研究就是您的生命！为此，您可以不惜身体、不顾家庭、不计个人荣辱，披荆斩棘、呕心沥血，为国家培养出了一个个优良品种，撰写出一部部科学论著，浇灌出代代桃李。您像人梯一样，为祖国的四化建设，托起了一根根栋梁！

　　金老，您的一生，是谦虚谨慎、严于律己、高风亮节的一生，您身为领导，又德高望重，却没有"官"的作风，您用党和人民的最小给予，对党和人民作出了最大贡献！

　　敬爱的金老啊！在此千言万语难尽之时，仅用以下几句，表达我们的心意：

功德福全民，桃李遍天下；春秋九十载，高寿享天年；
更期逾百岁，龙跃在人间；区区此祝贺，馨祷献尊前。

您的学生
柯象寅　何家泌　赵德芳　黄肇曾　张庆吉　王植壁　敬贺
1985年6月①

---

① 柯象寅，何家泌等：致金老。1985年，未刊稿。资料存于采集工程数据库。

第十二章　百岁人生家国情

风雨六十年

金善宝和老伴姚璧辉，半个多世纪以来双方的同学每逢见面，总会笑着打趣他们道："金元宝、摇进来！"原来，姚璧辉女士原名姚金兰，虽然改了名字但她的同班好友们仍然亲切地叫她"金兰"。金善宝听了，总是淡淡地笑笑说："我们家里从来没有什么金元宝，我给予金兰的只有实实在在的感情、朴朴实实的生活"。而金兰也以此为满足，她常说："青菜豆腐吃了保平安、粗茶淡饭饱、布衣暖，足矣！"并以自己的一生实践了这个诺言。

图12-7 1983年金善宝夫妇摄于中国农业科学院西门前（金善宝家属供图）

结婚初期，姚璧辉女士就听从丈夫的安排，回到石峡口村，做了一名乡村义务女教员，一边教书，一边照顾年迈的婆母，解除了丈夫的后顾之忧，使他专心致志地投入小麦科学研究之中；丈夫出国后，她忍着失去长子的悲痛，依靠微薄的工资抚育两个年幼的女儿；抗战爆发后，她带着四个孩子回到农村苦度时光；三年后，微薄的积蓄用尽，她只好带领四个孩子，在抗战的烽火中，绕道七千余里，历经敌机轰炸、汽车掉下百米山崖的巨大危险来到重庆。新中国成立后，她被丈夫的热情感染，走出了家门，担任南京市婴儿院副院长，她爱护孩子，日夜守护在婴儿们的身边，救活了不少弃婴的生命，从一个侧面支持了丈夫在市政府的工作。金善宝调到北京后，她辞去了工作，全心全意照顾丈夫的生活，金善宝喜欢吃她做的饭菜，喜欢穿她织的毛衣，习惯于在她的唠叨中生活。当他工作不顺心的时候向老伴倾诉，也只有老伴的安慰才能解除他心中的烦恼。有趣的是，他们一个是来自偏僻山村的农家子，一个是从小生长在杭州城里的姑娘；一个以乡下人为荣，一个以城里人自居；在这个乡下人辛勤耕耘的园地里，是这个城里人为他撑起了半边天。他们就是这样厮守着，度过了风风雨雨六十年。

中央领导的支持和关怀

面对党和人民授予金善宝的荣誉，他深有感触地说：其实，我在农业科学、教育事业上取得的一点成就，是和中央领导的热情关怀和支持分不开的。这里仅举几例：

金善宝在他的手稿里写道：

在1977年8月邓小平同志召开的科教座谈会上，我提了一个鸡毛蒜皮的问题：农业科技人员在试验地里的劳动算不算劳动？现在有条规定，试验地里的劳动不算劳动，科研人员必须另外抽时间到农村或干校去劳动，这条规定和我们的农业科学试验有很大矛盾，往往在我们科学试验最关键的时候，上面要抽调科研人员去农村或干校……

邓小平听后说：

无论从事科研工作的，还是从事教育工作的，都是劳动者。不是讲脑力劳动、体力劳动嘛？科研工作、教育工作是脑力劳动，脑力劳动也是劳动嘛。有位科学家反映，在农业科学院种庄稼不算劳动，要到农村种庄稼才算劳动，这真是怪事。好多农业院校自己培育品种，自己种田，怎么不是劳动？科学实验也是劳动。一定要用锄头才算劳动？一定要开车床才算劳动？自动化的生产，就是整天站在那里看仪表，也是劳动。这种劳动同样是费力的，而且不能出一点差错。要把这类问题讲清楚，因为它同调动知识分子的积极性有关。①

邓小平同志这段话，为辨明当时中国农科院内的是是非非起到了关键性作用。后来，此话被收录在1983年7月人民出版社出版的《邓小平文选》第47页。

关于南京农学院复校问题，金善宝于1977年9月20日、1978年5月4日两次上书中共中央副主席邓小平。1979年1月2日，中共中央办公厅发出机发［1979］2号电报指示，南京农学院终于在南京卫岗圆满复校了，而且在复校后的安排上也完全支持了金善宝的意见。

1986年6月3日，金善宝正在午睡，突然接到中国农科院保卫处电话称国家副主席王震要来看望他，请他做好准备。可是，还没等家里做好准备，王震副主席已经来到了红楼207号门前。

金善宝赶紧起身迎接王震副主席，因房间狭窄，只有副主席和金善宝坐在沙发上，随行人员只能站在周围。

王震副主席对在场的人说：

> 我和金老是老朋友了，1958年大刮浮夸风的时候，报纸上到处都在吹嘘小麦亩产几千斤、上万斤，我让金老去农村调查，金老到农村调查回来后，将调查的实际情况告诉了我。我又将金老调查的情况向党中央作了汇报，党中央很重视……"接着，王震同志又对金善宝说："金老，在这件事情上，你是立了功的。"并竖起大拇指说："金老，你是这个！"②

身任国务院副总理、兼任国家科委主任的方毅同志，对金善宝的科研工作如"小麦生态研究"等重大课题，一贯给予了大力支持，并为金善宝主编的《中国现代农学家》作序。

1985年7月2日，适值金老九十寿辰，方毅同志收到中国农业科学院

---

① 中共中央文献编辑委员会：《邓小平文选》。北京：人民出版社，1983年7月，第47页。
② 金作怡：《金善宝》。北京：中国农业科学技术出版社，2015年，第154页。

请柬，但因腿疾不能赴会。他亲笔给金善宝写信说：

金老：

明日是您从事农业科研、教育65年暨九十寿辰，我特向您表示祝贺，同时也应出席为您举行的茶话会。奈因我腿部骨折之后，只能平地走动，上楼不能，又听说中国农科院三楼礼堂没有电梯可上下。故只能在此举笔奉祝，以表微忱。祝您健康长寿，为四化事业作出更大贡献。

　　专此敬致
敬礼！

方毅　手书
1985年9月1日

1982年党中央提出了干部年轻化。这一年金善宝已经87岁了，按照干部退休年龄计算，他已经多干了27年。为此，他多次向组织部、农牧渔业部推荐年富力强的同志来担任中国农科院院长，直到12月份才接到国务院同意他退居二线、任命他为中国农科院名誉院长的任命书。在此期间，为商讨中国农科院领导班子问题，与中组部部长宋仁穷书信来往频繁，结下了真挚的友谊。1996年2月，宋仁穷在广州休养，从电视上看见年过百岁的金老，十分高兴，当即提笔致信一封，问候金善宝。

金善宝同志：

　　您好！
　　在电视上看到年过百岁的您身体康健，十分高兴。党和人民永远感谢您对我国农业事业作出的重大贡献。值此新春佳节，祝您健康长寿、阖家欢乐。
　　敬祝
冬安！

弟宋仁穷
1996年2月18日于广州

时任统战部副部长的刘延东是金善宝家的常客。每逢春节或是7月2日（金老的生日），刘延东都会在百忙中带着鲜花和微笑来到中国农科院红楼207给金老拜年、祝寿。因而，在金老家的相册上，珍藏了不少这位年轻部长和金老的合影。

1994年7月2日，她在庆贺金老百岁华诞的茶话会上发言说：

> 金老是我国老一辈科学家、教育家。在70多年漫长而艰巨的科研生涯中，矢志不渝，潜心治学，勇于开拓，为我国的小麦育种研究和农业科学的发展，为培养农业科技人才，奉献了自己全部心血。金老无论在学术思想、理论和实践上，还是在学科涉猎的广度上，都是我国近代农业科学的开拓者、奠基人，对我国农业科学的发展作出了卓越的贡献。①

精 神 永 存

1994年7月2日，中国科学院、中国科协、九三学社、中国农业科学院为金善宝教授联合举办的百岁华诞茶话会，国家主席江泽民送了花篮，国务院总理李鹏贺词"为农业科学教育事业呕心沥血，功勋卓著，堪称学习楷模"；中共中央书记处书记温家宝贺词"善于耕耘百年寿，宝贵经验几代人。"

会上，金善宝在致答谢词时激动地说：

> 我生于1895年，至今已整整一个世纪，作为一个跨世纪的老人，半个世纪生活在旧社会，半个世纪生活在新社会，新旧社会鲜明的对

---

① 刘延东：在金善宝教授百岁华诞茶话会上的讲话。1994年7月2日，未刊稿。资料存于采集工程数据库。

图 12-8　金善宝在百岁华诞茶话会上（金善宝家属供图）

比，我由衷地感谢中国共产党，由衷地为我们伟大的社会主义祖国而自豪。①

1997 年 5 月 26 日，金善宝因突发消化道大出血急送医院治疗，经过一个月的抢救，终因出血过多，于 6 月 26 日中午 12 点平静地闭上了双眼。金善宝带着对美好生活的无限眷恋走了！带着对伟大祖国美好远景的无限向往走了……

7 月 9 日上午 10 点，在北京八宝山举行了庄严的告别仪式，在凄婉的哀乐声中，金善宝身披党旗，躺在鲜花丛中。中共中央统战部、九三学社中央、中国科协、国家科委、中国科学院、中国农业科学院等全国 330 多个单位和个人送了花圈。中共中央书记处书记胡锦涛，九三中央委员会主席吴阶平，统战部部长王兆国、副部长刘延东以及朱光亚、李振声、刘江、洪绂曾、钱正英、陈宜瑜、吴亦侠、张玉台、何康、吕飞杰、卢良恕、王连铮、沈桂芳等领导以及中国农业科学院职工、农业界、教育界、

---

① 金善宝：在金善宝教授百岁华诞茶话会上的致谢词。1994 年 7 月 2 日，未刊稿。资料存于采集工程数据库。

图 12-9　金善宝铜像——精神永存（作者：潘毅群）（金善宝家属供图）

科技界代表、金善宝故乡代表、学生、亲友们排着长长的队伍，参加了送别仪式，向这位为祖国农业科学、农业教育奋斗了一生的百岁老人，为我国小麦育种事业作出杰出贡献的农业泰斗，表示深深的敬意和哀悼。

敬献的挽联上写着：

一生献忠贞南山松柏永苍翠
九天含笑故园桃李竞芬菲

历数古今百二岁期颐能有几
精研中外农科技学术竟无亏

7月9日，《人民日报》报道了"百年奉献"一文；当晚7时，"中央电视台"播放了"金善宝教授告别仪式"全景；7月29日，《光明日报》报道了时任九三学社主席吴阶平撰写的"一座科学和民主精神的丰碑——悼念我国农业泰斗金善宝"一文。

在杭州南山的半山坡上，面对浩瀚的钱塘江，苍松绿柏中一平方米的土地下，长眠了一位来自人民、回归于人民的大地之子，一对相濡以沫、饱经60年风雨沧桑的伴侣；一块简单的青石墓碑，诉说着我国一代农业科学家、被誉为"农业泰斗""东方神农"的金善宝教授朴实无华的一生。

结 语
凌霜傲雪一枝春

1995年，党中央、国务院发布了《中共中央、国务院关于加速科学技术进步的决定》，召开全国科技大会，首次正式提出实施科教兴国发展战略，《人民日报》记者就此事采访年过百岁的金善宝，问他有什么感想。他说："科教兴国是我青年时代的理想，也是我毕生的追求！"短短一句话，展现了这位百岁老人为祖国农业科学教育事业呕心沥血、历经风云变幻、平凡而又艰难的一生。

拳拳报国心

早在1913年，经历了辛亥革命的失败、风雨中成长的金善宝，在绍兴第四学堂学习期间，他就初步懂得了科学技术、人才教育对振兴一个国家的作用，从而萌发了科学救国、教育救国的朴实的爱国主义思想。中学毕业后，他根据"国以农为本"这句名言，选择了南京高等师范学校农业专修科，决心学好农业科学技术、为振兴祖国农业奋斗终生。

20世纪30年代留学美国，西方发达的科学技术带来的经济繁荣、国家富强，使他深刻体会到科学技术对生产力的巨大推动作用。为此，他抱着"科教兴国"的理想回国，在长达30年之久的教育生涯中，无论条件多么艰苦，他始终初心未改。他用一生的辛劳和汗水，培育出优质、高产的小麦良种,见证了自己那句极其朴实的语言:"农业科技人员进行的农业科学实验,是一种劳动,而且是一种能够促进农业生产的劳动!"①

实践出真知

从 1920 年开始,金善宝经农科主任邹秉文举荐,先后在南京皇城小麦试验场、东南大学农事试验总场任技术员。这个举荐影响了他的一生。

其一,在这里金善宝与小麦结下了终生不解之缘。

其二,工作和农作物生产实际的需要,使金善宝的研究视野没有仅仅停留在一种作物上,他对玉米、大豆和水稻,同样花费了心血。广泛的作物科学研究实践,为他以后的教学、科研奠定了基础。

其三,从 1917 年考入南京高等师范学校,到 1927 年他与邹秉文先后离开东南大学,师生相处长达 10 年。在这 10 年,他亲眼看到邹先生为学校发展付出的辛劳;目睹了东南大学农艺系在邹先生的办学方针指导下,一步步发展壮大;自己也在广泛的农业科学实践中,获得了丰富的农业科学知识,为以后的研究打下了坚实的基础。

1930 年金善宝留学美国,以邹秉文为榜样,"不图文凭,只求真知"的留学生涯,使他在康奈尔大学学到了当时世界上最先进的作物育种和栽培理论;在明尼苏达大学深入实践地掌握了作物科学研究的各种实际操作技术,为他回国后成长为一名农业教育家、科学家打下了坚实的基础。邹秉文先生理论与实践相结合的教育方针成为他一生从事农业科学教育的准则。

在农业教学的课堂上,金善宝常用"行万里路胜读万卷书"来勉励自己、教育学生,除了书本知识外,还必须在生产实践中学习,将理论和实践结合起来。②

在农业教育办学的实践中,金善宝秉承邹秉文先生"农科教结合"的办学理念,主张农业教育和农业生产、科学研究相结合。当 1952 年全国农业合作化高潮到来之际,急需农业技术支援,他组织南京农学院的师生

---

① 金作怡:《金善宝》。北京:中国农业科学技术出版社,2015 年,第 321-323 页。
② 黄至溥:美好的回忆,难忘的教育。见:史锁达,任志高,《著名农学家教育家金善宝》。北京:农业出版社,1985 年,第 130 页。

们组成技术小组，到农业生产中去，和南京郊区的红旗、一心、联众、李玉等农业合作社建立了固定联系，开创了农业科技推广工作的新形式，并且身体力行，多次到红旗、李玉等社进行技术指导，把先进的科学技术带给农民，解决了农业生产中的问题，科技人员在农业生产的实践中得到了锻炼、提高，取得了教学、科研、生产三丰收的效果。这种创新的科技成果推广工作形式，不仅为新中国培养了一代又一代优秀学子，提高了农业院校的教学水平，也为提高农业生产水平作出了重要贡献。

农业科学研究怎样和农业生产实践相结合呢？1950年12月26日，金善宝在华东农林工作会议上，"对农业技术的提高与普及的几点意见"的发言中说："农业科技工作者必须改变过去关门做试验，脱离生产、脱离实际的作风，打开研究室的大门，经常深入农村，在农业生产的实践中，锻炼成长为一个受农民群众欢迎的农业科学家。"①

1956年3月7日，金善宝在《新华日报》发表"农业科学工作者的任务"一文中指出："……农业科学工作者，应该亲身到农村去，虚心向农业生产能手学习，总结高额丰产的经验，从播种到收获，亲身观察各种生产过程，找出生产中的关键，才能得到正确的科学总结。把这些经验推广出去，以提高农业生产水平，这是农业科学工作者当前重要的任务。但仅仅总结农民的生产经验是远远不够的，农业科学必须和生产实践多方面结合起来。每一个农业科学工作者的职责，就是要用一切方法，把科学的成果应用到生产中去，必须把研究的成就或者学习到的先进科学技术，应用到生产实践中去。农业是有地域性的，科学研究的结论、先进科学的运用，并不是任何地区都可以原封不动地套用的，这就要求农业科学工作者能结合当地的具体情况，因地制宜、灵活应用，才能真正做到农业科学工作更好地为生产服务。"②

1958年7月11日，金善宝在《文汇报》发表《农业科学工作者要做农民群众的小学生》一文中指出："理论必须联系实际，科学必须为生产服

---

① 金善宝：对农业技术的提高与普及的几点意见在华东农林工作会议上的发言。1950年12月26日。资料存于采集工程数据库。

② 金善宝：农业科学工作者的任务。新华日报，1956年3月7日。

务，这是社会主义建设中的重要原则……"文中，他畅谈了淮北农业考察中的所见所闻，认为"在淮北的 25 天，胜过读了十年到二十年的书"①。

但是，"实践出真知"并不是否定了理论的重要作用，也不等于实践可以代替理论。1976 年 1 月，他在《农业科技通讯》发表"农业科学研究要走在生产前面"一文中，回顾了新中国成立以来，我国农林科技战线上取得的成就和"文化大革命"干扰下农业科技工作中存在的问题，他认为，农业科学必须走在农业生产的前面。当前必须做到："大力加强理论研究和基础工作。没有一定的理论科学的研究作基础，技术上就不可能有根本性的进步和革新。在农林科技战线，一提理论研究，就和'三脱离'画等号，用实践代替理论、用生产代替科学的错误倾向必须纠正。只有理论研究做好了，科技工作才能有所突破。如异源八倍体小黑麦的研究，由于花费了四年时间和很大精力进行了小麦黑麦可杂交性遗传的鉴别研究，找出了易与黑麦杂交的小麦品种，以这些品种作"桥梁"创造出五千多个小黑麦的原始品系，再以这些品系为材料进行杂交，从而培育成功一批新品种，用于生产……"②

有了知识、有了理论，怎样使这些知识、理论为我国农业生产服务呢？1986 年 8 月，他在"为灿烂的中华农业增辉"一文中回答了这个问题：

> 我国幅员辽阔，各地水、土、气候条件及耕作管理水平等千差万别，用同一个模式来套，显然是不行的。并非有了一个优良品种就什么地方都能种植，什么地方都能获得高产。明白了这个道理，并努力掌握我国农业生产的特点，我们就可以充分发挥自己的聪明才智，利用我们所学到的各种知识，为当前的农业生产服务。同时，在改造农业生产的过程中，不断地去探索、研究、解决生产上发生的新问题和新课题。如此勇往直前，坚持不懈，我们必将会为灿烂的中华农业增加光辉，为我国的农业现代化作出贡献。"③

---

① 金善宝：农业科学工作者要做农民群众的小学生。文汇报，1958 年 7 月 11 日。
② 金善宝：农业科学研究要走在生产前面。农业科技通讯，1976 年 1 月。
③ 金善宝：为灿烂的中华农业增辉。见：于光远等，《著名科学家谈智力开发》。广州：广东人民出版社，1986 年，第 109 页。

可见，在农业科学研究中，理论与实践相辅相成。金善宝说："农业科学研究的对象是有生命的动植物，生长发育的规律复杂，任何问题的解决，都需要一个实践、认识、再实践、再认识的过程，因此，在研究当前生产中问题的同时，必须安排一定的力量，针对五年、十年后生产发展的需要，提前安排项目研究。如根据我国实行农业机械化的需要，农机研究要和农艺研究密切配合，农机研究要设计和改革一定的机具，以适应农作物高产栽培方式和精耕细作的需要，农艺研究也要根据机械作业的特点，相对稳定耕作制度，改革种植方式……"

历史的传承

金善宝一生多次撰文强调，我国是历史悠久的农业大国，几千年来，农村蕴藏着丰富的农业生产经验，这些经验是发展我国农业生产的宝贵财富，我们必须认真总结、整理、继承和发扬。

1954年11月22日，他在《光明日报》发表"要很好地总结、发扬和运用我们伟大祖国的农业遗产"一文中指出："我国是一个古老的农业国家，几千年来，我们的祖先在从事农业生产和自然界斗争的过程中积累了极其丰富的经验，这些宝贵经验都由广大的农民传承下来，或载在史册和各种农书里，成为我国极为珍贵的农业遗产。这些农业遗产如果能用先进的农业科学方法，分别加以整理、总结，并把它提高到理论阶段再运用到实践中去，那它在我国农业生产战线上将会起到何等巨大的作用。"文中，他还介绍了国际友人对我国农民几千年来的宝贵经验给予很高的评价，一位苏联农业专家十分赞叹我国农民把白菜和韭菜间行栽植，减少、防止了腐烂病的发生。美国土壤学家金氏在他所著《四千年的农业》一书中，也认为中国农民几千年来从事农业生产，而仍能维持土壤肥力持久不衰，是一件不可思议的奇迹。

金善宝强调：我国的农民和历代农书中保存了多种多样的农业生产实践经验，以如何保持土壤肥力来说，先进的农业科学证明最有效的方法是实行作物轮作制度。在我国各地农民的生产实践中，可以找到许多合乎现代科学轮作原理的耕作方法。轮作法由农民继承下来，在农业生产上起了一定的作用。仅从这一点也可说明，我们的农业遗产是具有很高的科学性的。①

1986年8月，他在"为灿烂的中华农业增辉"一文中写道：

> 我国是世界文明古国之一，有着悠久的农业历史。早在六七千年前，我们的祖先就在肥沃的黄河、长江流域种植粟米和水稻等农作物。三千多年前的殷代甲骨文中，已经出现了稻、禾、稷、粟、麦等农作物名称，以及有关畴、疆、圳、井、囿等农业生产和土地整治方面的文字记载。在农业专著上，我国不仅出现得早，而且数量、种类之多均居世界前列。据不完全统计，两千多年来，我国编撰的古农书（包括现存的和已经散失的）总数达376种。其中《汜胜之书》《齐民要术》等古农书中讲的代田、轮作绿肥、灌溉等经验，至今仍有重要的参考价值。与国外相比，这些论著起码要早数百年乃至上千年。从这里也可以看到，我国古代的农业生产是发达的。有人计算过，秦汉时，每个人占有粮食1100斤，平均单产为140斤；明朝时，每人占有粮食达3000斤，平均单产达250斤；到清朝初期的康熙、乾隆年代，每人占有粮食仍达1120斤，平均单产达300斤。可以这样讲，我国古代科学技术和农业是光辉灿烂的，它使中华民族赢得了世界文明古国之称。②

金善宝对农业历史遗产传承的重视，不仅体现在他公开发表的文章内，在他毕生从事农业科学教育的实践和日常生活中，也处处留下了不可磨灭的印记。

（1）金善宝深深体会到，在小麦育种中，保存在广大农户手里的小麦地方品种，是国家宝贵的生物财富，是育种工作进行育种研究的生物基

---

① 金善宝：要很好地总结、发扬和运用我们伟大祖国的农业遗产。光明日报，1954年11月22日。

② 金善宝：为灿烂的中华农业增辉。见：于光远等，《著名科学家谈智力开发》，广州：广东人民出版社，1986年，第104-109页。

础。这些地方品种，长期生长在不同的地理环境、土壤、气候和栽培条件下，形成了丰富多彩的品种特性，广泛搜集地方品种进行分类整理，研究它们的特性，是育种工作者不可缺少的基础工作。为此，他的小麦分类研究和小麦育种研究，是相得益彰同时进行的。

（2）1924年金善宝就是在农家品种的基础上改良了南京赤壳、武进无芒，在江浙一带推广。

（3）1925年，金善宝从全国790个县搜集到900多个小麦良种，就其形态作多年之密切观察。[①]

1979年2月16日，金善宝在全国农作物品种资源科研工作会议上的讲话中说："农作物品种资源，是经过长期自然演化和人工创造而形成的一种自然资源，是选育优良品种不可缺少的物质基础，也是进行理论研究的重要材料。"[②]

正因为金善宝对农业遗产传承的重视，在南京农学院成立之后，他发现原金陵大学农学院曾做出颇有成效的农史资料整理和研究，但自1937年抗战全面爆发后因农史专家万国鼎的调离而中断了。1954年，经过努力，金善宝把已经中断了农史研究达17年之久的万国鼎从河南调到了南京农学院，成立南京农学院农业历史研究组。从此，南京农学院继承了前金陵大学中国农史资料的整理和研究工作，为开展农业史研究奠定了基础。1955年7月，他又千方百计报经农业部批准，在南京农学院农业历史研究组的基础上，创建了中国第一个农业历史研究机构——中国农业遗产研究室。1958年以后，他虽然调离了南京农学院，仍然十分关心农业遗产研究室的工作。这一举措，不仅为中国农业遗产研究的发展创造了条件，也为祖国培养和造就了一大批以万国鼎为首的具有丰富实践经验的农史专家。

此外，在金善宝和学生们的谈话中，在他写的文稿中，也常常提到中国的古农书、中国古代农民的生产经验。1957年8月24日，他和西北农

[①] 金作怡：《金善宝》。北京：中国农业科学技术出版社，2015年，第24-25页。

[②] 金善宝：在全国农作物品种资源科研工作会议上的讲话。见：金善宝文选编委会，《金善宝文选》。北京：中国农业出版社，1994年，第285页。

学院农学系同学讲到"西北的农业大有可为"时说:"……就农业来说,西北也是我国历史上农业水平先进的区域。后稷教民稼穑是我国农业的祖先,就生长在西北。贾思勰的《齐民要术》是1400多年以前的作品,是我国农业史上一部最重要的著作,这部书里关于旱农的部分是总结西北劳动人民的经验而成的,它的方法到现在还是很适用的。"①

1967年11月27日,他在"利用冬闲,移植冬麦"一篇文稿中写道:"小麦的移植法在我国具有悠久的历史。沈氏农书里曾有记载:'中秋前下麦子于高地,获稻华,移秧于田。'沈氏农书是17世纪30年代前后的作品,记载的是浙江湖州地区的农民对小麦移栽的实践经验。从这些事实推算,早在300多年以前,我国的劳动农民已经在实际生产中积累了小麦移植的宝贵经验。直到现在,湖州及浙江其他一些地区,在低湿的地方,继承了他们祖先的传统经验,年年移栽小麦,作为小麦增产的一种重要措施……"②

由上可见,金善宝虽然不是一位农史专家,却对古代农史十分重视,并且贯穿于他一生的小麦科学研究和农业教育之中。

前几天,我们打开金老的书柜,发现在这个书柜的深处,至今还保存着1米多高的古农书。想起金善宝风云变幻的一生,颠沛流离,特别是1937年南京中央大学内迁重庆,在抗战的烽火中,他一个家小也没带,却带着这批沉重的古农书只身前往重庆。说明这批古代的农业经典,在他心中有多么重要!

洋为中用

金善宝在重视古代农业遗产的同时,也十分赞赏国外先进的农业科学技术。1933年5月,他在浙江大学农艺学会上关于"美国人研究科学之精神"的演讲中讲道:"美国的经济富裕、设备完善、人才众多,是科技发达的基础,美国人研究科学之精神非常勤恳,凡研究一个问题,短

---

① 金善宝:和西北农学院农学系同学的讲话。1957年8月24日,未刊稿。资料存于采集工程数据库。
② 金善宝:利用冬闲,移植冬麦。1967年,未刊稿。资料存于采集工程数据库。

者几年,长者十几年,遇到种种困难必至解决而后已。"①另外,他也十分赞叹美国人的合作精神和他们将科研成果推广于人民的方法。因而,他决心将国外发达的科学技术,先进的、科学的管理方法和我国农业的实际情况结合起来,发展我国自己的农业科学教育事业。根据中国国情,金善宝动员科技人员从农业生产中来,到农业生产中去,把先进的农业技术带给农民,解决了农业生产中的问题,科技人员在农业生产的实践中,丰富了教学内容,得到了锻炼提高,取得了教学、科研、生产三丰收的效果。

在教学上学习国外先进经验的同时,金善宝认为,必须结合我们自己的国情。1956年8月25日,他在江苏省第一届人民代表大会第四次会议上发言时提出:"要创造性地向苏联学习,要结合中国实际情况和具体条件学习苏联教育工作的经验。"在南京农学院讨论教学计划时,他强调,教师编写教学讲义,必须结合中国农业的实际,克服生搬硬套苏联教材的弊病。故而,南农的教师都能遵守这一原则,使编写的教材具有系统性和逻辑性,达到了一定深度。②

在小麦育种中,他在重视改进我国广大农村中的农家品种的同时,也十分重视国外小麦品种的引进和利用。1934年,他从美国留学回来后,搜集了国外品种及世界小麦品种千余种,从这一大批原始材料中系选出"中大2419",在长江流域大面积推广,种植年限长达41年,成为迄今为止小麦种植年限最长的品种。1974年2月,他在考察广东省小麦生产问题时谈到进口麦种的问题,他说:"要根据洋为中用的原则,可以少量引进外国种,先经试种,逐步在生产上使用。重要的是,要把外国种作为材料,经过改造,选育出适合我国种植的新品种。"③

---

① 金善宝:在浙江大学农艺学会上的演讲。国立浙江大学校刊,1933年5月6日,第132期。
② 金善宝:民主党派在党的领导下,加强团结,信心百倍地沿着社会主义道路迈进。新华日报,1956年8月25日。
③ 中国农林科学院金善宝同志对广东小麦生产问题的指示(根据记录整理,未经本人审阅)1974年3月,未刊稿。资料存于采集工程数据库。

高瞻远瞩

2018年10月，采集小组在采集金善宝的历史档案时，意外地采到他1978年5月4日为南京农学院复校给邓小平同志的第二封信。这封信里不仅详尽地叙述了南京农学院复校的理由，而且对南京农学院复校南京后校址的安排提出了建议。信中说：

> 校址可迁至江浦，考虑到原校址（南京中山门外卫岗）具备实验室等试验研究条件可供充分利用，建议被江苏省委党校占用的一部分校舍腾出来，仍如过去一样，在卫岗办研究生院和招收外国留学生。[①]

40年前的这个建议，竟然和今日南京农学院建校的规划吻合，不禁令众多的南农人惊叹老院长的高瞻远瞩。

1979年1月2日，中共中央办公厅2号电报指示的内容是这样写的：

> 关于南京农学院复校问题，中央意见，拟去南京江浦原南京农学院分院校址复校，在卫岗设立研究生部为妥。望做好该院师生员工的思想工作，尽快地把问题解决好。[②]

可见，中共中央不仅同意金老对南京农学院复校的要求，而且在复校后的安排上，也完全尊重了金老的意见。遗憾的是，当年南农复校并没有完全遵照中共中央2号电报的指示，学校迁回南京后一直留在卫岗，以致迁校规划延误了40年之久。

关于卫岗的校址问题。2015年中国农业科学技术出版社出版的《金善宝》一书149页，有南农迁到"卫岗"之后，为"南农的发展开辟了广阔空间"的内容。实际上这"广阔的空间"，是指20世纪50年代的迁校之

[①] 金善宝：给邓小平同志的信，1978年5月4日。资料存于采集工程数据库。
[②] 中共中央办公厅给教育部、江苏省委的2号电报，1979年1月2日，资料存于采集工程数据库。

时，1957 年 4 月 8 日，金善宝给聂荣臻副总理的信中说："附近陵园还有 3000 多亩农田可以利用"。金善宝调至北京之后，这 3000 多亩农田不但没有被继任领导及时抓住时机申请加以利用，又白白地送走了校园内的 1000 多亩地。① 在此期间，城内有关工科院校也陆续迁到了城外的卫岗附近，以致到了 70 年代，处于卫岗的"南农"再一次没有发展的余地了。为此，1978 年 5 月，金老上书邓小平副主席时，提出南农在江浦复校，卫岗办研究生院的建议。由此可见，金善宝为南农迁校、复校，在不同年代先后两次上书都是具有高度战略远见的。

在小麦育种研究上，据金善宝的助手杜振华说：

  金老对课题研究很有远见。经常和我们春麦室成员一起谈论小麦的品质育种问题。他指出，要先从普通小麦中筛选，再进一步做远缘杂交，并介绍了国外育成的一些优质小麦品种以及小麦近缘的高蛋白种质。他嘱咐，做这个工作要看文献，吸收国外的经验，要懂分析方法，要关注小型简单的仪器。他还明确地说，我的意思是把品质放在重要地位，"鲁棉 1 号"就是因为品质不好，影响了纺织。当时，全国粮食生产不足，主要强调"高产"和"吃饱"的问题，众多课题组都没有把品质作为重要的育种目标，尤其是加工品质。可见，那时金老的想法就是有导向性和远见的。从此，我们研究室在小麦新品种选育过程中，特别关注了品质问题。②

1987 年 3 月，国内首次召开了"优质小麦品质鉴评会"，国家科委、农牧渔业部等 28 个单位的 84 名代表出席了会议。会上，鉴评的"中 791"和"中 7606"两个小麦品种，就是金善宝主持下的春麦室育成的。《文汇报》《中国日报》外文版对这次鉴定评审会都作了报道。这是我国小麦品质研究工作中具有重要历史意义的一页，它带动和推进了我国小麦加工品质的研究和应用。

---

 ① 金善宝："文化大革命"交代材料，1968 年，未刊稿。资料存于采集工程数据库。
 ② 杜振华访谈，2017 年 4 月 28 日，北京。资料存于采集工程数据库。

求是与创新

金善宝休息时,常常喜欢练习书法,他有一条题字是:"实事求是,勇攀高峰"。这个题字是他对年轻一代的鼓励,也是他自己终身奉行不渝的座右铭,真实地反映了金善宝从事农业科学教育实事求是、追求科学真理的精神。

1981年4月17日《人民日报》第四版,金善宝和方悴农联名发表的"科学实验一定要实事求是"一文中指出:"科学实验一定要实事求是,决不能言过其实。没有严谨的态度、严密的试验设计、严肃认真的研究,在获得足够的资料和论据以前,决不可把想象和推论作为定律性结论。"表明了这两位农学家对待科学实事求是,认真严谨的态度。[1]

著名核农学家徐冠仁在"祝金老九十大寿"一文中写道:"在庆祝金先生九十大寿的时刻,我首先想到的是金先生的美德和学风。金先生在冬麦变春麦、春麦变冬麦试验风行的年代,没有随风兴浪。金先生在小麦密植,可以亩产一万斤、二万斤的浮夸声中,没有随声附和。这都体现了金先生尊重科学和坚持科学的态度。"[2]

金善宝1959年在编写《中国小麦栽培学》的会议上,受到孤立、点名批判之后,仍然坚持将小麦栽培的正确理论和反映客观实际的资料编进了《中国小麦栽培学》的定稿里。事后,在中国农科院三楼会议室领导干部会议上被指责为:"现在有苗头,有人反对'大跃进',反对党的领导"。为此,农业部有位副部长曾专门来中国农科院好心地告诫金善宝:"你要好好接受党的领导!"这些批判、告诫,无疑给金善宝敲起了警钟。可是,当他想起农村调查时见到的场景,想起自己少年时代兴农报国的志愿,想起一个农学家的职责,他毅然提笔给时任农垦部部长的王震同志写了一封信,汇报了农村的所见所闻,认为长此下去,必将招致农村经济破产,希望中央尽快采取措施。

---

[1] 金善宝,方悴农:科学实验一定要实事求是。人民日报,1981年4月17日,第四版。
[2] 徐冠仁:贺金老九十大寿。见:史锁达,任志高,《著名农学家教育家金善宝》。北京:农业出版社,1985年,第115—116页。

1960年3月，他在第二届全国人民代表大会第二次会议上，针对浮夸风中"小麦种植越密越好"的谬论，做了"农业八字宪法在小麦栽培上的运用"的发言。"发言"认为，"八字宪法"的八个字，是一个密切联系、相互促进的有机整体。其中土是基础，肥、水、种是前提，密为中心，保、管、工为保证，字字重要，缺一不可，不能相互替代。因此，必须因地制宜，结合小麦生长发育特点综合运用，才能充分发挥增产作用。

　　"发言"针对浮夸风中"越密越好"的谬论，特别强调合理密植的"合理"二字。他说："合理密植是群体最大的发展，是从种到苗、到蘖、到株、到穗、到粒的密度动态的合理掌握过程，不是简单的播种数量和方式问题；在正确安排个体和群体的关系上，既要有足够的麦苗和绿色体面积以充分利用营养条件和光能，又不能过密以保证单株在群体中良好的生长发育。高额产量的获得是在穗多、穗大、粒大三者相互协调的情况下获得的，必须适当增加播种量，依靠主穗并争取尽可能多的分蘖穗是密植丰产栽培的关键。合理密植还必须针对增株、增穗，对于营养和光照条件的需要……"[1]

　　这个发言，科学地阐明了合理密植的方法和理论，从而小麦要密植"越密越好""每亩播200斤种子""小麦亩产7000斤、上万斤"的谬论逐渐消失。

　　幸运的是，金善宝给王震同志上书的那封信，并没有给他带来任何麻烦！时过30年之后，1988年6月3日，时任国家副主席的王震同志，亲临中国农科院红楼207金善宝家中时还谈起此事。他竖起大拇指对金善宝说："金老，在这件事上，你是立了功的"。[2]

　　金善宝这种实事求是、追求科学真理的精神，不仅限于"大跃进"浮夸风的年代，而且贯穿于他生命中各个重要的历史阶段。

　　"文化大革命"期间，为了在有限的生命里培育出更多、更好的小麦良种，金善宝提出缩短小麦育种年限的创新思路。要想实现这个创新，当

---

[1] 金善宝："农业八字宪法在小麦栽培上的运用"。在第二届全国人民代表大会第二次会议上的发言，1960年3月，未刊稿。资料存于采集工程数据库。

[2] 金作怡：《金善宝》。北京：中国农业科学技术出版社，2015年，第154页。

时必须解决几个问题：①需要足够的小麦试验地和有关试验设备；②寻找、确定适于高山"夏繁"小麦的试验基地；③需要足够数量的科技人员奔赴"夏繁"基地进行小麦"夏繁试验"；④要排除政治上的种种压力和干扰。

为了解决这些问题，金善宝一边接受审查，一边顶着"反动学术权威"的帽子，冒着"走白专道路"的危险，冲破重重阻力，倡导小麦育种南繁北育，异地加代。

值得欣慰的是，他的高山小麦夏播繁殖经验，很快在全国各育种单位普遍推广应用。在此基础上，他又进一步提出在云南元谋、广东湛江和海南岛等地进行春小麦冬季繁殖的设想和实施措施。至此，金善宝和他的助手们经过三年多的努力，终于实现了多年来的美好愿望，利用我国的地理条件，一年繁殖三代小麦。这项研究使春小麦新品种的选育时间，从10年左右，缩短为3—4年。

在个人历史被严格审查、外出考察受到种种限制、中国农科院被撤销、农业科学受到严重践踏的动荡中，他仍然念念不忘农业科学和小麦育种。1972年1月，他向中国农科院核心领导小组上交了春小麦育种计划，在总结前几年工作的基础上，汇报了春小麦南繁北育的成果，提出今后三五年的春小麦育种目标。报告结尾他满含热泪地写道："中国人民有志气、有能力，一定要在不远的将来，赶上和超过世界先进水平，毛主席这一指示，大大地鼓舞了我，使我勇气百倍，甚至不知老之将至，下决心要在三五年内培育出一批赶超世界先进水平的新品种，为社会主义祖国争光。三五年的时间不算很长，我或者还可以看到它，我总希望能够看到它。这就是我的一点愿望！"[①] 一颗献身小麦育种的赤子之心跃然纸上。

同年2月，他又提出"中国农林科学院作物育种计划"的设想。这种无私无畏、对科学真理孜孜以求的精神，影响带动了他的团队——春麦室和小麦品种研究室的全体人员，在艰难的南繁北育、异地加代中育成了"京红8号""京红9号""中7606""中791""宁麦3号"等优质高产新

---

① 金作怡:《金善宝》。北京：中国农业科学技术出版社，2015年，第189-190页。

品种。

1977年邓小平召开了全国科学教育座谈会，1978年又召开了第一次全国科学大会。在会上，82岁的金善宝兴奋地说："为了迎接新中国四个现代化的到来，我要把82岁当作28岁来过。"

他是这样说的，也是这样做的。从此，他为中国农科院收回下放所、重整科研队伍、收回试验地，为"六五"—"八五"攻关、改善科研条件等，四处奔波，做出了不懈努力，取得了令人满意的成效。与此同时，他为南农复校，两次上书中共中央，南京农学院终于回到了南京卫岗。

励志精神代代传

金善宝不仅在农业教育的岗位上培养了众多的杰出人才，在农业科研的实践中也造就了一大批后起之秀。

他在农业教育岗位上培养的人才遍布全国。从时间上分析，这正是抗战最艰苦的时期，农业院校的毕业生肩负着解决粮食问题、挽救祖国危亡的使命，走上了农业战线的各个岗位，为争取抗战胜利作出了应有的贡献。新中国成立后的毕业生，满怀热情奔向了祖国的四面八方，在农业战线奉献了自己的一生。更可贵的是，在他们献身祖国农业的道路上，不仅有不怕苦、不怕累的品德，更具有百折不挠、坚韧不拔、历经坎坷、矢志不移的意志，为祖国农业献出自己生命的伟大胸怀。

譬如：

原北京农业大学教授、中国科学院院士、著名小麦遗传育种学家蔡旭，"文化大革命"期间下放陕北农村延安清泉沟（克山病区），身患克山病，遭受精神和生活上的种种磨难；北京农业大学迁到河北涿县（今涿州市）时，他精心培育的60亩小麦田被毁，大批育种材料丢失，这位视小麦育种如生命的人、在任何艰难困苦条件下从不落泪的汉子第一次落泪了！20世纪80年代北京农业大学搬回北京后，他不顾克山病、心脏病，在生活十分艰难的条件下，行动需借助手杖，坚持每天自带午饭乘公共汽车去东北旺小麦试验地工作。1985年，他因心脏病住院，直到去世前几天还在床头翻阅田间记载的小册子。他视事业重于生命，真正做到了生命不息、战斗不止。

中国农业科学院研究员、中国科学院院士、著名作物遗传育种学家鲍文奎，"文化大革命"中被打成"反动学术权威""开夫妻黑店"，夫妇俩一边挨批斗，一边坚持育种，为开拓我国植物多倍体遗传育种克服了重重困难，解决了一个又一个世界性难题，使四倍体水稻和八倍体小黑麦的科研工作获得了突破性进展，在世界上首次将异源八倍体小黑麦应用于生产……遗憾的是，他在不断的探索中突然倒下，走完了生命的最后一程。

1938年经方毅同志介绍入党的云南大学教授、著名昆虫专家曹诚一，在日记里写道："生命只有一次，最后的光和热更要珍惜！怯懦和绝望不属于奋斗一生的人！""人生真正的快乐在于把每滴血都消耗光才钻进黄土里""共产党员最大的快乐是战斗到生命的最后一息……"她用自己的生命实现了这个庄严的誓言。

南京农业大学教授、著名小麦专家吴兆苏，20世纪80年代参加《小麦品种及其系谱》一书的编审工作，因心脏病发作住院治疗，他不顾个人安危，在病床上，一边打点滴，一边写稿、改稿。

……

金善宝在农业科研的实践中，培养造就了一批青出于蓝而胜于蓝的农业科技工作者。20世纪60年代，他的助手们在这位"反动学术权威"的坚持下，把他们的汗水洒在了南繁北育第一线。"文化大革命"期间他们没有虚度年华，而是在育成多个小麦良种的同时，成长为具有丰富实践经验的小麦专家。实现了金善宝"早出成果、早出人才"的愿望。

实际上，1967年庐山"夏繁"小麦的成功，轰动了全国农业育种研究领域。多年来，"南繁北育"经验，在玉米、高粱、水稻、谷子等作物上同样得到了广泛应用，在为国家增产粮食作出贡献的同时，也在农业科研的实践中造就了一大批科研人才，这批"南繁北育"第一线艰苦磨炼出来的农业科学专业人才，无可替代地成为开创中国农业现代化进程中一支异军突起的生力军。

这就是金善宝在农业教育的岗位上、在农业科研的实践中、竭尽一生培养、扶持的一代又一代农业科技人才！他们为祖国农业科学教育事业奉献了毕生精力的同时，也为新中国的农业科学教育培养了大批接班人，在许多专业会议上，出现了几代师生共聚一堂的动人场面。他们是20—21世纪中国农业科技发展史上承上启下的一代，他们为支援抗日战争胜利奉献了青春年华、为建设繁荣富强的新中国立下了不朽功勋、对促进中国农业现代化起到了关键性作用。这些农业科技工作者一生遭受的磨难、顽强拼搏的意志、艰苦朴实的生活、不屈不挠的献身精神，古今少有，世所罕见！他们对祖国农林科学教育事业的奉献精神、青出于蓝而胜于蓝的业绩，在中国农业科技发展史上写下了浓墨重彩的一页。

在金善宝学术成长的道路上，他的众多学生称他是：耿、介、廉、正的代表，教书育人的典范；中国农业科学院的科技人员认为他：艰苦朴素，平易近人，待人处世论是非不论厉害、论功过不论权势；而中国农科院的工人师傅们则异口同声地赞扬他：一身正气，两袖清风。

1994年7月2日，时任统战部部长的刘延东，在庆贺金老百岁华诞的茶话会上讲话，她说：

> 金老身经两个世纪，三个朝代，是世纪老人，是年高德昭的老人。我们祝贺金老百岁华诞，不仅体现中华民族敬老爱贤的传统美德，更主要的是从金老身上，学习中国知识分子对祖国忠贞不移，对真理孜孜以求，对事业呕心沥血，对名利淡泊豁达的高尚情操和可贵品德。①

1994年10月，南京农业大学设立"金善宝农业教育奖学金"，奖励优秀学子。

2006年1月17日，中央电视台"永远的丰碑"栏目，播送"著名育种学家金善宝。"

2009年，入选新中国成立60周年"三农"模范人物。

2016年5月8日，入选《中国现代科学家（七）》纪念邮票。

---

① 刘延东：在中国科学院、中国科协、九三中央、中国农业科学院举办金善宝教授百岁华诞茶话会上的讲话。1994年7月2日，未刊稿。资料存于采集工程数据库。

2020年10月，南京农业大学成立"金善宝书院"。

近日，采集小组在金老的书柜里发现一幅字画，画面上一枝梅花，写着一行小字"凌霜傲雪一枝春""善宝恩师九十二岁高龄亲临保定参加河北农大85周年校庆纪念"，下面是"高山仰止、景行行止，虽不能至、心向往之。"最后，10位学生的签名：王健、毕桓武、杜孟庸、江富华、曹文茂、王焕如、王恒铨、陈家修、马炳麟、何永集敬赠，一九八七年九月。

这是金老当年的10位学生送给老师的纪念品。这古朴的画面、淡淡的梅花，这一行小小的题字出自《诗经》的诗句，带有水迹的印痕[①]。真实地反映了金善宝一个世纪的沧桑，令人景仰的品德，历经风云变幻仍追求科学真理的一生，被他的学生们誉为"凌霜傲雪一枝春"。

金作怡

2020年10月

---

① 因楼上邻居暖气发生事故，此画挂在墙上被淋湿——编者

附录一　金善宝年表

1895 年
7月2日（清光绪二十一年闰五月初十）出生于浙江诸暨石峡口村。

1901—1907 年
在父亲的严厉管教下，就读于石峡口私塾学堂，常随父兄一起上山打柴。

1908 年
父亲金平波因病逝世，开始独立上山打柴。

1909 年
依靠母亲养蚕的微薄收入，进入枫桥小学学习，课余时间，上山打柴、除草，培育树苗。

1910 年
进入大东乡高小二年级学习。
课余时间，帮母亲缫蚕丝，左手食指被开水烫伤，终身弯曲不能伸直。

放学回家打柴养家成了他的"必修课。"

1911 年

秋，考入革命同盟军开办的陆军中学。第一次接触到孙中山先生的民主革命思想，经受了紧张的军事训练，学会了射击和骑马。

1912 年

民主革命失败，陆军中学被迫解散，回到了石峡口村。

1913 年

夏，在母亲的大力支持下，考入绍兴浙江省立第五中学，学校治学严谨，学习气氛浓厚。

冬，奉母命与楼氏姑娘结婚。

1914 年

校长著名教育家蔡元培的办学方针、教育理念，教师文学家鲁迅、革命先烈徐锡麟矢志教育、沥血桃李的精神，在学校广为流传，对他影响很深。

1915 年

任年级足球队队长；荣获浙江省象棋比赛第二名。

1916 年

四年文化知识的学习、民主思想的熏陶，萌发了"科教兴国"的思想。

1917 年

6月，浙江省立第五中学毕业，考入南京高等师范学校农业专修科学习，初步领略了邹秉文先生理论与实践相结合的教学方针。

1918 年

寒假，遵照哥哥金善同意见，经母亲同意，兄弟分家。

夏，在浙江农事试验场实习，深深体会理论与实践相结合的重要性。

秋，接到家乡来信，告知妻楼氏因难产去世。

1919 年

5 月，与同班同学黄曝寰等参加五四运动罢课游行。

9 月，进入三年级学习。

1920 年

6 月，完成毕业论文"世界棉业现状"。

夏，南京高等师范学校农业专修科毕业，经邹秉文先生介绍任南京皇城根小麦试验场技术员。

1921 年

寒假，回家乡石峡口村，出资创办梓山小学。

南京高等师范学校改名东南大学，成立东南大学试验场总场，任总场技术员，坚持小麦育种研究。

1922 年

开始选育农家小麦品种"南京赤壳""武进无芒"，搜集小麦品种，进行小麦品种试验。

1923 年

选出农家品种"南京赤壳""武进无芒""姜堰黄皮""改良赤皮"等 8 个小麦品种，做各种小麦开花期之观察。

对原颂周主任在南京江东门外发现的早熟农家品种"江东门"进行种植、观察。

1924 年

7月，与杭州弘道女子师范毕业的姚璧辉女士结婚。婚后，璧辉女士遵照丈夫的意愿回石峡口村，做了梓山小学一名义务教员。

金善宝独自一人回到试验场，"武进无芒""南京赤壳"相继问世，在江浙一带推广。

1925 年

从全国 790 个县搜集到 900 多个小麦品种，研究确定分属于普通小麦、密穗小麦、硬粒小麦和圆锥小麦，其中普通小麦占 87%，其余占 13%。

夏，在开展研究工作的同时，回东南大学农艺系补读一年学分。

1926 年

将原颂周先生发现的农家品种江东门，经过几年选育，去劣存优，精心种植，培育成一个早熟品种，比当地小麦品种显著增产，又比较抗赤霉病。

在玉米研究上，主要从事自交系的选育。

在大豆研究上，做了大豆、玉米间作试验，取得了初步试验结果。

完成东南大学农艺系本科全部学业。

1927 年

7月，离开南京大胜关农业试验总场，到宁波浙江第四中学教授农业课。

12月，应聘浙江大学劳农学院（现浙江大学农学院）副教授。

1928 年

浙江大学劳农学院农艺系任教，主讲"实用麦作学"。

5月，发表中国第一部小麦分类文献"中国小麦分类之初步"。

1929 年

在浙江大学笕桥农场，征集了全国 28 个省的 650 个市、县的小麦样品，进行分类研究。

从一位意大利留学生处得到的 Ardito 小麦品种，在浙江大学劳农学院笕桥农场试验种植。

母亲逝世。

1930 年

7 月，考取浙江省教育厅公费留美学生，赴美国康奈尔大学研究院攻读作物育种。

妻姚璧辉携长子到上海码头送行，6 岁的长子因吃了不洁的包子不治夭折。

8—12 月，在美国康奈尔大学研究生院学习，图书馆 80 万册的藏书引起了金善宝广泛深入研究学习的兴趣。

1931 年

1 月，与卢守耕两人被选为《中华农学会报》在美国的地方干事，负责联络、组织在美留学生为该报投稿等事宜。

成为康奈尔大学作物育种研究会会员。

1932 年

1 月，继任《中华农学会报》在美国的地方干事。

2 月，和留美学生马保之、冯泽芳、卢守耕等 6 人为致力于中华作物改良事业，发起成立"中华作物改良学会"。

春，康奈尔大学研究生院毕业，放弃了学位论文，转赴明尼苏达大学农学院研究小麦育种。

7 月，和国内外农业界研究人员冯肇传、沈宗瀚、赵连芳、周承钥、卢守耕、马保之等联名正式发出"中华作物改良学会缘起及旨趣"成立公告，他和马保之被选为中华作物改良学会在美国的联系人。

1933 年

1 月，完成了康奈尔、明尼苏达两个大学理论与实践的全部学业，启程回国。

2 月，就任浙江大学农学院副教授。

5 月，在浙江大学农学院农艺学会常会上，应邀作了"美国人研究科学之精神"的演讲。

8 月，应聘南京中央大学农学院教授。

1934 年

6 月，火烧美国政府棉麦贷款的病麦，立志培育自己的小麦良种。

在南京劝业农场，从潘希维尔（Percival）世界小麦品种中选出原始亲本"Mentana"。

将 Ardito 小麦，在浙江大学杭州笕桥农场种植数年后加入南京劝业农场种植试验。

《中华农学会报》125 期发表"近代玉米育种法"。

12 月，商务印书馆出版中国第一部小麦专著《实用小麦论》，被列为大学丛书。

1935 年

3 月，参加中华作物改良学会第二届年会。

育成早熟、丰产，抗倒的小麦品种"中大 2419"。

将 Ardito 小麦，选育成抗病力强、成熟期较早、产量高的小麦良种，按 Ardito 译音，并因其植株矮、穗粒多，命名为"矮立多"。

早年改良的小麦"南京赤壳"引至浙江省推广。

1936 年

1 月 29—31 日，应教育部之聘，在中央广播无线电台演讲"中国近年来作物育种和作物栽培的进步概况。"

教学中重视实验室和田间实习，贯彻手、脑并重，学、做结合，启发学生广开思路钻研科学，讲究实效，博得了众多学生好评。

12月21—25日，在中央广播无线电台演讲"中国几种重要禾谷类"。

1937年

7月，受抗日战争影响，中央大学内迁重庆。将妻小送到诸暨石峡口村后，和梁希、毛宗良教授一起乘民生公司轮船前往重庆。

8月，和梁希教授同住一间临时筹建的平房内，在战乱中结成了终身挚友。

9月，将"中大2419"和"矮立多"两个小麦品种移至重庆沙坪坝继续试验。

10月，在重庆沙坪坝继续上课。

1938年

7月，到八路军办事处献金100元，支援前方战士。

8月，任教育部农业职业学校暑期讲习班教员，讲授作物学。

秋，给前方战士捐寒衣，又到八路军办事处代表梁希各献金100元。

10月，中国共产党在国统区公开出版的《新华日报》从武汉迁到了重庆，从此成为《新华日报》的忠实读者。

1939年

春，通过潘菽长兄潘梓年与《新华日报》馆取得了联系，经常到《新华日报》馆听时势报告、阅读毛主席《论持久战》等书籍。

与梁希、潘菽等人发起组织"自然科学座谈会"，周恩来、石西民等同志经常利用喝茶等方式给予各种支持和帮助。

暑假，与蔡旭一起去川北调查农业，在平武县受到特务盘查干扰。川北之行将"中大2419""矮立多"移至四川农业改进所合作试验。

秋，先后两次去八路军重庆办事处找林伯渠同志，提出前往延安的要求，林伯渠为他做了周密安排，因意外事故未能成行。

12月，中央大学第一个用高价义买《新华日报》。

1940年

1月11日，《新华日报》创刊两周年，报馆举行了大规模的纪念活动，邀请金善宝、梁希、潘菽、涂长望等部分自然科学座谈会的成员参加。

6月，妻子姚璧辉带四个孩子，从浙江诸暨老家千里迢迢来到重庆，途中遭遇重大翻车事故，幸好全家无恙。他在嘉陵江边中渡口花150元买了一间土坯房安置全家。

暑假，委派农艺系20—30名学生分赴四川全省几十个县调查农业、土地分配情况。

1941年

1月7日，发生震惊中外的皖南事变，与梁希、潘菽、涂长望等去《新华日报》馆声援，对死难烈士表示哀悼。

5月，妻子因长途跋涉、劳累过度病倒，为了保证妻子的休息，他在土坯房后加盖了半间竹篱房，让妻子单独居住。

8月22日，空袭警报，因撰写论文，未去防空洞，其所住的土坯房遭受损坏。

"中大2419""矮立多"在四川农业改进所试验，两年观察，表现优异。

1942年

5月，因胃出血，带病给农艺系同学讲授麦作学，昏倒在课堂。

6月，应42届毕业生邀请抱病给毕业班送别。

暑期，贫病交困中赴云南考察，发现我国特有的小麦新种"云南小麦"。

秋，将自己多年来培育的小麦良种，托人送往八路军办事处，转送到延安。

在《新华日报》馆，邓颖超同志对他说"延安已经收到你送的小麦种子了，同志们都很感谢你"，他感到十分欣慰。

"中大2419""矮立多"两个小麦品种开始在四川省示范推广。

1943 年

利用躲警报的空隙，与蔡旭合作完成"中国近三十年来小麦改进史"手稿。

与吴董成合作在《中华农学会报》170 期发表"中国小麦区域"。

12 月 23 日，参加周恩来、邓颖超同志为梁希教授举办的六十寿辰祝寿会。

1944 年

10 月，与梁希、潘菽、涂长望、谢立惠、李四光、严济慈等著名科学家一起，发起成立中国科学工作者协会。

11 月，经潘菽介绍，与梁希、涂长望等自然科学座谈会成员，全部加入了民主科学座谈会。

1942—1944 年，连续三年在四川省教育学院义务兼课，分文不取。

1945 年

2 月，与梁希、潘菽、马思聪、矛盾、郭沫若、谢冰心等科技、文化界312 人，在《新华日报》联名发表"文化界对时局进言"。

8 月 15 日，庆祝抗战胜利。28 日，毛泽东主席赴重庆谈判，期间，与梁希、潘菽等 8 人应邀受到毛主席接见。

秋，接云南大学农学院聘书，到昆明讲学半年。

冬，在昆明 300 名教授联合呼吁书上签名，反对美国政府干预中国内政，呼吁书在《新华日报》上全文发表。

参加昆明学生反迫害、反饥饿、反内战的大游行。

1946 年

1 月，昆明讲学结束回到重庆。

1月25日，参加重庆中央大学、重庆大学、复旦大学师生7000余人"争民主、争自由"的大游行。

2月10日，重庆发生校场口事件，与梁希等人去《新华日报》声援并慰问。

5月4日，出席"民主与科学座谈会"召开的会议，会上正式改名为"九三学社"。

5月26日，在重庆各界人士时事座谈会发起"呼吁和平、反对内战"签名运动上签名。

6月，重庆中央大学农艺系办公室失火，多年的试验材料、研究论文和各种调查报告等宝贵资料遭焚毁。

随中央大学乘"永康轮"轮船沿长江返回南京。

"中大2419"小麦良种，继续在丁家桥农场开展种植试验。

10月，中央大学正式复课，负责讲授"麦作学""作物学"等课程。

1947 年

2月，续任中央大学农艺系主任。

4月，参加讨论中央大学教授会发表"要求提高教育经费、改善教员待遇的宣言"，点燃了"五二〇"学生运动的火焰。

5月，与梁希等探望、营救"五二〇"学生运动受伤被捕的学生。

6月，因胃部出血，住院治疗。

1948 年

5月4日，参加在中央大学操场举办的纪念"五四"盛大的篝火晚会，会上慷慨陈词，支持爱国学生的革命行动。

6月，连续2次胃部出血，经医院诊断为十二指肠溃疡，幸遇老中医吴汇川施以秘方，治愈了困扰多年的病痛。

8月，获准学术休假一年，无锡江南大学农学院任教。

9月27日，受聘江南大学农学院农艺系主任。

9—12月，因治学严谨、平易近人、高超的授课艺术，博得学生广泛好评。

1949 年

4月23日，在无锡迎接解放。

5月，二女参军，立功喜报寄到家中。

6月，结束江南大学教学任务回到南京。

7月，去北京参加周恩来同志主持的第一次中华全国自然科学家代表会议。会后，又参加以竺可桢同志为团长的东北参观团，参观访问。

8月8日，中央大学改名南京大学，被任命南京大学农学院院长。

8月，小麦"中大2419"，改名"南大2419"，继续在丁家桥农场试验，表现优异。

11月，带领南京大学农学院教师学生建立农村工作服务实验区，使书本知识与实际结合起来。

12月，出席中央人民政府农业部召开的第一次全国农业生产会议，讨论1950年全国农业生产计划。

1950 年

1—2月，因去年夏秋之交，华东大水成灾，一亿亩良田被淹，他及时提出"多种马铃薯度春荒""移植冬麦、战胜灾荒"的建议，在《新华日报》上发表。

4月11日，中央人民政府第6次会议通过，任命金善宝为华东军政委员会农林部副部长。

5月，南京大学校务委员会改组，金善宝当选为校务委员会常务委员。

10月，在南京市第一届人民代表大会第一次会议上，金善宝当选为南京市副市长。

10月22日，在庆祝南京大学成立一周年大会上讲话。

10—11月，赶写的《马铃薯栽培法》由商务印书馆出版发行，进一步挽救华东地区受灾的损失。

12月26日，中央人民政府第10次会议通过，任命金善宝为南京市副市长。同日，参加华东农林工作会议，作了"对农业技术的提高与普及的几点意见"的讲话。

1951 年

春，带领十几名专家走遍苏北、淮北十多个县，调查小麦受灾情况，挽救了百万亩受冻小麦的损失。

4月，欢送志愿军代表柴川若、董乐辅、窦少毅离宁，在下关车站握别。

5月，在欢送南京市第四批志愿赴朝医疗团大会上讲话。

8月1日，在庆祝"八一"建军24周年大会上讲话。

9月，在华东麦作与病虫座谈会上讲话。

继任南京大学校务委员会常务委员。

10月28日，在中国农学会南京分会成立大会上讲话。

11月，在南京市农业劳动模范代表大会上讲话。

1952 年

7月，全国高等院校院系调整，华东教育部提请中央被任命为南京农林学院院长兼南京农学院院长。

8月，参加南京工农速成中学成立一周年大会。

9月11—20日，出席九三学社第二次工作会议，当选为九三学社第三届中央委员会委员。

10月1日，在南京市少年儿童庆祝中华人民共和国国庆三周年大会上讲话。

秋，代表南京市政府出席"南京市爱国卫生运动模范代表大会"。

11月15日，中央人民政府第19次会议通过，被任命为江苏省人民政府委员，南京市棉垦委员会主任委员。

11月，当选为九三学社南京分会副主任委员，并任苏南、苏北、南京"中苏友好月"联合筹备委员会副主任委员。

12月20日，出席1952年华东农林工作会议，传达了会议精神。

1953 年

1月8日，中央人民政府第19次会议批准任命金善宝为江苏省人民政府委员。

2月20日，到苏州慰问中国人民解放军。

4月，带头参加南京农学院第二届春季运动会400米跑。

10月25日，对农林两院教职工讲话。

11月16日，被国务院任命为南京农学院院长。

1951—1953年暑假，连续三年组织学生到山东、皖北、苏北农村调查，使农业教育与农业生产实践相结合。

1954 年

2月，慰问在苏州康复医院的中国人民解放军。

4月，将中断了14年之久的从事农史研究的万国鼎教授调回南农，成立南京农学院农业历史研究组。

秋，组织南京农学院师生成立农业技术组，与郊区的李玉、群众、一心农业社建立了固定联系，使教育与生产相结合。

9月15—28日，出席第一届全国人民代表大会第一次会议。

10月，出席南京市爱国卫生评模代表会议。

12月16日，被任命为南京农学院院长。

本年，主持"中国小麦的种类及其分布的研究"。

1955 年

2月，继任南京市人民政府委员，任江苏省南京市中苏友好协会副会长。

3月21日，寄信给第一届人大常委会，提出推广向日葵的几点意见。5月13日，收到农业部赞同复信。

4月9日，在南京市第一届人民代表大会第三次会议上再次当选为南京市副市长。

6月1日，中国科学院成立学部，被聘为首批中国科学院生物学部委员。

7月，申请农业部同意，在南京农学院建立中国第一个农业历史研究机构——中国农业遗产研究室。

7月5—30日，出席第一届全国人民代表大会第二次会议。

7月18日，在中央人民广播电台录音"对台湾农业科学工作者的广播稿"。

8月18日，赴布达佩斯参加匈牙利玉米育种会议。

秋，与南京郊区李玉、红旗农业社继续保持技术合作。

12月29日，参加江苏省第一届人民代表大会第三次会议。

12月30日，去上海参加华东高教局高等院校院长座谈会，表达了蕴藏内心18年之久、要求入党的意愿。

1956年

2月2日，出席江苏省农业高额丰产社代表会议。

2月10日，由沈丽娟、顾民介绍加入中国共产党。

5月3日，在江苏省高等学校、科研机关党员干部会议上介绍"南京农学院支援农业合作化的体会"。

5月，研究制定南京农学院12年（1956—1968）科学研究规划，掀起了全院科学研究的高潮。

6月15—30日，第一届全国人民代表大会第三次会议。

7月，继1942年之后，再次去云南考察云南小麦。

8月，出席江苏省第一届人民代表大会第四次会议。

9月1日，在南京农学院开学典礼上讲话。

参与全国300多名专家一起共同讨论制定我国12年科学技术发展的长期规划。

主持"中国小麦的种类及其分布的研究"。

1957年

2月，任全国农业展览会总馆长，去北京参加全国农业展览会。

3月6日，在中央人民广播电台，通过广播宣传我国农业战线上取得的伟大成就。

3月，赴北京出席中国农业科学院成立大会，被任命为中国农业科学院副院长，但遵照南京市领导指示，仍留在南京工作。

4月初，去北京参加教育部召开的1957年全国高教会议，会议期间，为南京农学院迁校问题，致信副总理聂荣臻，得到了聂荣臻的大力支持。

4月4日，在全苏列宁农业科学院全体院士会议上，当选为通讯院士。

5月1日，代表南京农学院与十月农业社签订技术合作协议。

6月26日—7月15日，出席第一届全国人民代表大会第四次会议。

7月24日，被聘为国务院科学规划委员会副组长。

8月4日，参加《新华日报》就"全国农业发展纲要（修正草案）"举办的座谈会，建议种植高产饲料作物，适应增养猪仔的需要。

8月，去西北考察农业。8月24日应西北农学院邀请，对农学系学生发表讲话。

10月12日，任中国人民保卫世界和平委员会江苏省暨南京市分会主席。

10月28日，接受文汇报记者采访，就"长江流域怎样抗旱种麦"发表讲话。

10月，《南京农学院科学研究专刊》1957年第1号发表"我国当前种植面积最大的小麦良种'中大2419'小麦"。

11月，完成《中国小麦之种类及其分布》初稿。

11月26日，与丁颖等5人出席在莫斯科举办的全苏列宁农业科学院庆祝十月革命四十周年大会，在学术讨论会上作了"中国小麦的种类及其分布"的学术报告。

12月1—10日，在苏联农业科学院作物栽培所参观访问、交流经验。

1958年

2月27日，去南京浦口区红旗农业社考察，确定南京农学院在红旗公社建立试验田，做四项技术试验。

4月12日，应安徽省科学联合会、科普协会、合肥农学会的邀请，在合肥作访苏报告。

5月，任九三学社南京分社第四届委员会副主任委员。

5月17日，到南京市郊红旗农业社进行技术指导。

5月20日—6月13日，与中国农业科学院党委书记王更生去安徽省阜阳专区考察。

7月22—29日，到合肥参加全国小麦病虫害会议，致会议开幕词，做会议总结。

8月1日，参加全国小麦研究跃进会议，作了"在总结农民经验的基础上，提高我国的农业科学"的讲话。

8月13日，在南京广播电台录音"对台湾农业科学工作者"广播。

8月，结束在南京农学院的任职。

9月，奉调入京，任中国农业科学院副院长。

10—12月，外出考察期间，发现农业生产中的浮夸现象，向王震同志作了汇报。

1959年

2月，1958年的浮夸风刮到了农业科研单位，他维护科学真理、实事求是，受到多次不点名批评，被指责为反对"大跃进"。

4月18—29日，参加第二届全国人民代表大会第一次会议。

5月4日—6月7日，与中国农业科学院党委书记王更生一起去河南、江苏、山东等地参观访问了14个人民公社，考察了10个省、专区和县级的农业科学研究所及三个农业院校的小麦生长情况。

7月，第三次去云南考察，寻找云南小麦新亚种的发源地。

7月22—29日，到合肥参加全国小麦病虫害会议，致开幕词、闭幕词。

9月，去青海柴达木盆地德令哈、哇土香卡、香日德、赛什克农场等地考察小麦丰产田。

10月，《南京农学院科学研究专刊》1959年第2号发表"中国小麦的种类及其分布"。

12月30日，参加全国甘薯科学研究工作会议，作会议总结。

1960年

3月30日—4月10日，参加第二届全国人民代表大会第二次会议，作了"农业八字宪法在小麦丰产栽培上的应用"发言。

9月24日，在中央人民广播电台对苏广播"中国农业科学工作者是怎样理论联系实际的"。

10月，在北京顺义县（今顺义区）牛栏山公社总结玉米大面积丰产经验。

秋，在编写《中国小麦栽培学》的会议上，为了"依靠主穗"的小麦生产问题，受到不指名批评。他坚持把反映客观实际的材料，编进了《小麦栽培学》的定稿里。

1961年

1月25日，在中国农业科学院所长会议上讲话"如何利用品种资源来改进作物育种工作"。

4月，主编《中国小麦栽培学》由农业出版社出版。

6月18日，撰文庆祝党的40周年。

6月30日，在人民大会堂参加中国共产党成立40周年大会。

9—11月，与新疆且末县农科所等单位联系，讨论研究古城废坑中的麦种情况。

11月，与蔡旭、戴松恩等发起成立"中国作物学会"。

12月，到长沙参加中国作物学会第一届全国代表大会，被选为中国作物学会第一届理事长。

1962年

1月，《作物学报》第1卷第1期发表"淮北平原新石器时代小麦"。

3月27日—4月16日，出席第二届全国人民代表大会第三次会议。

8月，在国家农业组讨论会上，和丁颖院长等人一起提出"农科院精简过了头"的意见，引起中央重视。

11月9日，在第三届中国人民政治协商会议工作组举办的双周讲座上发表"实施农业技术改革,提高农业生产问题"的讲话。

1963 年

1月,与丁颖、钱学森、钱三强等百余位著名科学家共同受到中央副主席刘少奇等国家领导人的亲切接见。

3月初,出席全国农业科学技术工作者会议。

春,去浙江省绍兴、宁波、舟山群岛等地考察。

7月,任"中朝友好协会代表团"副团长访问朝鲜。

8月,提出利用我国幅员广阔的条件,进行春小麦异地繁殖,加快小麦育种进程的设想。

与林山、唐志发去内蒙古哲里木盟考察农业,提出"哲里木盟草原合理利用在农业上的调查报告"。

9月,接待朝鲜代表团来华访问。

10月,接待日本代表团来华访问。

11月17日—12月3日,出席第二届全国人民代表大会第四次会议。

1964 年

2月2日,国家科委正式批准成立中国农业科学院－南京农学院小麦品种研究室,兼任研究室主任。

2月,主编《中国小麦品种志》(1961年以前)由农业出版社出版发行。

6月,到宁夏贺兰山等地考察春小麦。

10月,任中国农业科学院院长兼学术委员会主任。

12月21日,出席第三届全国人民代表大会第一次会议。

1965 年

1月,出席第三届全国人民代表大会。

2月,出席国务院召开的"全国农业科学实验工作会议",在会上作了"样板田促进了农业生产和农业科学的发展"的报告。

5月,与小麦品种室吴兆苏、沈丽娟同去黄山考察,寻找小麦的夏繁基地。

6月,在第四届政协科学技术组作"农业样板田问题"的报告。

7月19日,国务院第157次会议通过任命金善宝为中国农业科学院院长。

9月,接待阿尔巴尼亚农业部长雷卡来华访问。

10月,去山西大寨考察农业生产。

11月,去山东泰安、宁静等地考察农业。

12月13日,出席"全国同位素、辐射农业应用研究工作会议"并作了重要讲话。

1966年

5月,派小麦品种室薄元嘉去井冈山寻找小麦夏繁基地。

7月,在井冈山桐岭的垦殖分场布置了小麦杂交后代试验,并在庐山东方红公社做了对比试验。这一年,因没有派人驻点,仅获得了种子,没有得到详细资料。

8月,亲登庐山,确定小麦夏繁基地,请植物园科技人员协助代管,得到九江市政府的大力支持。接到中国农业科学院命令立即返回。

9—12月,回京后被分配到气象室"学习"接受审查。

1967年

春,冒着"白专道路"危险,克服重重阻力,坚持小麦科学试验。

6月,派"小麦品种室"成员薄元嘉去井冈山驻点,进行小麦夏繁试验;庐山夏繁试验委托植物园科研人员代管,坚持在井冈山、庐山两地同时试验。

秋,派"小麦品种研究室"陈佩度把收获的种子带到湛江播种,与井冈山、湛江南繁一线驻点科研人员通过书信交流、指导试验。

10月1日,国庆节被邀请登上天安门城楼,见到了敬爱的周恩来总理。

冬,请求中国农业科学院军代表派人去云南元谋开展小麦冬繁,遭到拒绝后，写信给元谋农科所，请农科所研究人员协助完成这一年的小麦冬繁任务。

12月，迎来了井冈山、庐山两地夏播小麦同时获得成功的喜讯。

育成"京红1—6号"等春小麦新品种。

1968年

1月，在高山夏播小麦成功的基础上，进一步提出在云南元谋、广东湛江、海南岛等地，进行春小麦冬季繁殖。

3月，在南京召开小麦高山夏播座谈会，不少单位要求参加小麦夏播试验。

9月，再登庐山考察夏繁小麦。

10月，向革委会上交"小麦高山夏播试验出差工作汇报"，要求尽快去湛江秋播。

1969年

"京红1—6号"在大面积生产条件下，表现突出，全国已推广60万亩以上。

1971年

1970—1971年，中国农业科学院研究人员下放，在人力、物力极端困难的情况下，克服重重困难，坚持小麦试验。关心人才培养、鼓励青年在南繁第一线提高科研水平。

他的南繁北育、缩短春小麦育种年限的创举，得到了"小麦品种研究室"和各地区农科所的热情支持。

育成"京春6082"春小麦新品种。

长女作英因病去世。

1972年

1月，向院核心小组汇报春小麦育种规划，在总结前几年工作的基础上，提出今后3—5年育种目标，要求增加试验地和研究力量，没有回音。

春，在当时的农林科学院农业所支持下，成立了春麦组。同年，改称春麦室，陆续增加了辛志勇、尹福玉、郭丽、黄惠宇、徐惠君、刘书旺、杨华等人。

6月26日—7月3日，在宁夏银川召开全国春小麦现场经验交流会，在吴忠县王太堡农业试验场参观小麦丰产田。

8月22日，去南京参加南方10省市冬小麦育种协作会议，26日在会上作了"关于南方冬麦区小麦育种工作"的发言。

9月1—8日，从南京去庐山了解小麦夏播情况。

10月，小麦品种研究室完成"我国小麦地方品种资源的搜集整理和研究"（小结初稿）。

1973年

1月，与杜振华去海南岛考察南繁小麦。

3月27日，为"小麦品种研究室"人员安排问题，致信江苏省委。

5月，参加农林部在石家庄召开的全国小麦现场会议，去山东胶济线一带看小麦长势。

6月，先去呼和浩特、集宁、丰镇、雁北地区考察小麦，回京后又去莱阳良种场、涿鹿县考察丰收小麦长势。

9月，给农业部沙风部长写信介绍徐冠仁、鲍文奎的科学工作情况。

11月，因小麦锈病传播广，致信周恩来总理，建议召开全国小麦抗锈防病会议。

春麦室先后育成"京红7号""京红8号""京红9号"小麦，产量大都超过了墨西哥小麦品种。

制定新的育种目标，开始选育早熟、高产、稳产、优质的突破性品种。

1974年

2—3月，受王震同志委托与林山、梁勇等同志去广东省湛江、佛山等地检查小麦生产情况，视察了广州郊区花县、湛江市郊、廉江、遂溪、南海6个县、18个大队和单位的小麦长势，对广东省小麦生产问题提出了很好的意见。

5月，去山东莱阳参加"全国小麦高额丰产讨论会"。

7月，去陕西、延安地区（今延安市）考察小麦。

冬，在元谋县建立春小麦冬繁基地。

1975年

1月13—17日，出席第四届全国人民代表大会第一次会议。

9月，参加聂荣臻副总理会见扎伊尔原子科学代表团。

"京红7号""京红8号""京红9号""6082"品种对比鉴定试验，均优于墨西哥小麦品种。

1976年

1月5日，参加全国"小麦育种学"审查定稿会议。

1月，去云南元谋实地察看南繁春小麦成熟前之长势，听到周总理逝世噩耗，万分悲痛，发出唁电，深表哀悼。

6月，参加谭震林副委员长会见"日本日中农业技术交流协会"友好代表团。

"京红7号""京红8号""京红9号"小麦在各地试种表现良好。育成优质小麦新品种"中7606"。

1977年

1月8日，参加中国农业科学院纪念周总理逝世一周年大会。

2月，因皖、鲁、豫、苏等省冬季干旱、缺苗严重，影响小麦增产，向农林部提出"关于抓好麦田移苗补栽"的建议。

6月，接见日中友协农业访华代表团。

7月9日，在中国科协学习中央六中全会文件座谈会上回忆、批判了极"左"思潮对农业科学的摧残、伤害。

8月，出席邓小平主持召开的"科学和教育工作座谈会"，汇报了中国农业科学院在"文化大革命"中的情况。

9月20日，上书中央，请求恢复南京农学院。

9月，上书中央，多方奔走，为收回中国农业科学院下放研究所做出了不懈努力。

10月5日，致信邓小平提出"用优良品种支援第三世界国家的设想"。12月12日，收到对外经济联络部、农林部处理的回复。

10—11月，去柳州出席"全国农业科技情报会议"，会后去南宁地区考察。

11月，致信广西壮族自治区乔晓光书记，建议在桂林建立亚洲柑橘育种中心。

12月7日，《光明日报》报道"人老心更红——访农业科学家金善宝和他的助手培育春麦良种的事迹"。

"京红号"系列小麦品种不仅在广大春麦区普遍表现增产，而且在华北平原的冬麦区大面积试种。

1978年

1月，出席中国农学会座谈会。

2月26日—3月5日，出席第五届全国人民代表大会第一次会议。

3月18—31日，出席中共中央在北京召开的"第一次全国科学大会"，作了"为把我国变成世界上第一个高产国家而奋斗"的发言，提出"发展农业科学技术的六点建议"，荣获全国科学大会先进科学工作者奖，"南大2419""京红号"小麦获全国科学大会重大科技成果奖。

3月，获中国农业科学院先进工作者奖。

5月4日，为南农复校问题，继1977年上书之后再次上书邓小平副主席。

7月5—17日，赴山西太原出席中国农学会召开的"全国农业学术讨论会"，致闭幕词；会后去大同参加全国春小麦育种经验交流会。

7月17日，国务院批复任中国农业科学院院长[（78）国政字第35号]。

"京红7号""京红8号""京红9号"小麦，评比结果产量大都超过了墨西哥小麦品种。

奋力争取恢复中国农业科学院建制，取得了可喜成果。1978年3月之后，经国务院批准，陆续将农科院下放的研究所、室按原建制收回。

1979年

2月16日，出席在合肥召开的"全国农作物品种资源科研工作会议"作了重要讲话。

3月，与农业部杨显东副部长，同去杭州中国农业科学院茶叶所检查工作，并去浙江省农科院、浙江农业大学参观小麦试验田。

4月3日，去故乡诸暨石峡口村探望乡亲。

5月12日，出席农业部科学技术委员会成立大会，并作大会发言。

5月29日，任"国家科学技术委员会"农业生物学科组名誉组长。

6月18日—7月1日，出席第五届全国人民代表大会第二次会议。

10月，参加王震副总理会见菲律宾农业代表团，参加农业部部长霍士廉会见并宴请菲律宾国际水稻研究所访华代表团。

10月11—20日，参加九三学社中央第三次全国代表大会，当选为九三学社第六届中央委员会副主席。

11月，任"国务院国家科学委员会发明评选委员会"委员。

育成优质小麦新品种"7902""791"等。

被选为中国作物学会第二届理事长。

1980年

1月，主持"六五"期间国家自然科学基金重大项目。

1月9日，参加八宝山革命公墓举行的冯泽芳追悼会，致悼词，对冯泽芳一生作了高度评价。

1月15日，主持中国农业科学院学术委员会议，致开幕词。

2月16日，中共中央主席华国锋来到中国农业科学院，同农业科学家们座谈，讨论如何加速我国农业现代化的步子。

在九三中央学习讨论党的十一届五中全会上发言。

3月15—23日，出席全国科学技术协会第二次代表大会，任主席团成员。

3月25日，参加中国科协第二届全国委员会会议，当选为中国科协第二届副主席。

5月17日，参加在人民大会堂举行的"刘少奇同志追悼大会"。

6月，山东胶东半岛，考察丰收小麦长势。

8月30日—9月10日，出席第五届全国人民代表大会第三次会议。

9月5日，在《中国主要农作物栽培学》编写工作座谈会上发言。

11月24日，在全国作物栽培科学讨论会上发言。

12月，在"全国植物线虫讲习班"结业典礼仪式上讲话。

1981年

1月，书呈万里副总理，表达了"为树国威，决心'在中国农业科学院内建一栋新大楼'的夙愿"。

春，去陕西杨陵镇参加"全国小麦攻关经验交流会议"。

6月，看到《国内动态清样》1293期"美国堪萨斯州农场主认为我国河南小麦有三大缺点"时，给时任副总理的方毅、万里和农业部部长林乎加写信，提出建议。

6月25日，被聘为《中国农业百科全书》总编辑委员会副主任。

8月16—22日，参加在北京科学会堂召开的全国太谷核不育（Ms2）小麦科研协作会议。

8月23日，到北戴河参加"鉴26"小麦良种推广工作座谈会。

9月，接待意大利农业代表团，并代表中国在中意两国农业科技协作签字仪式上签字。

9月25日，在农业部科学技术委员会第三次会议上讲话。

10月10日，回复国务院干部局征求意见的信。

11月30日—12月3日，出席第五届全国人民代表大会第四次会议。

12月，出席北方五省二市小麦协作座谈会。

1982 年

2月17日，出席1977—1981年全国优秀科技图书颁奖大会，并向获奖者颁奖。

3月6日，去广西南宁出席"南方三省（区）小麦科研协作会"，会后，去广西壮族自治区科学院参观访问，并与研究室主任以上干部座谈。

4月20日，任《中国农业百科全书·农作物卷》编辑委员会主任。

4月23日，出席《中国农业百科全书·农作物卷》编委会成立大会。

7月，致信方毅副总理，提出警惕美国小麦腥黑穗病侵入我国问题。

8月，受王震同志委托，与吴景锋到黑龙江省三江平原、友谊农场等地考察，对三江平原的开发提出了建议。

10月23日，"中国小麦的种类及其分布"课题，获全国自然科学奖三等奖。

11月，去太仓县参加《中国小麦品种志》（1962—1982）定稿会议。

11月16日，为我国进口小麦的安全问题，致信外贸部。

11月29日，致信中组部宋仁穷部长，表示隐退后仍将一如既往，积极关注农业科学的发展。

11月30日，辞去中国农业科学院院长、研究生院院长、院学术委员会主任职务，被国务院任命为中国农业科学院名誉院长。

12月，率吴景锋等人拜见王震副总理，汇报三江平原考察情况，请求支持作物所征购试验基地，改善研究工作条件。

12月，任《中国现代农学家传》主编，开始组织第一卷的编写工作。

1983 年

1月1日，新华社新闻稿："老科学家金善宝勇于提携中年科技人员"。

2月14日，农业部副部长何康到中国农业科学院给金善宝拜年，答应解决作物所的问题。

3月15—25日，去福建省福州、莆田、晋江地区考察春小麦。

4月，被聘为1983年全国优秀科技图书评选工作顾问。

5月，主编的《中国小麦品种及其系谱》由农业出版社出版。

5月，在中国农业图书馆协会成立大会上讲话，用三国时代的历史典故来说明图书馆的重要性。

6月6—21日，出席第六届全国人民代表大会第一次会议。

10月14日，参加"京红1号"单体系统鉴定会。

11月12日，在中国作物学会第三届理事会闭幕式上讲话。

12月2—14日，出席九三学社第四次社员代表大会，当选为九三学社第七届中央委员会副主席。

12月，纪念挚友梁希教授诞辰100周年，发表"我和梁希教授同住一室的日子"。

1984年

1月，庆祝中国农学会成立66周年，受到中国农学会表彰。

5月，赴河南南阳地区，视察"中字麦"丰收。

5月15—31日，出席第六届全国人民代表大会第二次会议。

7月，主编的《中国小麦品种及其系谱》荣获1983年全国优秀科技图书奖一等奖。

8月15日，为出版《中国现代农学家传》一书，致信方毅副总理。

9月14日，妻子姚璧辉辞世。

1985年

3月，主编的《中国现代农学家传》由湖南科学技术出版社出版。

3月27日—4月10日，出席第六届全国人大三次会议。

5月，祝贺吴耕民教授九十华诞。

6月，到北京郊区史各庄考察小麦生长情况。

6月，中国农业出版社出版《著名农学家、教育家金善宝》。

7月2日，中国科学院、中国科学技术协会、九三学社中央、中国农业科学院联合举办"金善宝同志从事农业科学研究、教育65周年暨九十寿辰茶话会"。

10月9日，出席中国科学院在人民大会堂召开的庆祝会，隆重庆祝

131名中国科学院京区学部委员、科学家,从事科技、教育50周年,荣获从事科学工作五十年荣誉奖状。

获1985年国务院学位委员会第一届学科评议组工作纪念证章。

1986年

2月,主编的《中国小麦品种志》(1962—1982)由农业出版社出版。

3月25日—4月12日,出席第六届全国人民代表大会第四次会议。

3月,主编《中国小麦品种及其系谱》荣获农牧渔业部1985年科学技术进步奖一等奖。

4月,出席中国作物学会栽培委员会成立大会。

6月,出席中国科协第二次代表大会开幕式。

8月1日,致信40年代授业学生、著名昆虫专家曹诚一,祝贺她研究工作取得可喜成就。

8月,美国农业服务基金会1974年授予的永久荣誉会员金牌,时隔12年之后送达北京,委托农业部何康副部长主持颁发仪式。

10月,去杭州中国农科院茶叶所检查工作,并去浙江省农科院、浙江农大参观,顺道回诸暨石峡口村探望乡亲。

10月28日,来到改名以后的南京农业大学,在全校师生欢迎大会上讲话。

1987年

2月,出席全国"小麦生态研究"写作小组会议。

3月16日,出席中国农业科学院作物所和南阳行署在首都联合召开的我国第一次优质小麦品种面包鉴评会。

3月25日—4月11日,出席第六届全国人民代表大会第五次会议。

5月,到河南南阳参加"优质小麦评定会",经北京、上海、南阳三处有关专家鉴定,"中7606"和"中791"春性小麦,达到了用进口小麦磨制的强力粉面包质量水平。

8月,参加冀西北夏播小麦座谈会,发表感言。

8月12日，在中国农学会第五届全国代表大会上被选为名誉会长。

9月，参加中国农业科学院院庆30周年；与小麦品种室吴兆苏等在河北蔚县看夏播小麦。

9月18日，支持李璠同志东山新石器遗址考察报告。被聘为中国农业博物馆顾问。

9月23日，到保定参加河北农业大学建校85周年庆祝大会。

11月，应邀去广州参加全国第六届运动会为主席团成员，会后，去深圳农业科学研究中心参观访问。

11月14日，参加在中南海召开的国务院学位委员会座谈会。

12月，为"小麦生态研究"经费问题致信方毅副总理。

1988年

1月，应邀为诸暨农业志题字"毛主席说：农业为基础，工业为主导，优先发展农业，以农业支援工业，工农业蓬勃发展了，国也富了，民也强了"。

3月，专程到浙江湖州，参加已故挚友、著名林学家梁希陵园落成仪式。

5月，到杭州参加浙江省九三学社会议。

6月3日，国家副主席王震到中国农业科学院红楼家中看望。

6月，主编的《中国小麦品种志》，荣获中国农业科学院1987年科学技术奖一等奖。

7月7日，国务院再次任命金善宝为中国农业科学院名誉院长。

8月，参加冀西北夏播小麦栽培规范化研究鉴定会。

9月3日，参加全国著名植保专家、老同学吴福祯教授九十寿辰庆贺活动。

10月，去南京参加九三学社江苏省第二次社员代表大会；完成《中国农业百科全书·作物卷》的审稿工作。

12月28日，参加中国农业科学院养蜂所建所三十周年庆。

1989 年

1月，参加九三学社第五次全国社员代表大会，当选为第八届九三学社中央名誉主席。

4月，主编的《现代农艺师手册》由北京出版社出版。

5月，与南京农业大学教授吴兆苏共赴蚌埠考察小麦。

6月，组织翻译美国《食物与营养》百科全书，中文版由农业出版社出版。

8月，主编《中国现代农学家传》（第二卷）由湖南科学技术出版社出版。

9月14日，参加《中国小麦学》编辑委员会第1次会议，任该书主编。

10月，到杭州参加中国水稻所落成典礼，会后去诸暨石峡口村探望乡亲。

10月，祝贺九三学社中央名誉主席许德珩百岁寿辰。

11月，荣获中国科学院荣誉证章。

1990 年

2月22日，出席中国科学技术协会第三届全国委员会第五次会议。

4月22日，参加《夏播小麦理论与实践》统稿会。

7月2日，中国农科院举办"庆祝金善宝九十五岁寿辰祝贺会"。

8月，主编《小麦生态研究》由浙江科学技术出版社出版。

1991 年

1月，联合主编的《农业哲学基础》由科学出版社出版。

1月18日，出席全国农业工作会议。

4月，主编的《中国农业百科全书·农作物卷》由农业出版社出版。

主编的《中国小麦生态》由科学出版社出版。

5月23日，到人民大会堂出席中国科协第四次全国代表大会开幕式。

7月17—30日出席中国科学院学部委员会议。

8月，应邀去呼和浩特，出席内蒙古首届"那达幕"大会。

秋，出席九三学社中央会议。

1992 年

春，参加中央大学农学院在京校友联谊会。

4月20日，获国务院学位委员会第二届学科评议组工作纪念证章。

6月20日，主编的《中国小麦生态》荣获全国首届"兴农杯"优秀农村科技图书荣誉奖。

8月，主编的《小麦生态理论与应用》由浙江科学出版社出版发行，并作序。

8月，98岁高龄来到位于石河子的新疆农垦科学院参观访问。

12月，出席九三学社第六次全国社员代表大会，当选为第九届九三学社中央名誉主席。

1993 年

4月，邀六位院士一起上书中央，恳请保留中国农业科学院东门外的一块试验地，以满足"六五"至"九五"科研攻关需要，得到了国务院副总理朱镕基的支持，使之成为一块永久绿地保留下来。

5月25日，在北郊农场看"中麦9号"。

11月，出席中国科学院生物学部评审会。

12月，中华人民共和国新闻出版署授予《中国大百科全书》编辑出版荣誉证书。

1994 年

1月，主编的《中国小麦品种及其系谱》荣获第一届国家图书奖提名奖。

3月24日，参加小麦生态会议。

7月2日，中国科学院、中国科协、九三学社、中国农业科学院举办的金善宝教授百岁华诞茶话会，江泽民同志送了花篮。

7月，接待诺贝尔奖获得者Normane Borlaug先生访问中国农科院。

8月20日，为调整农科院领导班子，致信李鹏总理。

9月18日，参加中央大学农学院农艺系35级毕业生在中国农业科学院的聚会。

10月，到南京参加南京农业大学八十周年校庆，盖钧镒校长宣布成立金善宝农业教育奖学金，奖励优秀学子。

10月25日，在上海参观中国农科院血防所，听取浦东建设规划。

12月，主编的《夏播小麦的理论与实践》由气象出版社出版。

1995年

4月22日，美国明尼苏达大学刘君若教授（女）为该校"中国中心"编辑在华校友记录，专程来京采访最年长的老校友。

5月8日，在中国教育电视台"科技之光"节目接受三个中学生采访。

5月18日，出席人民大会堂召开的中国生命科学学会成立大会。

10月，致信南京农大，祝贺南京农业大学首次颁发"金善宝农业教育奖学金"。

1996年

2月17日，国务委员宋健等人来拜年。

2月18日，中组部部长宋仁穷来信祝贺新春佳节。

2月，农业部副部长洪绂曾来拜年。

5月29日，为南京农业大学进入211工程，致信李岚清副总理、朱开轩主任。

8月，主编的《中国小麦学》由中国农业出版社出版。

秋，为浙江大学百年校庆题词"求是精神放光芒，一代更比一代强"。

1997年

3月21日，与中央人民广播电台记者"谈香港回归"。

3月22日，为"庆祝香港回归历史长卷"题词"百年沧桑"。

3月22日，在《民主与科学》第3期发表："只有新中国才能实现中华民族几代人的夙愿——有感香港回归"。

5月，主编的《中国小麦品种志》（1983—1993）由中国农业出版社出版。

5月25日，参加中央大学100多名校友在中国农科院灰楼食堂聚会，在院中合影。

6月，主编的《中国小麦学》荣获全国优秀科技图书奖二等奖。

5月26日，突发消化道出血，送至友谊医院住院治疗。

6月26日，中午12时辞世。

7月9日，上午10点，在北京八宝山第一告别厅举行了庄严的告别仪式。

中共中央统战部、九三学社中央、中国科协、国家科委、中国科学院、中国农业科学院等全国330多个单位和个人送了花圈。

中共中央书记处书记胡锦涛，九三中央委员会主席吴阶平，统战部部长王兆国，副部长刘延东等领导，农业界、教育界、科技界代表、金老故乡代表、学生、亲友等100多人参加了送别仪式。

附录二 金善宝主要论著目录

一、论文

[1] 金善宝. 中国小麦分类之初步. 国立第四中山大学农学院研究报告（第二册），内部资料，1928.

[2] 金善宝. 有芒小麦与无芒小麦之研究 [J]. 中华农学会报，1929（68）：39-52.

[3] 金善宝. 雏用高粱之染色体数目 [J]. 中华农学会报，1932（104）：111.

[4] 金善宝. 种子埋藏土中三十年生活力仍极健强 [J]. 中华农学会报，1932（107）：102.

[5] 金善宝. 麦穗密度之特别遗传 [J]. 中华农学会报，1932（107）：96.

[6] 金善宝. 小麦性质之遗传 [J]. 中华农学会报，1933（109）：84-85.

[7] 金善宝. 小麦之遗传 [J]. 中华农学会报，1933（109）：85-86.

[8] 金善宝. 小麦与黑麦交配及其返配后之细胞学的研究 [J]. 中华农学会报，1933（111）：76-77.

[9] 金善宝. 由两种间交配而成之小麦品系用细胞学与遗传学之方法研究其变异 [J]. 中华农学会报，1933（111）：77-79.

［10］金善宝. 用返配法研究小麦之遗传性［J］. 中华农学会报，1934（122）：81-85.

［11］金善宝. 近代玉米育种法［J］. 中华农学会报，1934（125）：19-50.

［12］金善宝. 用统计方法研究籼粳糯米之胀性［J］. 中央大学农学丛刊，1935（2）：55-74.

［13］金善宝，丁振麟. 中大农学院大胜关农场最近玉米、大豆试验成绩简报［J］. 中央大学农学丛刊，1935，3（1）：1-20.

［14］金善宝. 大豆几种性状与油分蛋白质之关系［J］. 中华农学会报，1935（142）：185-198.

［15］金善宝. 小麦开花之观察［J］. 农业周报，1936，5（1）：7-14.

［16］金善宝. 中国近年来作物育种和作物栽培的进步概况［J］. 农报，1936，3（5）：254-259.

［17］金善宝. 中国几种重要禾谷类［J］. 播音教育月刊，1937，1（4）：99-110.

［18］金善宝. 精米胀性试验方法之研究［J］. 中华农学会报，1938（164）：35-46.

［19］金善宝. 大豆天然杂交［J］. 中华农学会报，1940（168）：33-34.

［20］金善宝，吴董成. 中国小麦区域［J］. 中华农学会报，1943（170）：1-19.

［21］金善宝. 新时代小麦改良应采的技术［J］. 中农月刊，1944，5（4）：49-60.

［22］金善宝，蔡旭. 中国近三十年来小麦改进史［A］. 金善宝文选. 北京：中国农业出版社，1994.

［23］金善宝. 移植冬小麦的初步试验结果［J］. 华东农科所工作通讯，1950（1）：12-16.

［24］金善宝，梅籍芳. 关于水淹地冬作问题的几点意见［J］. 华东农林，1950，1（4）：5-6.

［25］金善宝. 多种马铃薯度春荒［N］. 新华日报，1950.1.14. 第2版.

［26］金善宝. 对农业技术的提高与普及问题的几点意见——1950.12.26在

华东农林工作会议上的发言［J］. 华东农林, 1950, 2（1）：19-20.

［27］金善宝. 在华东麦作与麦病虫座谈会上的讲话［J］. 农业科学与技术, 1951（3）：1-2.

［28］金善宝. 我国茶叶生产的新生［J］. 新华月刊, 1954（11）：137-138.

［29］金善宝. 要很好地总结、发扬和运用我们伟大祖国的农业遗产［N］光明日报, 1954.11.22, 第2版.

［30］金善宝. 对江苏省稻麦两熟增产的几点意见［J］. 华东农业科学通报, 1956（2）：139-143.

［31］金善宝, 蔡旭等. 我国当前种植面积最大的小麦良种中大2419小麦［A］. 金善宝文选, 北京：中国农业出版社, 1994：104-138.

［32］金善宝. 全国小麦病虫工作会议开幕词［J］. 植病知识, 1958（4）：193-194.

［33］金善宝. 全国小麦病虫工作会议总结［J］. 植病知识, 1958（4）：194-196.

［34］金善宝. 阜阳专区农业生产经验及今后注意的问题：阜阳报, 1958.6.11, 第2版.

［35］金善宝. 组织农业技术考察推动农业生产的基本经验［N］. 光明日报, 1960.12.22, 第2版.

［36］金善宝. 青海柴达木盆地春小麦高产的调查分析［J］. 中国农业科学, 1961（3）：6.

［37］金善宝. 淮北平原的新石器时代小麦［J］. 作物学报, 1962, 1（1）：257-262.

［38］金善宝. 我国作物品种工作的新成就［N］. 人民日报, 1962.10.3, 第2版.

［39］金善宝. 民以食为天［N］. 光明日报, 1981.10.23, 第3版.

［40］金善宝. 加强农业生物学研究, 促进农业现代化［J］. 生物学通报, 1981（2）：1.

［41］金善宝. 科学技术和农业现代化［A］. 谈技术科学，知识出版社，1986：179-184.

［42］金善宝，吴兆苏，等. 中国小麦的种类及其分布［A］. 金善宝文选，北京：中国农业出版社，1994：206-241.

二、著作

［1］金善宝. 实用小麦论［M］. 上海：商务印书馆，1934.

［2］金善宝. 马铃薯栽培法［M］. 上海：商务印书馆，1950.

［3］金善宝主编. 中国小麦栽培学［M］. 北京：农业出版社，1961.

［4］金善宝，刘定安主编. 中国小麦品种志（1961年以前）［M］. 北京：农业出版社，1964.

［5］金善宝主编. 中国小麦品种及其系谱［M］. 北京：农业出版社，1983.

［6］金善宝主编，吴景锋副主编. 中国现代农学家传（第一卷）［M］. 长沙：湖南科学技术出版社，1985.

［7］金善宝主编. 中国小麦品种志（1962-1982）［M］. 北京：农业出版社，1986.

［8］金善宝主编，吴景锋副主编. 中国现代农学家传（第二卷）［M］. 长沙：湖南科学技术出版社，1989.

［9］金善宝主编. 现代农艺师手册［M］. 北京：北京出版社，1989.

［10］金善宝主编. 小麦生态研究［M］. 杭州：浙江科学技术出版社，1990.

［11］金善宝主编. 中国农业百科全书·农作物卷（上、下册）［M］. 北京：中国农业出版社，1991.

［12］金善宝主编. 中国小麦生态［M］. 北京：科学出版社，1991.

［13］金善宝，沈其益，陈华癸. 农业哲学基础［M］. 北京：科学出版社，1991.

［14］金善宝主编. 小麦生态理论与应用［M］. 杭州：浙江科学技术出版社，1992.

[15] 金善宝主编. 夏播小麦理论与实践[M]. 北京：气象出版社，1994.

[16] 金善宝文选编委会. 金善宝文选[M]. 北京：中国农业出版社，1994.

[17] 金善宝主编. 中国小麦学[M]. 北京：中国农业出版社，1996.

[18] 金善宝主编. 中国小麦品种志（1983-1993）[M]. 北京：中国农业出版社，1997.

参考文献

一、史料

[1] 石峡口教育文化史料（内部资料）1950.

[2] 中华人民共和国科技委（64）科五年范字153号电，同意成立小麦品种研究室，1964.2.1.

[3] 农林发（1979）第5号，苏委发（1979）第13号，贯彻中央关于南京农学院复校问题的实施意见.

[4] 浙江省绍兴市第一中学建校85周年校友录（1891—1982）（内部资料），1982.

[5] 费旭，周邦任，南京农业大学史志（1914—1984）．南京：江苏省新闻局（内部资料），1994.

[6] 张楚生，梁希先生纪念集．北京：中国林业出版社，1983：152.

[7] 史锁达，任志高，著名农学家教育家金善宝．北京：农业出版社，1985.

[8] 浙江农业大学校史编写组，浙江农业大学校史（1910—1984）（内部资料），1987.

[9] 郭文韬，曹隆恭主编，中国近代农业科技史．北京：中国农业科技出版社，1989.

[10] 金善宝主编，现代农学家传（第二集）．长沙，湖南科技出版社，1989.

［11］华恕主编，邹秉文纪念集．北京：农业出版社，1993．

［12］中国科学技术协会主编，中国科学技术专家传略．北京：中国科学技术出版社，1993．

［13］江南大学，江南大学五十年1947—1952年校友纪念文集（内部资料），1997．

［14］许茬华，中央大学教授会与"五二〇"运动，中共党史资料，2007（2）：1-2．

［15］孟美怡，金善宝．北京：金城出版社，2008．

［16］金作怡，金善宝．北京：中国农业科技出版社，2015．

［17］南京农业大学发展史编辑委员会，南京农业大学发展史·人物卷．北京：中国农业出版社，2012：160-164．

［18］中国农业科学院大事记（1957—2006），内部资料．

二、研究、文章

［19］金善宝，中国小麦分类之初步．国立第四中山大学农学院研究报告，内部资料，1928．

［20］金善宝，有芒小麦与无芒小麦之研究．中华农学会报，1929（68）：52．

［21］蔡元培，"实用麦作学"序．见：蔡元培全集（第6卷），北京：中华书局，1988：7-8．

［22］金善宝，美国人研究科学之精神．国立浙江大学校刊，1933.5.6，第2版．

［23］金善宝，实用小麦论．上海：商务印书馆，1934．

［24］金善宝，近代玉米育种法．中华农学会报，1934（125）：20-48．

［25］金善宝，中国近年来作物育种和作物栽培的进步概况．农报，1936（5）：254-258．

［26］金善宝，精米胀性试验方法之研究．中华农学会报，1939（164）：35-46．

［27］金善宝，丁振麟，中大农学院大胜关农事试验场最近玉米大豆试验成绩简报．国立中央大学农学丛刊，1935（1）：2-20．

［28］金善宝，叶声钟．用统计方法研究籼粳糯米之胀性．国立中央大学农学丛刊，1935（2）：1-20．

［29］金善宝，小麦开花之观察．农业周报，1936（5）：7-14．

[30] 金善宝．中国小麦区域．中华农学会报，1943（170）：15-16.

[31] 金善宝．新时代小麦改良应采的技术．中农月刊，1944，5（4）：49-60.

[32] 金善宝．移植冬小麦的初步试验结果．华东农科所工作通讯，1950（4）：6.

[33] 金善宝，梅籍芳．关于水淹地冬作问题的几点意见．华东农林，1950（1）：5-6.

[34] 金善宝，刘定安主编．中国小麦品种志（1961年以前）．北京，农业出版社，1964，

[35] 陆维忠，陈佩度，刘大钧等．高产小麦"宁麦3号"的选育．江苏农业科学，1982，3（17）：27.

[36] 金善宝．中国小麦品种及其系谱．北京：中国农业出版社，1983，

[37] 金善宝文选编委会．金善宝文选．北京：中国农业出版社，1994.

[38] 庄巧生．中国小麦品种改良及系谱分析．北京：中国农业出版社，2003.

三、报道

[39] 南京大学农学院建立农村工作服务实验区，使书本知识与实际结合起来，人民日报，1949年12月3日，第3版．

[40] 沈丽娟，金善宝院长和南京农学院，中央大学南京校友会简讯，庆祝南京解放60年专刊，2009（25）：27.

[41] 金善宝荣获苏联通讯院士称号，南京日报，1957年5月10日，第2版．

[42] 叶永宝：小麦专家金善宝来我区考察，宁夏农林科技，1964（7）：47.

[43] 沈丽娟：记南农复校的一次上访，辉煌历程、时代见证——纪念改革开放三十年、复校三十年征文选编，2008：229.

[44] 刘志敏：中国农业科学院名誉院长金善宝在我省考察后说，发展福建农业要从经济效益上着眼．福建日报，1983年4月7日．第1版．

[45] 仇涧芝：当小夜曲弹响的时候．泰安日报，1984年12月23日，第1版．

[46] 余松烈：《中国小麦栽培学》读后感．中国农业科学，1962（6）：51-54.

[47] 贺晓兴：智慧在绿色王国闪光——金善宝教授主编的中国现代农学家传．作物学报，1985．（12）：118.

[48] 汪若海，为人师表．南繁小故事．海口：海南出版社，2016：6.

后记

2016年10月，对已辞世20年的农学家、农业教育家金善宝作为特例，报请上级领导批准正式成立了"金善宝学术成长资料采集小组"，我们5人怀着对金老的深情和敬意参加了这个小组。根据采集工程要求，金善宝一个世纪的学术生涯，需要采集的资料很多，为了质量良好地完成任务，曾任金老科研助手的两位小麦专家不顾年老体弱，奔赴南京等地采访了多位同行，采集到"春小麦一年繁殖三代创举"中的许多动人事例及其科研成果；年过耄耋的小组成员先后两次孤身一人远赴江南各省，到传主的家乡，学习、工作过的学校，采集有关档案资料，常常埋头于电脑前直到深夜；两位至今仍在农业科研战线上贡献余热的玉米、小麦专家，在百忙中完成了分工的研究报告，并在报告中提出了许多新的论点；初为人母的组员，产假期间一边哺育新生的婴儿，一边编写资料清单，整理好了全部结题上缴的数字资料和实物资料；年过耄耋的小组组长身患重病、坚持站好最后一班岗。

在漫长的采集过程中，我们也曾遇到许多困难，遭到许多无名的冷遇、纠葛和刁难，每走一步，都会遇到意想不到的阻碍，这是我们从未经历的，真正是"举步维艰"了！

但是，凡此种种并没有磨灭我们完成采集任务的意志，小组五人齐心合力，从2016年10月成立，到2018年12月结题检查期间的三次汇报中，都获得了评审组的好评；2017年的中期检查获得了四个优，2018年12月结题评审时也获得两个优，其中采集优、写作优。小组编写的"金善宝学术资料长编"被专家评审组选为全国计划出版的七本资料长编之一。没有想到的是，我们最重要的采集成果——研究报告却出了问题。评审组提出的意见是："目前结构基本以传主工作各个方面为标准划分，时间线比较混乱，需尽量按照时间顺序重新划分章节，将传主科研、教学、生活方面的内容按时序划分到各章节中，使时间线索清晰、学术经历和成长背景因素有机结合，成其为学术传记。"

这个评审意见切中了这份"研究报告"的要害。原来我们四人是按照传主学术生涯中，小麦、教育、农研管理和其他四个方面分工写的，写完之后，就按事先安排好的分工提纲合并在一起上交了，并没有考虑时间顺序的问题。看到评审意见后，才发现这份"研究报告"中的各个章之间的时间顺序确实是相差太远了，很不协调。但是，小组中多人认为："农业科研是个团队作业，而且是有传承的，一个成果从起始到产生经济效益，需要漫长的时间，不是一个时间段能说清楚的。"并且给评审专家组写了一封信，反映了这个意见。小组将此信上交时另附小组的意见，说明除小麦部分不修改之外，其他部分按时间顺序修改，等待答复。不料，三个月之后的6月20日，我们等来的专家组评审意见却和我们的预料大相径庭！

评审的总体意见是：可出具研究报告完成证明。不具备出版基础。写作体例和叙事方式缺少基本的历史性。传记没有凸显人物主体性。

具体意见：传记写作应以讲述事情经过为主，评论、分析、概括和总结等内容可以适当穿插、夹叙夹议，但不应成为主体内容，造成以论代史的局面。现有文本建立在很明确的框架上，这个框架已经从多个方面对金院士的成就定了性，具体事件反而成为其中的"举例论证"。这是先进材料和工作总结的写法，不是历史传记应有的样貌。

这条评审结论对我们的研究报告作了彻底的否定，就像一个晴天霹雳，把我们四个人一下子都轰倒了！但是，冷静下来仔细想想，这个评审意见，虽然尖锐，却是切中了我们研究报告的要害，帮助我们仔细思考研究报告失败的原因。

（1）我们四人对科技史都是外行，从来没有写过学术性传记，也没有很好地学习、探讨过学术性传记的写作方法，因而错误地理解为学术性传记就应用学术性的理论来表达，忽视了历史性的叙述方法。

（2）四个人写作只有分工，没有统稿。而分工是按传主工作的各个方面为标准划分的，这每一个方面的时间段都很长，交稿时没有将分工的各个方面按时间顺序重新安排划分章节，只是简单地将分工的章节合并在一起，以致造成时间顺序的混乱。

那么，我们应该怎样来修改这个研究报告呢？

经过反复讨论研究决定，研究报告的修改要建立在自力更生的基础上，我们应尽最大可能按照专家组两次的评审意见修改好现有的研究报告。

于是，我们买了几本"老科学家学术成长资料采集工程丛书"，轮流阅读，开始了边学习、边思考、边采集、边补充、边修改的过程。在阅读中，我们逐步理解了"历史的叙述"方法，时间顺序的安排，各章之间章名的设立，以及章节之间的关系、结语的写作要求等。我们的研究报告也就在这"边学习、边修改"的三个月中逐步完成了。

仓促上交之后，又将研究报告中的有关章节，寄送南京农业大学陈佩度教授征求意见。在陈教授大力援助的基础上，再一次修改补充，一个月之后又上交了第二稿。

10月份上交之后，我们焦急地等待着专家组的审评意见，准备评审后的第二次修改。可是到了年底还没有回音！我们询问联系人刘阳，她说："现在需要评审的研究报告太多了，原本3个月的评审期现在改为5个月了。"

接着，新冠疫情暴发了……一直等到2020年5月，已经过了整整8个月，和我们同时上报研究报告的其他小组都已收到了专家评审组意见，唯独没有我们小组！我们疑虑重重，百思不得其解，万般无奈只好求助于首席专家张黎老师。感谢张老师，她在百忙中从中关村的中科院自然科学技术研究所，专程跑到木樨地的中国科协采集项目办公室，亲自查询，终于找到了专家评审组对我们小组的评审意见，及时转发给我们。令我们特别意外又惊喜的是，评审组已经通过了小组的研究报告，并且已列入2021年的出版计划。此次评审组的评审意见是：

总体意见：此次审读对象为10月版本（另有一份9月版本）以及10月2日致评审组的信。

10月版本已根据6月审读意见进行了大修，特别是结语等重点内容已按照采集丛书体例重写。经过修改后，基本具备出版基础。可纳入2021年采集丛书出版计划。

与此同时，张黎老师还亲切地告诉我们："请以这一版审读意见为准，接下来，2021年出版计划10册中的其他5册也完成后，学术组将一并提交采集项目办公室，安排2021年的出版工作。届时将有出版社安排责任编辑直接与10位作者联系。"

这真是一个天大的喜讯！解除了我们的种种疑虑。

在此，我们要特别感谢专家评审组提出的修改意见，没有这导向性的修改意见，小组不可能认识到这份研究报告的缺陷，也就不可能较好地表达传主金善宝风云变幻的一生。

我们要再一次感谢首席专家张黎老师，在百忙中对小组的关心和支持，给我们在迷惘中指明了方向。

我们特别感谢北京市科协联系人刘阳，她虽然很年轻，却没有现今一般年轻人身居上层、中央机关的傲气与冷漠。她态度和蔼、笑容可掬，十分亲切。在她的热情关怀下，为我们解决了许多难以解决的难题，她的热情关怀和帮助，给了我们温暖和力量。亲爱的刘阳，我们衷心祝愿你发扬优点，再接再厉，更上一层楼！

我们十分感谢馆藏基地的陶萍老师，在她长达一周日日夜夜的热情帮助下，我们改正了许多资料整理上的错误；感谢南京大学档案馆王雷老师，他连续三天热情周到的服务，为金善宝1917—1947年这段长达30年的学术生涯提供了有力见证；感谢接受采访的百岁老人、中科院院士庄巧生老先生、中科院院士李振声、盖钧镒，感谢夏祖灼、沈丽娟、黄佩民、钱曼懋、周朝飞、尹福玉、韩林等众位专家学者提供的宝贵史料。特别是

90多岁的黄佩民老先生还为我们研究报告中的有关章节作了认真仔细的修改和补充。感谢挂靠单位中国作物学会前后两任秘书长杜娟、杨克理的支持和帮助。

在这里，我们特别感谢南京农业大学一直以来的关怀和大力支持，董维春副校长为我们提供史料，陈佩度教授为我们修改研究报告提供的资料和宝贵意见；感谢金善宝家属金晓滨、李学义的大力协助、付出的辛劳、奉献的日日夜夜。

研究报告中的缺点和错误，敬请批评指正。

金善宝采集小组 金作怡
2020年12月

老科学家学术成长资料采集工程丛书
已出版（139种）

《卷舒开合任天真：何泽慧传》　　《此生情怀寄树草：张宏达传》
《从红壤到黄土：朱显谟传》　　　《梦里麦田是金黄：庄巧生传》
《山水人生：陈梦熊传》　　　　　《大音希声：应崇福传》
《做一辈子研究生：林为干传》　　《寻找地层深处的光：田在艺传》
《剑指苍穹：陈士橹传》　　　　　《举重若重：徐光宪传》

《情系山河：张光斗传》　　　　　　《魂牵心系原子梦：钱三强传》
《金霉素·牛棚·生物固氮：沈善炯传》《往事皆烟：朱尊权传》
《胸怀大气：陶诗言传》　　　　　　《智者乐水：林秉南传》
《本然化成：谢毓元传》　　　　　　《远望情怀：许学彦传》
《一个共产党员的数学人生：谷超豪传》《没有盲区的天空：王越传》

《含章可贞：秦含章传》　　　　　《行有则　知无涯：罗沛霖传》
《精业济群：彭司勋传》　　　　　《为了孩子的明天：张金哲传》
《肝胆相照：吴孟超传》　　　　　《梦想成真：张树政传》
《新青胜蓝惟所盼：陆婉珍传》　　《情系梁菽：卢良恕传》
《核动力道路上的垦荒牛：彭士禄传》《笺草释木六十年：王文采传》

《探赜索隐　止于至善：蔡启瑞传》《妙手生花：张涤生传》
《碧空丹心：李敏华传》　　　　　《硅芯筑梦：王守武传》
《仁术宏愿：盛志勇传》　　　　　《云卷云舒：黄士松传》
《踏遍青山矿业新：裴荣富传》　　《让核技术接地气：陈子元传》
《求索军事医学之路：程天民传》　《论文写在大地上：徐锦堂传》

《一心向学：陈清如传》　　　　　《钤记：张兴钤传》
《许身为国最难忘：陈能宽传》　　《寻找沃土：赵其国传》

《钢锁苍龙　霸贯九州：方秦汉传》
《一丝一世界：郁铭芳传》
《宏才大略　科学人生：严东生传》

《我的气象生涯：陈学溶百岁自述》
《赤子丹心　中华之光：王大珩传》
《根深方叶茂：唐有祺传》
《大爱化作田间行：余松烈传》
《格致桃李半公卿：沈克琦传》
《躬行出真知：王守觉传》
《草原之子：李博传》

《此生只为麦穗忙：刘大钧传》
《航空报国　杏坛追梦：范绪箕传》
《聚变情怀终不改：李正武传》
《真善合美：蒋锡夔传》
《治水殆与禹同功：文伏波传》
《用生命谱写蓝色梦想：张炳炎传》
《远古生命的守望者：李星学传》

《善度事理的世纪师者：袁文伯传》
《"齿"生无悔：王翰章传》
《慢病毒疫苗的开拓者：沈荣显传》
《殚思求火种　深情寄木铎：黄祖洽传》
《合成之美：戴立信传》
《誓言无声铸重器：黄旭华传》
《水运人生：刘济舟传》
《在断了 A 弦的琴上奏出多复变
　　最强音：陆启铿传》

《虚怀若谷：黄维垣传》
《乐在图书山水间：常印佛传》
《碧水丹心：刘建康传》

《我的教育人生：申泮文百岁自述》
《阡陌舞者：曾德超传》
《妙手握奇珠：张丽珠传》
《追求卓越：郭慕孙传》
《走向奥维耶多：谢学锦传》
《绚丽多彩的光谱人生：黄本立传》

《探究河口　巡研海岸：陈吉余传》
《胰岛素探秘者：张友尚传》
《一个人与一个系科：于同隐传》
《究脑穷源探细胞：陈宜张传》
《星剑光芒射斗牛：赵伊君传》
《蓝天事业的垦荒人：屠基达传》

《化作春泥：吴浩青传》
《低温王国拓荒人：洪朝生传》
《苍穹大业赤子心：梁思礼传》
《仁者医心：陈灏珠传》
《神乎其经：池志强传》
《种质资源总是情：董玉琛传》
《当油气遇见光明：翟光明传》
《微纳世界中国芯：李志坚传》
《至纯至强之光：高伯龙传》

《弄潮儿向涛头立：张乾二传》
《一爆惊世建荣功：王方定传》
《轮轨丹心：沈志云传》
《继承与创新：五二三任务与青蒿素研发》

《材料人生：涂铭旌传》
《寻梦衣被天下：梅自强传》
《海潮逐浪　镜水周回：童秉纲口述人生》

《淡泊致远　求真务实：郑维敏传》
《情系化学　返璞归真：徐晓白传》
《经纬乾坤：叶叔华传》
《山石磊落自成岩：王德滋传》
《但求深精新：陆熙炎传》
《聚焦星空：潘君骅传》

《采数学之美为吾美：周毓麟传》
《神经药理学王国的"夸父"：金国章传》
《情系生物膜：杨福愉传》
《敬事而信：熊远著传》

《逐梦"中国牌"心理学：周先庚传》
《情系花粉育株：胡含传》
《情系生态：孙儒泳传》
《此生惟愿济众生：韩济生传》
《谦以自牧：经福谦传》

《恬淡人生：夏培肃传》
《我的配角人生：钟世镇自述》
《大气人生：王文兴传》
《历尽磨难的闪光人生：傅依备传》
《思地虑粮六十载：朱兆良传》

《世事如棋　真心依旧：王世真传》
《大地情怀：刘更另传》
《一儒：石元春自传》
《玻璃丝通信终成真：赵梓森传》
《碧海青山：董海山传》

《心瓣探微：康振黄传》
《寄情水际砂石间：李庆忠传》
《美玉如斯　沉积人生：刘宝珺传》
《铸核控核两相宜：宋家树传》
《驯火育英才　调土绿神州：徐旭常传》

《追光：薛鸣球传》
《愿天下无甲肝：毛江森传》
《以澄净的心灵与远古对话：吴新智传》
《景行如人：徐如人传》

《通信科教　乐在其中：李乐民传》
《力学笃行：钱令希传》
《与肿瘤相识　与衰老同行：童坦君传》

《没有勋章的功臣：杨承宗传》　　《科学人文总相宜：杨叔子传》